U0732592

刘　炜◎著

# 老年人
## 网络应用服务使用意愿及行为研究

江西高校出版社
JIANGXI UNIVERSITIES AND COLLEGES PRESS

**图书在版编目（CIP）数据**

老年人网络应用服务使用意愿及行为研究 / 刘炜著 . -- 南昌：江西高校出版社，2023.12

ISBN 978-7-5762-4241-6

Ⅰ.①老… Ⅱ.①刘… Ⅲ.①老年人—网络服务—信息服务业—研究 Ⅳ.① C913.6 ② F490.6

中国国家版本馆 CIP 数据核字（2023）第 180543 号

| | | |
|---|---|---|
| 出 版 发 行 | 江西高校出版社 |
| 社　　　址 | 江西省南昌市洪都北大道 96 号 |
| 总编室电话 | （0791）88504319 |
| 销 售 电 话 | （0791）88517295 |
| 网　　　址 | www.juacp.com |
| 印　　　刷 | 江西新华印刷发展集团有限公司 |
| 经　　　销 | 全国新华书店 |
| 开　　　本 | 700 mm×1000 mm　1/16 |
| 印　　　张 | 17.25 |
| 字　　　数 | 267 千字 |
| 版　　　次 | 2023 年 12 月第 1 版 |
| 印　　　次 | 2023 年 12 月第 1 次印刷 |
| 书　　　号 | ISBN 978-7-5762-4241-6 |
| 定　　　价 | 68.00 元 |

赣版权登字-07-2023-715

# 目录

# 摘要

进入 21 世纪，随着工业化和城市化的发展，年轻人逐渐外流，社会及家庭结构发生了变化，家庭成员相互照顾的功能也随之降低，空巢及独居老人数量增加，年长者生活起居、赡养照护等问题日益严重。老龄社会的管理及老年人的养老问题已经成为世界性的重要社会问题之一，关怀老人、改善老人生活成为全世界必须共同面对的问题。中国也已经全面进入老龄化社会，据预测，到 2050 年左右，中国的老年人口将会占全国总人口数的三分之一以上。

与此同时，21 世纪又是信息化时代，基于互联网技术的各式各样网络信息服务正在快速地渗透到各行各业及人们生活的方方面面。基于移动互联网平台的各种 App（应用软件）及 QQ、微信和微博等互联网即时通信软件和网络社交媒体，已经成为人们每天工作和生活必不可少的媒介和平台。B2B（企业对企业电子商务）、O2O（线上线下商务）等电子商务形式，在线旅游订票、微信挂号看病、滴滴打车及智能穿戴设备等新技术、新服务已经成为人们生活中不可或缺的信息技术，彻底地改变了人们以往的生活方式，给人们的生活带来了极大的便利和快乐。尽管老年人的数量在不断增加，在人口构成中的比例也越来越高，但一直以来，老年人群都被认为是远离信息技术的人群，他们在以互联网为代表的信息科技使用人群中所占的比例是微不足道的。在信息化浪潮中，老年群体的失落是显而易见的。日常生活中，老年人不会操作网络，不会使用自动取款机，不会使用即时通信软件，不会使用智能手机和电脑等科技产品的情况十分常见。其实，大多数老年人都了解信息技术和网络信息服务的好处和发展趋势，但是，随着年龄的增长，人们生理和认知方面的功能逐渐下降，这使得老年人在使用信息技术和网络服务的时候会感到力不从心和孤立无助，极大地打击了他们使用这些网络信息服务的自信心，从而削弱了他们使用新科技的意愿。另一方面，研究还表明，在已经开始接触和使用信息技术和网络服务的老年人群中，他们使用网络信息产品的频率和沉浸度远远不及年轻群体。

在信息技术高速发展及网络应用服务高度普及的今天，面向老年人群的信息服务平台却不尽如人意。尽管近年来老年人群信息技术采纳的意愿大幅提升，老年人使用的网络应用服务种类也不断增加，但科技进步和服务现代化并未给老龄社会的管理和老年人群的关爱带来相应的福利。问题根源在哪呢？当我们国家步入老龄社会，整个社会还未适应也未做好应对之策。人口老龄化进程中的一些发展动向给网络技术及信息服务的进一步发展带来了一系列的新问题和新挑战。人口老龄化进程中，老年人最为关心的养老和社会保障问题、低龄老人的就业问题、老年人认知和参与社会的问题、老年人闲暇生活的寄托问题等，都还未能在网络环境下得到充分的展示。这就造成网络应用服务偏离老年人的生活和精神需求，即便有，形式也过于单调，未能充分考虑到老年人群的认知和生理特征，这也使众多老年人用户深感不满。老年人的身心特点、生活需求、经济状况与文化水平等要素向网络应用服务的内容及服务方式提出了一系列的要求。人口老龄化的迅速扩展迫切需要网络应用服务改善服务内容与服务方式，以适应老年人的各项生活需求。

在信息技术渗透到人们生活、学习各领域的时代，如果老年人不能跟上社会信息化的步伐，那么他们的生活必然会受到影响，严重的甚至会与社会脱节。因此，在信息化时代，如何通过信息技术的使用和相关技能的具备，协助老年人群达到具有生产力的老化，降低社会养老成本，促进老年人群实现自我价值，对处于老年化社会的中国来说是不容忽视，亟待社会各界共同面对和关心的议题。

本文在前期研究成果的基础上，从老年人的生理和心理层面着手，分析了社会化网络环境下，老年人的网络应用服务需求特点及行为特征，通过大量文献分析，在经典的信息技术采纳模型基础上，构建老年人资讯类、金融类、购物类网络应用服务采纳和持续使用模型，采用实证研究的方法，通过深入访谈和问卷调查，分析和探讨老年人资讯类、金融类、购物类网络应用服务持续使用的行为特征和影响因素。

# 1 绪论

本文在前期研究成果的基础上，从老年人的生理和心理层面着手，分析了社会化网络环境下，老年人的网络应用服务需求特点及行为特征，通过大量文献分析，在经典的信息技术采纳模型基础上，构建老年人资讯类、金融类、购物类网络应用服务采纳和持续使用模型，采用实证研究的方法，通过深入访谈和问卷调查，分析和探讨老年人资讯类、金融类、购物类网络应用服务初次采纳和持续使用的行为特征和影响因素。本章将介绍本文的研究背景、研究问题、研究方法等。

## 1.1 研究背景

### （一）老年人群在数字社会发展中的缺失

进入 21 世纪，随着工业化和城市化的发展，年轻人逐渐外流，社会及家庭结构发生了变化，家庭成员相互照顾的功能也随之降低，空巢及独居老人数量增加，年长者生活起居、赡养照护等问题日益严重。老龄社会的管理及老年人的养老问题已经成为世界性的重要社会问题之一，如何关怀老人，改善老人生活成为全世界必须共同面对的问题。中国也已经全面进入老龄化社会，据预测，到 2050 年左右，中国的老年人口将会占全国总人口数的三分之一以上。

与此同时，随着信息技术的高速发展，人类社会进入数字化社会时代，人工智能、大数据、云计算、物联网等技术快速与传统行业深入融合，基于移动互联网技术特别是移动通信技术的各式各样的网络应用服务正在快速地改变着人们传统的生活、学习、出行的形式。滴滴、美团等基于移动互联网平台的各种网络应用服务，以及 QQ、微信、抖音和微博等互联网即时通信软件和网络社会媒体，已经成为人们每天工作和生活必不可少的媒介和平台。B2B、O2O 之类的电子商务形式，在线旅游订票、微信挂号看病、滴滴打车及智能穿戴设备等新技术、新服务已经成为人们生活中不可或缺的信息技术，彻底地改变了人们以往的生活方式，给人们的生活带来了极大的便利和快乐。随着人们生活水平的提高，老年人的数量在不断增加，在人口构成中的比例也越来越高，但一直以来，老年人群都被认为是远离信息技术的人群，在信息化浪潮中，老年群体的失落是显而易见的。日常生活中，老年人不会操作网络，不会使用自动取款机，不会使用即时通信软件，不会使用智能手机和电脑等常用科技产品的情况还十分常见。随着年龄的增长，老年人生理和认知方面的功能逐渐下降，加之社会外部环境对老年人关注度缺失等原因，老年人在使用信息技术和网络应用服务的时候常常会感到力不从心和孤立无助，这极大地打击了他们使用这些网络应用服务的自信心，削弱了他们使用新科技的意愿。另一方面，研究表明，在已经开始接触和使用信息技术和网络服务的老年人群中，他们使用网络信息产品的频率和沉浸度远远不及年轻群体。

在信息技术高速发展及网络应用服务高度普及的今天，面向老年人群的信息服务平台却不尽如人意。尽管近年来老年人群信息技术采纳的意愿大幅提升，老年人使用的网络应用服务种类也不断增加，但科技进步和服务现代化并未给老龄社会的管理和老年人群的关爱带来相应的福利。问题根源在哪呢？当我们国家步入老龄社会，整个社会还未适应也未做好应对之策。人口老龄化进程中的一些发展动向给网络技术及信息服务的进一步发展带来了一系列的新问题和新挑战。人口老龄化进程中，老年人最为关心的养老和社会保障问题、低龄老人的就业问题、老年人认知和参与社会的问题、老年人闲暇生活的寄托问题等，都还未能在网络环境下得到充分的展示。这就造成网络应用服务偏离老年人的生活和精神需求，即便有，形式也过于单调，未能充分考虑到老年人群的认知和生理特征，这也使众多老年人用户深感不满意。老年人的身心特点、生活需求、经济状况与文化水平等要素向网络应用服务的内容、服务方式、操作性等提出了一系列的要求。人口老龄化的迅速扩展迫切需要网络应用服务改善服务内容与服务方式，以适应老年人的生理特征及需求。

在信息技术渗透到人们生活、学习各领域的时代，如果老年人不能跟上数字化社会发展的步伐，那么他们的生活必然会受到影响，严重的甚至会与社会脱节。因此，在信息化时代，如何通过信息技术的使用和相关技能的具备，协助老年人群达到具有生产力的老化，降低社会养老成本，促进老年人群实现自我价值，对处于老年化社会的中国来说是不容忽视，亟待社会各界共同面对和关心的议题。

### （二）移动网络应用服务在老龄社会中的作用

移动网络应用服务是构建于移动互联网的应用服务形态，这种以移动技术、Web（万维网）技术和社交媒体平台为主要形式的应用服务不断的渗入到人们日常生活的各个方面。近年来，国内外很多学术研究和政府报告都表明越来越多的老年人在使用各种网络应用服务平台，以此获得各种服务和信息，扩展老年人的社会交往圈，满足老年人群的日常生活需求，满足老年人与家人及社会群体沟通交流的需求。这些网络应用服务为老年人更好地自我照料、融入社会提供了便利的条件。

很多实证研究结果也表明，退休以后的老年人有着更多的支配时间，在情感关爱和陪伴等方面也有更多的需求，而老年人最基本的需求就是获取信息和保持社会联系。各种网络应用服务正好迎合了老年人数字化生活的需求。老年人可以通过各种网络应用服务及时获取各种社会信息，与子女对社会信息的接收保持同步，相互之间可以找到更多的共同话题，可以让自己的心态保持年轻，跟上时代的步伐。对于身体运动机能下降、行动不便的老年人群来说，各种网络应用服务可以改善和提高他们的功能性的自理能力，比如，他们可以在线购物、缴费及获取专业信息和咨询服务。合适的辅助设备也能帮助老年人群更好地通过网络应用服务改善自己的生活，比如智能穿戴等各种物联网设备可以与网络应用服务连接，实时地监控和传递老年人的健康状态等各种信息。

与此同时，随着越来越多有文化、熟悉信息技术的中年人开始迈入老年人队伍，老年人群中使用信息技术的人群的比例也势必不断增加。虽然，目前中国老年网民在总体网民数量中所占的比重还相对较小，但保持着逐年增加的趋势，《中国互联网络发展状况统计报告》显示，虽然老年人使用网络信息技术的比例相对较低，但所占的比例在逐年增加。这些数据表明，以物联网、智能手机和移动通信为基础的各种网络应用服务已经真实地走进老年人群的生活。

老年人群的增加所带来的社会问题是显而易见的，养老服务、医疗服务、卫生保健等社会资源分配不均衡的问题及养老成本不断攀升的问题都将日益凸显。网络应用服务能够为社会养老服务提供新的模式和手段。因此，越来越多的国家政府期望能够借助网络信息技术缓解老年人群的医疗保健和社会养老服务的压力，降低社会和家庭养老成本，改善老年人的生活质量。

## 1.2　问题的提出

目前，基于移动互联网技术的网络应用服务的主要受众是中青年人群，老年人群所占的比重相对较低。但是，与 10 多年前相比，老年人群的信息需求、使用网络信息技术的态度和行为方式都发生了很大的变化，特别是 20 世纪 60 年代以后出生的人开始逐渐步入老年人群，他们大多数接受过教育，也见证了信息技术的发展。疫情期间，老年人需要使用网络应用服务软件进行健康扫码、信息查询等活动，这也给老年人提升信息技术素养带来了契机，因此，可以想象，在不久的将来会有越来越多具有信息技术素养和需求的老年人主动地使用各种信息科技产品。但是，目前的状况是，基于移动互联网技术的各种网络应用服务都是将受众定位于拥有主流网络设备和较高计算机技能的中青年人群，老年人群被严重忽视。

老年人退休后，他们的生活状况、社会角色都发生了变化，因此，老年人对网络信息的需求及使用行为与年轻一代有着很大的差别。此外，老年人的生理状况和认知能力等方面也开始不同程度的衰退（如：行动不便、设备操作能力较差、社交圈缩小引发的孤独感等），这也决定了老年人信息需求和操作行为的特殊性。笔者前期的实证研究结果显示，基于移动通信技术的网络应用服务的功能设计及整体的社会环境都是老年人群不能接受或者不方便使用新技术的重要原因，而且最初接受各种网络应用服务并不能保证老年人用户会持续使用它们。没有持续有效的使用不可能真正构建适合老年人的网络应用服务环境，也无法使网络应用服务成为老龄社会有效管理的工具。因此，全面系统地了解数字化时代老年人群使用主流网络应用服务的行为，构建面向老年人群的网络应用服务环境势在必行。

信息技术及信息服务的初次采纳和持续使用一直是学者关注的热点问题。信息技术初次采纳和持续使用的理论模型也是丰富多彩，研究成果斐然。用户信息技术初次采纳行为是信息系统取得成功的第一步，但是信息系统要长期存活并最终获得成功，更多的是依靠用户的持续使用。目前大多数研究的对象集中在青少年和中青年人群，针对老年人群初次采纳和持续使用信息技术行为的研究还非常少，缺少相关的资源和文献，这个领域的研究还不成熟，尚未形成统一的理论模型。

针对以上问题，本文在过往研究文献、采纳理论及前期的研究成果的基础上，通过深度访谈和问卷调查的方法进行实证研究，分析讨论影响老年人持续使用资讯类、购物类、金融类网络应用服务的关键因素，并检验研究假设。

## 1.3 对象界定

（一）老年人群

关于老年人的定义，不同的应用和领域有不同的定义方法，例如日历年龄、生理年龄、心理年龄和社会年龄。

联合国根据人口的平均期望寿命来界定老年人群的起始年龄，发达国家为 65 岁而发展中国家为 60 岁。如果根据人们的劳动力来定义，劳动工人的年龄在 50 到 55 岁就被当作老年人，因为在这个年龄段，劳动能力在衰退。从信息技术使用能力方面来看，随着年龄的增长，老年人群在生理、认知能力方面都会发生变化，这种变化大概在 45 岁以后会更加明显。在中国，企事业单位的工人的退休年龄为男性 60 岁，女性 55 岁。从事繁重体力劳动或有害健康工作的工人的退休年龄为男性 55 岁，女性 45 岁。而且人们习惯性地将退休年龄作为进入老年人群的起始年龄。综合以上的观点，考虑到我国的实际情况，本文的研究对象定位为 55 岁以上年纪的人群。

（二）网络应用服务

本文中的网络应用服务是指基于移动互联网技术的各种应用服务，包括功能性 App、小程序和网络应用服务平台等。

（1）资讯类网络应用服务

资讯类网络应用服务是基于移动互联网设备上运行的第三方应用程序，是传统新闻资讯在移动设备上的服务延伸，专门为用户提供新闻和资讯服务。资讯类网络应用服务包括传统资讯类机构的数字化转型、新兴自媒体平台和综合类平台所提供的资讯类服务，形式包括聚合类资讯应用服务平台、基于门户的资讯类网络应用服务、社交媒体、音视频媒体等。目前，资讯类网络应用服务已成为大众获取信息的主要渠道之一。不同于传统的新闻资讯服务，资讯类网络应用服务受众从原来被动接收资讯向主动获取并参与资讯制作的转变。此外，基于移动互联网的资讯类网络应用服务的用户体验与传统新闻资讯服务也是截然不同的。

（2）购物类网络应用服务

购物类网络应用服务是传统商业活动和网络购物服务模式在移动互联网上的延伸，用户可以通过智能手机、平板电脑等移动终端设备进行商品信息浏览、在线消费购物、订单查询、物流查询等活动。基于移动互联网技术的购物类网络应用服务，无论在用户的年龄、婚姻状况、消费能力等人口属性，以及上网时段、商品信息浏览、购物偏好等行为方式等方面都不同于传统的线下购物模式和PC（电脑）端的购物方式。

（3）金融类网络应用服务

基于互联网的金融类网络应用服务是传统消费金融服务依托移动互联网技术而实现的数字化应用形式。基于移动互联网技术的金融类网络应用服务大致源起于2014年，在国家政策支持与互联网应用服务市场繁荣的双重利好环境下，得到了快速发展。近年来，传统的柜台服务逐渐让位于金融类网络应用服务，各种金融类App和小程序纷纷涌现，这一新兴消费方式的出现吸引了越来越多学者们的关注。

对于金融类网络应用服务的概念，学者们也有各自不同的理解，相关文献指出，金融类网络应用服务包含广义和狭义的概念，广义的金融类网络应用服务是指传统消费金融的互联网化，狭义的互联网金融仅指由互联网公司及传统金融类企业搭建的金融类App、小程序、应用服务平台等；也有学者认为金融类网络应用服务是互联网企业在信息技术的发展下，融合了互联网理念、技术和渠道，为消费者提供一系列金融服务，并区别于传统消费金融的产物，它有效地降低了消费金融的交易成本，提高了金融效率。

## 1.4 研究目的、内容和意义

### （一）研究目的及内容

本文的研究目的是从老年人的生理和心理特征着手，分析老年人在使用网络应用服务过程中的行为特征，并在信息技术采纳模型及前期研究的基础上分别构建老年人网络应用服务持续使用模型，分析和探讨老年人网络应用服务持续使用的行为特征、影响因素。研究内容如下：

（1）老年人网络应用服务使用行为特征分析

在文献分析及前期研究的基础上，从老年人的生理和心理特征着手，分析老年人的网络信息需求；参考 SCT（社会认知理论）模型，从技术因素、环境因素和个体因素三个方面分析老年人初次采纳和持续使用网络应用服务的主要影响因素，并构建老年人网络应用服务初次采纳和持续使用二阶段过程模型。

（2）老年人资讯类网络应用服务使用行为及影响因素分析

在文献分析的基础上，通过深度访谈，参照信息技术采纳的相关理论，构建老年人资讯类网络应用服务采纳模型，并对模型进行实证检验，采用结构化方程方法来研究探讨老年人使用资讯类网络应用服务的关键影响因素及各因素的影响程度。

采用 T 检验和方差分析等方法对调查问卷数据进行描述性和相关性分析，探讨老年人使用资讯类网络应用服务的行为特征及人口变量的干扰作用。

（3）老年人购物类网络应用服务使用行为及影响因素分析

在文献分析的基础上，通过深度访谈，参考信息技术采纳的相关理论，构建老年人购物类网络应用服务采纳模型，并对模型进行实证检验，采用结构化方程方法来研究探讨老年人使用购物类网络应用服务的关键影响因素及各因素的影响程度。

采用 T 检验和方差分析等方法对调查问卷数据进行描述性和相关性分析，探讨老年人使用购物类网络应用服务的行为特征及人口变量的干扰作用。

（4）老年人金融类网络应用服务使用行为及影响因素分析

在文献分析的基础上，通过深度访谈，参考信息技术采纳的相关理论，构建老年人金融类网络应用服务采纳模型，并对模型进行实证检验，采用结构化方程方法来研究探讨老年人使用金融类网络应用服务的关键影响因素及各因素的影响程度。

采用 T 检验和方差分析等方法对调查问卷数据进行描述性和相关性分析，探讨老年人使用金融类网络应用服务的行为特征及人口变量的干扰作用。

（二）理论意义

（1）网络应用服务作为一种新兴的商业模式，研究老年人使用各种网络应用服务的行为特征及影响老年人持续使用意向的影响因素，这一定程度上丰富了数字社会环境下老年人群信息行为的研究内容，拓展了老龄化社会研究的视角。

（2）在经典信息技术采纳与扩散理论的基础上，构建老年人使用网络应用服务的整合模型，并从老年人生理和心理特征的视角来考察老年人网络应用服务使用的影响因素，对于传统信息技术采纳模型在不同情境中的运用提供了借鉴。

（3）本文对老年人信息技术采纳影响因素的相关研究进行了梳理，分析整理了国内外相关的老年人持续使用创新型科技的研究成果，为面向老年人群的网络应用服务开发活动提供了参考。

（三）实践意义

数字社会环境下，传统的老年人养老服务体系正悄然地发生着变化，通过实证研究，分析老年人群使用网络应用服务的行为特征，发现影响老年人群采纳和持续使用网络应用服务的关键因素，其研究结果的实践作用体现在：

（1）网络应用服务提供方可据此采取针对性的措施来吸引新用户并保留老用户，促进老年人接受并持续使用各类网络应用服务；提供更多能满足老年人养老需求的网络应用服务，提升养老服务水平，促进老年人更好地融入现代生活。

（2）为政府相关职能部门在数字社会环境下构建新型的养老模式提供了思路，为如何构建面向老年人群的网络应用服务环境提供参考。

## 1.5 思路、框架及实施方法

（一）研究思路

在笔者前期研究的基础上，基于技术采纳理论、行为理论、客户忠诚理论等研究成果，通过理论分析与实证研究，分析数字社会环境下老年人群的信息需求和行为特征，研究分析老年人使用各种网络应用服务的影响因素。

研究思路与方法如图 1-1 所示。

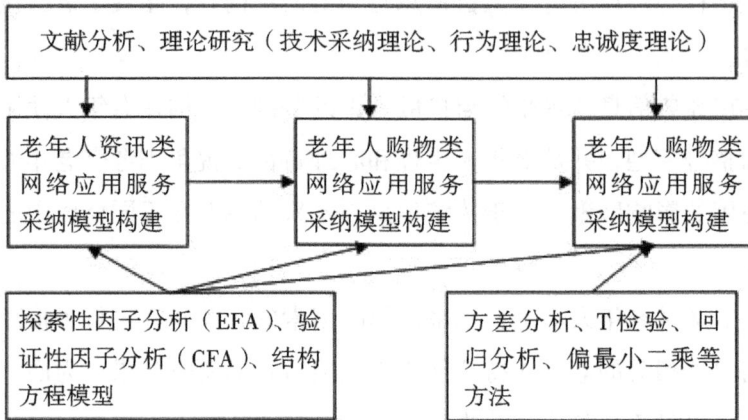

图 1-1　研究思路与方法

## （二）研究框架及方法

本文实施程序如下：首先，针对老年人的信息行为、影响老年人使用信息技术的主要因素和信息技术采纳研究做文献分析，在前期研究的基础上构建老年人资讯类、购物类和金融类网络应用服务模型。然后，通过质性研究中的深度访谈法，深入了解影响老年人持续使用此类网络应用服务意愿的关键因素。最后，通过问卷调查法进行实证研究，采用统计分析和结构化方程模型方法对样本数据进行描述性分析，对研究假设进行验证。具体如图 1-2。

本文除了采用文献研究法和跨学科分析的方法外，主要通过深度访谈法和问卷调查法获取数据，再进行量化统计分析来研究老年群体网络应用服务持续使用情况和影响因素。

（1）文献研究法

为了在现有理论及前期研究的基础上系统构建老年人持续使用资讯类等网络应用服务的研究模型，本文研究参考了大量国内外相关文献资料，跟踪了解国内外信息技术初次采纳和持续使用理论、用户行为理论等相关研究进展及其实践应用状况，形成研究思路。通过分析老年人的生理和心理特征，在经典信息技术采纳理论及前期研究的基础上，结合老年人心理和生理的特殊性及信息行为的特征，对影响因素及相互关系进行深入探讨，构建了老年人资讯类等网络应用服务持续使用模型。

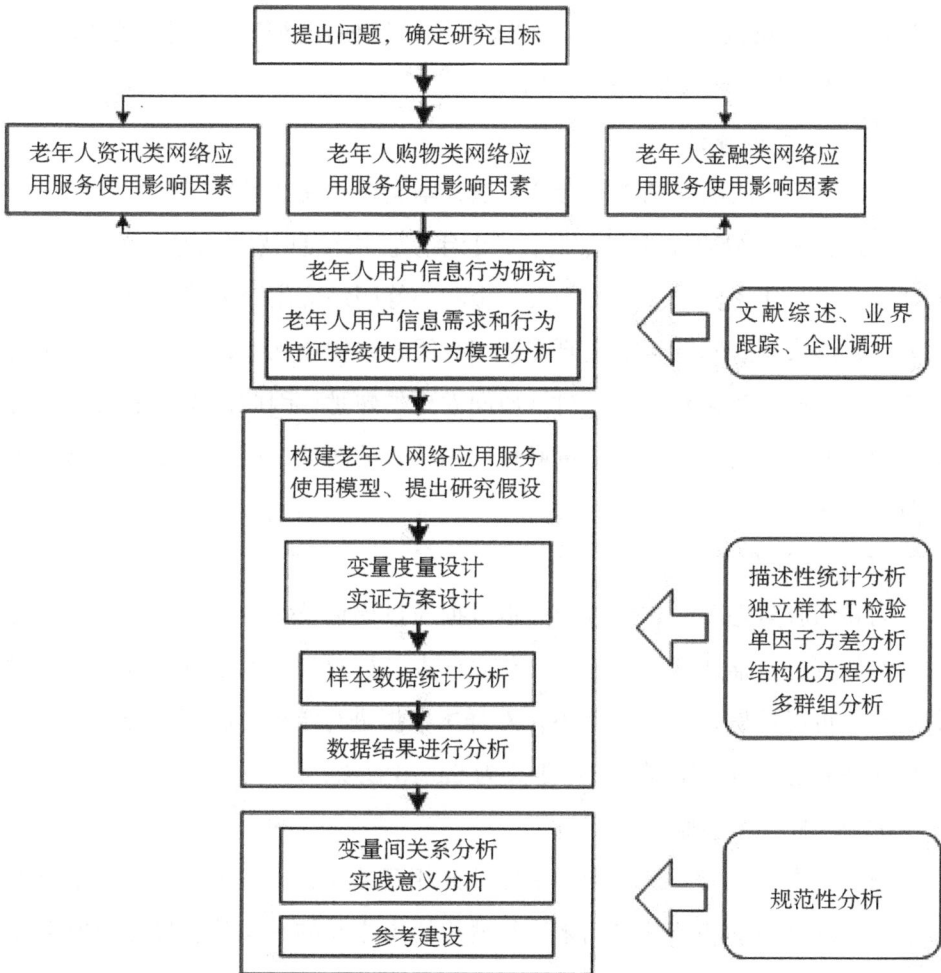

```
                  ┌─────────────────────┐
                  │   提出问题，确定研究目标   │
                  └─────────────────────┘
   ┌────────────────┐ ┌────────────────┐ ┌────────────────┐
   │老年人资讯类网络应 │ │老年人购物类网络应 │ │老年人金融类网络应 │
   │用服务使用影响因素 │ │用服务使用影响因素 │ │用服务使用影响因素 │
   └────────────────┘ └────────────────┘ └────────────────┘
```

| 老年人用户信息行为研究 |
| 老年人用户信息需求和行为特征持续使用行为模型分析 | ⇐ 文献综述、业界跟踪、企业调研

| 构建老年人网络应用服务使用模型、提出研究假设 |
| 变量度量设计 实证方案设计 | ⇐ 描述性统计分析 独立样本 T 检验 单因子方差分析 结构化方程分析 多群组分析
| 样本数据统计分析 |
| 数据结果进行分析 |

| 变量间关系分析 实践意义分析 | ⇐ 规范性分析
| 参考建设 |

图 1-2　研究框架与方法

（2）跨学科分析

本文综合运用社会管理学、用户行为学、创新扩散理论及信息技术采纳等多学科的知识，以老年人群为研究对象，以网络应用服务为情境，试图通

过跨学科理论分析的方面构建老年人群网络应用服务持续使用行为模型，并通过深度访谈和问卷调查等实证研究的方法进行数据分析。

（3）深度访谈法

在前期调研中，通过半结构化访谈的形式，对老年人持续使用网络应用服务进行深度访谈，试图深入了解老年人持续使用网络应用服务的影响因素，从而构建研究模型提出研究假设。

（4）问卷调查法

实证研究采用的是调查问卷的方法，本文在相关文献研究的基础上，参考了信息技术采纳的经典调查量表、老年人使用信息技术意愿的调查量表，设计开发了老年人资讯类、购物类、金融类等网络应用服务持续使用意愿的量表，并形成调查问卷。本文研究采用封闭式结构化问卷，以利于资料的统计与量化分析。考虑到老年人对纸质问卷更加熟悉，因此，本文采用了纸质的不记名问卷。问卷设计时尽量避免使用较长的题项，以免老年人在填写问卷时感到疲劳。

（5）统计分析方法

问卷回收整理后，首先进行样本数据质量评估及信度和效度分析，然后对样本数据进行描述性统计分析、独立样本 T 检验和单因子方差分析。采用的主要分析工具是 SPSS22.0 软件；对样本数据进行结构方程模型分析及干扰变量的多群组分析，用到的分析工具为 SmartPLS2.0。

①独立样本 T 检验

独立样本 T 检验是指两个样本间彼此相互独立，没有关联性。两个样本分别接受同性质的测量，再用来比较两组样本之间的平均数差异是否取得显著效果。

独立样本 T 检验是比较自变量内的不同属性在因变量所得到的平均数是否有显著差异，也就是说，我们要了解自变量是否会对因变量产生影响。

②单因子方差分析（ANOVA）

单因子方差分析（ANOVA）主要是用来检验 3 组或 3 组以上不同类变

量的样本数据之间平均值的差异程度。比如，用单因子方差分析检验不同年龄、不同的受教育程度和不同居住状态的老年人使用网络应用服务情况的差异是否具有显著性。如果检验结果 F 值显著，则采用雪费法（Scheffe's method）对各变量关系进行比较。

③结构方程模型

PLS 是一种结构方程模式（SEM）的分析技术，以回归分析为基础。PLS 的实用性高且优于一般的线性结构关系模式的分析技术，它可以同时处理反应性（reflective）和形成性（formative）的模型结构。该方法并不严格要求变量必须符合常态分配、随机性、大样本数。此外，PLS 能克服多变量共线性问题、有效处理干扰数据及遗失值且具有良好的预测及解释能力。老年人群对问卷填写的认知度、参与度等特殊性，使得样本量不会太大，使用 PLS 进行分析可不受样本数的限制及变量分配形态的影响。为求各变量估计的稳定性，PLS 采用 bootstrap 再抽样的方法，次数为 500 次。

采用 SmartPLS2.0 软件进行结构化方程分析，分析步骤分为两阶段，第一个阶段针对测量模型进行信度分析与效度分析，第二个阶段针对结构模型进行路径系数检验和模型预测能力估计。这样的估计步骤是为了检验变量是否具有信度与效度，即先确认各衡量指标对研究变量解释的适当性，进而再对各研究变量间的关系进行检验，具体指出各研究变量的关系，从而检验研究架构的各项假设。

**（三）逻辑关系**

根据研究思路，本文共分为七章：

第一章，绪论。对研究背景、研究意义、研究的基本思路、内容、方法及技术路线进行介绍。

第二章，理论基础，即国内外文献综述。本文是以老年人群为研究对象，以资讯类、购物类、金融类网络应用服务为情境。因此对消费心理学、技术采纳和创新扩散理论及行为科学等相关理论知识进行综述分析。

第三章，老年人信息技术使用的影响因素及采纳过程分析。基于 SCT 模型及前期的研究成果，对老年人的生理和心理特征对其采纳信息技术的影响进行深入分析。

第四章，老年人资讯类网络应用服务使用行为研究。通过深度访谈确定老年人资讯类网络应用服务使用模型，并提出研究假设，采用问卷调查的方法收集数据，然后进行统计分析和结构化方程分析，对研究假设进行论证，探讨老年人资讯类网络应用服务使用的影响因素及其影响路径。

第五章，老年人购物类网络应用服务使用行为研究。通过深度访谈确定老年人购物类网络应用服务使用模型，并提出研究假设，采用问卷调查的方法收集数据，然后进行统计分析和结构化方程分析，对研究假设进行论证，探讨老年人购物类网络应用服务使用意愿的影响因素及其影响路径。

第六章，老年人金融类网络应用服务使用行为研究。通过深度访谈确定老年人金融类网络应用服务使用模型，并提出研究假设，采用问卷调查的方法收集数据，然后进行统计分析和结构化方程分析，对研究假设进行论证，探讨老年人金融类网络应用服务使用意愿的影响因素及其影响路径。

第七章，分析及总结。在实证研究的基础上，对老年人使用资讯类网络应用服务影响因素进行归纳总结分析，并在此基础上给出应对建议和意见。

# 2 理论基础

老年人网络应用服务采纳问题属于信息技术采纳的研究领域，技术采纳理论主要是构建在心理学和行为学的理论基础之上，研究的目的主要是对个体使用信息技术的意向和行为进行预测分析并发现关键影响因素。在现实生活中，用户采纳一项新技术的意愿和持续使用行为往往会受到很多方面的影响，不同的群体在不同的技术应用情景下的影响因素也是不尽相同的。本文在传统经典的信息技术采纳模型及前期研究的基础上，结合老年人的特征及网络应用服务的情景构建老年人资讯类等网络应用服务使用行为模型，并进行实证研究。因此，本章将对本文所涉及的信息技术采纳相关理论及老年人的生理和心理特征影响其使用网络应用服务的相关理论进行综述分析。

## 2.1 信息技术采纳理论

### 2.1.1 信息技术采纳

关于信息技术采纳和使用问题，一直是信息管理研究领域的重要内容，随着网络技术及基于 Web2.0 技术的网络新服务不断出现，信息技术采纳问题的重要性进一步凸显出来。

信息技术采纳行为是一种复杂的行为过程，信息技术采纳研究的目的是从不同侧面来研究个体采纳各种信息技术的行为特征、内在动因等，分析影响个体采纳信息技术的各种关键因素及这些因素之间的相互关系，从而能够深入地了解并预测个体采纳信息技术的意愿和行为。

一直以来，信息技术采纳并没有统一的定义，而是在使用行为上制定出一些条件，以此作为信息技术采纳的定义。采纳定义的主要分歧在于使用行为是否包含持续行为的观点上，在研究中可以区分为"使用行为不用持续""使用行为要持续"两大类。

（1）使用行为不用持续：瑞安德·格罗斯（Ryanand Gross，1943）将采纳定义为首次使用；莱恩伯格（Lionberger，1960）将采纳定义为人们决定使用一项新事物，但并不一定要继续使用它。

（2）使用行为要持续：罗杰斯（Rogers，1968）将采纳定义为一种持续、完整使用一项创新的决定。

根据本文研究的动机与目的，老年人采纳网络应用服务的过程包括了初次采纳及持续使用行为，因此，关于采纳的概念，我们采用罗杰斯（Rogers，1968）的定义。

## 2.1.2 理性行为理论

理性行为理论是费希平和阿杰恩（Fishbein & Ajzen）在 1975 年为了分析人类的行为模式所提出的一个社会心理学理论，以行为态度、主观规范和行为意愿来解释、预测人们在特定情境下的行为。理性行为理论模型如图 2-1 所示。

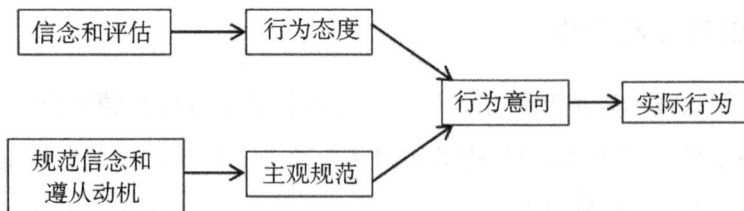

图 2-1　理性行为理论模型

态度是指个体对物体、人、事件或机构的正面或非正面的感受，其定义强调的是正向或负向、喜好或不喜好的评价。行为信念是指人们对某事所抱有的主观想法或评价，是属于认知层面；结果评估则是指某种行为会导致特定后果的评估。行为态度是个人对某特定行为所抱有的正面或负面的评价。行为态度是由个人对可能发生的结果所持有的一种主观想法或者期望。主观规范是指个体在做出某项决策之前所感受到的来自外界的各种影响，比如亲戚朋友对他决策行为的看法。规范信念是指其他个人或团体对于个人此一行为的意见；遵从动机则是指个体在进行决策时对来自外界影响的服从程度，大多数人在做决策时，都面临着不得不服从现实环境的影响。

普遍认为，行为意愿决定最终行为，行为意愿越强，被预期会尝试某种行为的概率就越大。而行为意愿往往又要受到行为态度与主观规范的因素。当个人行为态度与主观规范影响越正向，则行为意愿越高；反之，则越低。在理性行为理论中，主观规范代表的是个人在从事行为时所面临的社会期望。主观规范的衡量由规范信念与随从动机交互影响而成；行为态度包含行为信念与结果评估。

理性行为理论假设每个人都是理性的，并且具有获取信息进行决策的能力。然而在实际生活中，人并非完全理性的。当人们处于不完全理性的状态下，个体的行为意愿并不能完全解释最终行为。而且，人们在实际行为中往往会受到诸如时间、金钱等多方面因素的影响，这些影响因素会干扰个体的行为，从而削弱理性行为理论的准确性。因此，近年来，学者们都会在理性行为理论基础上加入一些外部变量，并在不同的情景中应用。

### 2.1.3　计划行为理论

阿杰恩（Ajzen，1991）对理性行为理论进行了适当的扩展，从而提出了计划行为理论，期望能够更为准确地对个人行为进行预测和解释。理性行为理论假设个体行为是受个体行为意愿的影响，而在现实情况下，个体的行为意愿往往受到许多不同因素的制约。

计划行为理论包括态度、主观规范、感知行为控制、行为意向、最终行为五个要素。态度（Attitude）是指个体对某行为所抱有的正面或负面的感觉；主观规范（Subjective Norm）指个体在做出某项行为决策时，受到的来自外界的各种影响，比如亲戚朋友对他决策行为的看法或者干扰；感知行为控制（Perceived Behavioral Control）是指个体在做出决策时，主观感觉到的对决策行为或未来结果的控制程度；行为意向（Behavior Intention）是指个体可能会做出某项行为决策的概率；行为（Behavior）是指个人做出决策后所采取的具体行动。计划行为理论的理论模型如图 2-2 所示。

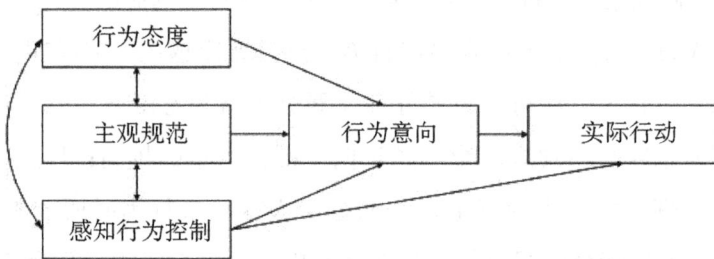

图 2-2　计划行为理论的理论模型

计划行为理论也认为个体行为意向决定了最终的行为，而那些影响最终行为的变量大多是通过影响行为意愿来作用最终行为的，影响行为意愿的变量有很多，主要的有个体对该行为的主观态度、干扰个体决策的外部变量，即主观规范、个体对决策和行为过程的主观感知的掌控能力。这三个变量均正向影响着行为意愿。

## 2.1.4　科技接受模型

1989 年，戴维斯（Davis）对理性行为理论进行修正和扩展，创建了科技接受模型，用来预测个体信息系统接受行为，该模型的主要目的在于揭示和预测用户对信息系统的接受度，该模型还提供了一套理论基础用来解释外部变量对使用者内在的信念、态度、意愿、使用行为的影响。

科技接受模型已经被许多实证研究用来作为模型构建的理论基础，在很多领域得到了大量实证分析结果的支持。整体而言，科技接受模型在预测用户对信息系统接受程度上有较强的解释力，是目前最常被使用来研究使用者科技接受行为的理论模型之一。

如图 2-3 所示，科技接受模型的核心变量是感知有用性和感知易用性，而外部变量包括人口统计学变量、技术的功能特性、环境特征等，这些外部变量通过影响感知有用性与感知易用性变量，然后对使用态度与使用行为意愿产生影响，最后作用于使用行为。

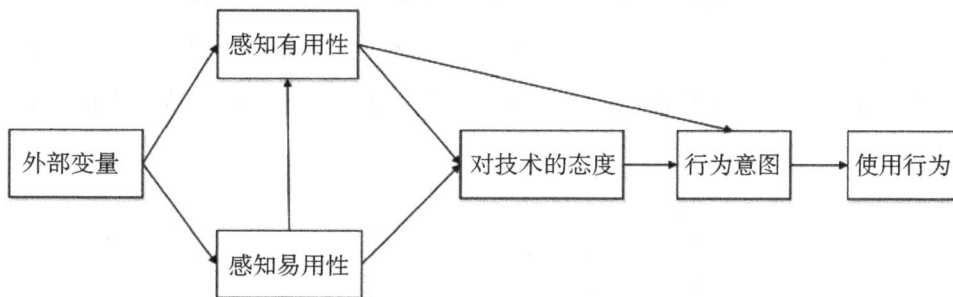

图 2-3   科技接受模型（原始模型）

（1）感知有用性可以定义为：潜在使用者主观地认为，使用某一特定的创新型科技将会改善其生活，提升工作及学习绩效的可能性。感知有用性是影响使用者的使用态度、行为意图及实际行为的重要因素，也就是说当使用者在使用新信息技术时，感知有用性程度越高，则使用态度、行为意图及实际行为越正向。感知有用性的重要性甚至超过感知易用性。

（2）感知易用性定义为：用户掌握和使用特定信息系统的难易程度。当用户认为信息技术是感知易用的，该信息技术往往也被认定为感知有用的，所以感知易用对感知有用有正向的影响。反之，有研究结果显示，感知有用性对感知易用并无明显影响。

## 2.1.5   基于 TAM 模型的改进

从许多学者的研究中可发现，在信息技术采纳的相关研究议题中，虽然 TAM 模型是解释信息科技接受程度决定因素的主要模型，然而它并非一个僵化的模型。Davis 认为可以根据研究视角及应用的情景来修改科技接受模型，从而加强该模型的解释能力。Davis 根据众多学者提出的问题，对原始的科技接受模型进行了两次改进。在 1993 年的修正模型中，Davis 舍弃了原始模型中的行为意图，而在 1996 年的再次修正中将原始模型中对信息系统的态度也舍弃了，建立后来被普遍使用的技术接受模型（如图 2-4 所示）。在实践应用中，态度只是个体对某项行为决策或某种技术主观上的认知或看法，并不代表该项决策的正确性或有用性，也不代表该项技术是否有用或者是否容易使用，也无法真实反映这些变量对行为意愿的影响作用。因为，态度带有很强的主观意识，它往往受到个体教育背景、成长经历、性格等多方面因素的影响。

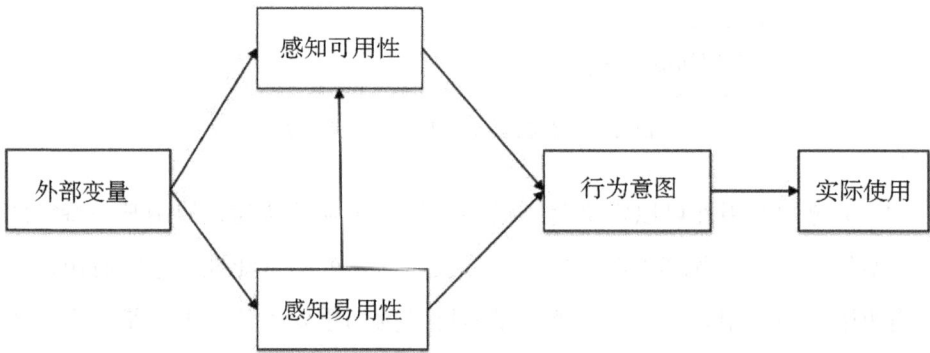

图 2-4　科技接受模型（TAM）

TAM 模型对外部变量并没有明确的阐述，因而，也无法详细说明这些外部变量如何影响感知有用性和感知易用性。现有大多研究都是对 TAM 模型的外部变量进行补充，从而使其适合具体的研究情境。文凯蒂什和戴维斯（Venkatesh & Davis）于 2000 年提出了拓展的 TAM2 模型，对 TAM 原模型的外部变量进行了完善说明和具体补充，提供了较好的外部变量参考，例如，引入了主观规范和映像等构念，将它们归类为社会影响过程，引入了工作相关性、输出质量、结果展示性，将它们归类为认知工具性过程。许多研究证明 TAM2 对于创新型信息技术的采纳行为解释能力更强。如图 2-5 所示。

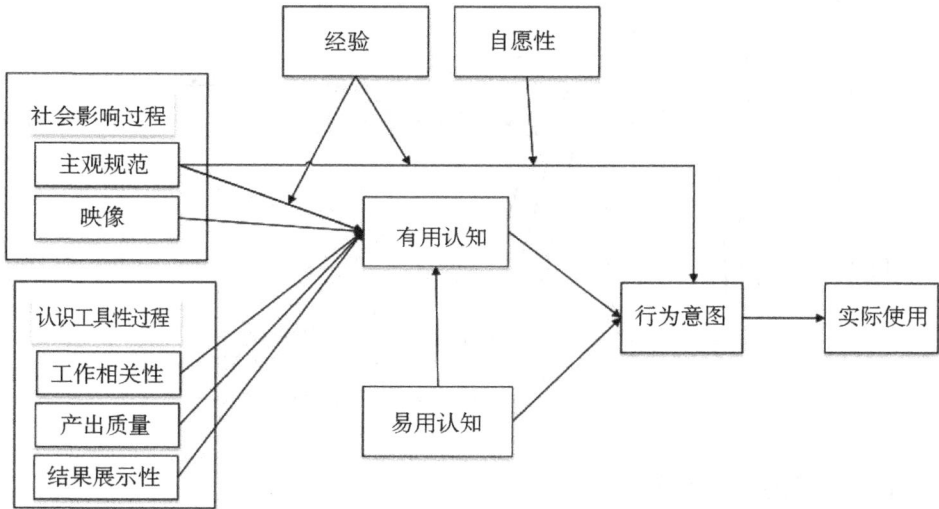

图 2-5 扩展的科技接受模型

2003 年，Venkatesh 融合了理性行为理论、创新扩散理论等 8 个模型，提出了 UTAUT 模型。在 UTAUT 模型中包括了绩效期望、努力期望、社会影响、便利条件四个影响行为意愿的变量，以及性别、年龄、经验、态度四个外部干扰变量，具体模型如图 2-6 所示。

绩效期望是指个体主观上对某项技术的期待，也就是说他们觉得使用了该技术后，他们的工作达到某种他们期待的成效和表现；努力期望是指个人主观上觉得使用某项技术可能会付出的努力程度；社会影响是指个人在做出某项决策时，受到外部环境和关键人物影响的程度；促成因素是指个人关注的组织或周围环境氛围对其使用新技术时所能给予的支持程度。在 Venkatesh 的模型中，他认为可以用主观规范来解释社会影响。

围绕 UTAUT 模型的许多研究结果显示，该模型在许多应用情境中都有很好的表现和较高的预测力。

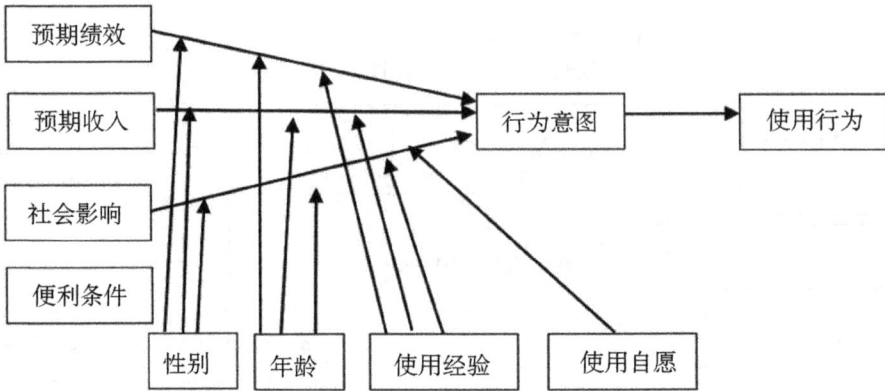

图 2-6　整合技术接受模型（UTAUT）

## 2.1.6　研究模型分析

经过多年来的研究和发展，信息技术采纳行为研究成果丰富，形成了大量的理论模型。主要的理论基础包括：理性行为理论（TRA）、科技接受模型（TAM）、社会认知理论（SCT）、计划行为理论（TPB）、科技接受模型 2（TAM2）、整合技术接受模型（UTAUT）。

这些模型在影响变量和构念的选择，以及变量之间的影响关系是各不相同的。当然这些模型也有许多相似的变量和描述。例如，大多数模型都认同感知有用性和感知易用性对个体信息技术采纳行为的影响作用，

一般而言，当用户考虑是否采用新的信息技术时，他们通常会将新技术跟现有技术做比较，考虑新的信息技术是否会给他们的生活带来更多便利或者是否会提高他们完成任务的效率。而很多研究都表明信息技术对人们完成工作会有正面的影响。当用户在决定是否使用新技术时，如果他们感觉到新的技术更有效且更易使用，那么他们就有采纳该技术的意愿。新的技术不需要花费太多精力去学习的话，人们大多都会积极地去接纳新的技术。因此，本文研究认为当老年人用户感觉社会化网络容易使用或很容易学会，且不需要付出太多的努力，那么他们也会比较愿意采纳网络应用服务，否则就会放弃。

尽管网络技术已经逐渐普及，但老年人由于其自身的生理特征和社会环境，他们的信息需求和行为特征与年轻人群完全不同。因此，当老年人在决定是否采纳网络应用服务时，往往会受到诸如老年人的朋友、亲戚是否也在使用网络应用服务，对老年人采纳网络应用服务所持有的态度及周边环境使用网络应用服务的氛围等因素的影响。

除了用户个人的使用意图外，对于非专业人士和新手来说，他们大多希望能有专业型的指导或有训练课程来帮助他们尽快熟练和熟悉新的技术。当用户发现自己有能力使用新技术或者是在使用过程中能得到相应的帮助，那么他们采纳信息技术的意愿会更强。因此，我们认为使用技术的自信心和良好的技术使用环境会促进老年人用户使用网络应用服务。

一般而言，用户使用意图越强，那么他的使用频率也就会越高。研究表明，当用户感觉到大多数人都在使用某项新的技术并且使用该技术可以得到专业帮助，那大多数的人还是愿意使用新技术的。

## 2.2 信息技术持续使用研究

近年来，关于信息技术初次采纳的研究非常多，然而，初次采纳只是用户接触信息技术的第一个阶段，目前无论是研究领域还是实践领域，越来越多的人在关注用户持续使用某项信息技术的行为，因为，只有用户持续不断地使用，该信息技术的商业价值和功能价值才能充分体现出来。

实证研究表明，对某种新技术或新服务的初次采纳和持续使用的动机是截然不同的。信息技术最终要获得成功，不仅仅需要用户了解和接触，更依赖用户持续使用的意愿。近年来，信息技术采纳行为的研究对象正逐步从信息技术的初次采纳转向持续使用。持续使用行为模型构建是研究的重点，通常的做法是对经典的信息技术采纳模型基础进行改进，然后在特定的应用情境中进行验证，例如，刘炜将 TTF 和 UTAT（英文科技名词均见文末对照表，后同）的相关变量结合起来，构建了老年人使用社会化网络服务模型，并采用实证方法验证模型的有效性。此外，许多学者试图借鉴相关研究领域的理论模型，构建适用于信息技术持续使用行为研究的理论和模型框架，其中最为成功的是巴塔克里（Bhattacherjee）构建的信息技术持续使用模型 – 期望确认模型（ECM），该模型借鉴了营销学领域的期望确认理论，Bhattacherjee认为信息技术持续使用行为与营销学领域的用户在购买行为类似。此后，Bhattacherjee 的期望确认模型被广泛应用于研究用户信息技术持续使用行为。例如，Liu 以 ECM 模型为基础，构建了老年人社会化网络服务持续使用模型，并进行实证研究，验证了模型的有效性。金炳秀（Byoungsoo Kim）将Bhattacherjee 的期望确认模型与 TPB 结合，构建了移动数据服务持续使用模型，并通过实证研究验证了模型的有效性。

## 2.2.1 期望确认模型

### （一）期望理论

1980 年，美国学者奥利弗（Oliver）提出了期望确认理论（ECT），该理论主要作为研究消费者满意度模型的基础架构。目前该模型被广泛地使用在评估消费者满意度与再购意愿间关系。ECT 架构中包含了期望（Expectation）、期望确认（Confirmation）、感知绩效（Perceived Performance）、满意度（Satisfaction）、再购意愿（Repurchase Intention）等五大构面。该理论指出消费者在购买产品（或服务）的过程中，消费者对某项特定产品或服务会产生"购前期望"，所谓期望，是指消费者在做出购买产品或体验服务之前，对该产品或服务能给自己带来何种效益的预期，这种预期是建立在对产品或服务信息了解程度的基础之上的；在使用或体验产品或服务之后，消费者会对产品或服务形成新的认知，即所谓的"感知绩效"，在使用过程中，消费者会将持续使用某种产品或服务后的"感知绩效"与他们在初次体验产品或服务时的"购前期望"做比较，如果两者一致，"期望确认"就会产生，如果不一致，就会产生"期望不确认"，也就是说，所谓的期望确认就是消费者在购前的预期与实际产生的绩效之间的差距。确认或不确认的程度会影响用户对产品或服务的满意度从而影响用户再次购买的意愿。确认程度越高，用户的满意度就会越高，反之不确认程度越高，用户的满意度就越低。因此，期望确认的程度是用户满意程度的重要影响因素之一。期望确认可以通过满意度来影响用户再次购买产品或服务的意愿。

## （二）信息系统采纳后持续使用模型

Bhattacherjee（2001）将用户持续使用信息技术的行为与消费者多次购买同类产品的行为进行比较，发现他们之间有许多类似之处，因此，他借鉴了Oliver 提出的期望确认理论（ECT）的思想，并结合科技采纳模型加以改进，提出了信息技术持续使用模型 – 期望确认模型（ECM）。Bhattacherjee 利用该模型研究了网上银行用户的持续使用情况，研究结果显示该模型适合信息系统采纳行为的情境，能够有效预测与解释信息系统用户的持续使用行为。ECM 模型架构如图 2-7 所示，从模型可以看出，持续使用意愿会受到满意度和感知可用性变量的影响，而感知可用性和确认因素又影响了用户使用产品或服务的满意度。信息技术持续使用模型与用户行为领域的期望确认模型的区别体现在：

（1）信息系统采纳后持续使用模型仅注重于采纳后变量的影响，这是因为采纳前变量的影响已被涵盖在确认程度和满意度的构面内。

（2）原先的 ECT 模型仅调查用户的消费前期望，但使用者的期望是会随着使用系统而发生改变，因此在信息系统初次采纳后的持续使用模型中，特别注重采纳用户使用一段时间后的期望。

（3）在信息系统持续使用模型中，采用 TAM 中的感知有用性因素来替代使用后的期望，此概念与 ECT 所定义的期望是一致的。

图 2-7　ECM–IT 模型

## 2.2.2 基于 ECM 模型的研究情况

近年来，ECM 模型成为研究信息技术持续使用行为的主要模型，很多研究者尝试将 TAM、TPB 等其他信息技术采纳模型整合进 ECM 模型。如，里昂（Lean，2009）将 TPB 整合进 ECM 模型，研究认为用户的满意度、感知有用性和主观规范会对在线服务持续使用的意愿产生影响；利马耶（Limaye，2003）在信息技术持续基础上加入了任务匹配度理论的主要变量，并对在线电子服务持续使用行为进行了实证研究；肖和曼瓦尼（Shaw & Manwani，2011）将 TAM 和 ECM 进行整合，并对医疗电子记录的持续使用行为进行研究。

随着社交网络的兴起，ECM 还被广泛地应用于基于 Web2.0 技术的社会化网络服务情景。如即时通信软件、微博、虚拟社区服务等。巴恩斯和伯林格（Barnes & Boehringer，2011）研究发现用户持续使用推特的行为主要受感知有用、满意度和习惯变量的影响。此外，也有研究表明，人们持续使用推特会受到社会压力、感知娱乐性和感知易用性的影响，而感知行为控制和主观规范也是影响持续使用行为的重要变量。胡和柯提阁（Hu & Kettinger，2008）在 ECM 基础上融合社会交换理论、社会资本理论、流理论，对网络应用服务持续使用行为进行了实证研究，研究结果显示，对网络应用服务的满意度、感知效益和感知成本是关键影响因素。金（Kim，2010）在对韩国 Cyworld 社交网站用户行为进行实证研究时，将主观规范变量加入 ECM 模型，研究结果显示 ECM 模型对持续使用行为有很强的解释能力，并且主观规范对持续使用行为也具有较强的影响力。

事实上，我们认为不同的群体在不同的应用情景下，持续使用行为的影响因素应该是不尽相同的，综合文献研究可以看出，在 ECM 模型基础上根据信息技术使用对象及具体的应用情景，结合相关的理论模型或加入适当的变量能够获得具有较强的解释力的模型。

## 2.3 用户行为相关理论

### 2.3.1 个人特质的影响作用

消费者行为学相关研究结果显示创新技术或服务使用者的个人特征会显著影响创新技术或服务的使用行为。一般而言，个人特征包含人口统计学变量、个人价值观、信息获得能力、个人的风险态度、社会因素、个人采用创新的利益考量及个人先前的相关经验与相关知识等。

（1）人口统计学变量包括年龄、收入、受教育程度、社会地位等。过往许多研究都发现创新技术或服务的采纳速度与采纳者的年龄呈反向关系，而消费者的收入水平、受教育程度及社会地位对创新技术和服务的采用产生正向的影响。

（2）个人风险态度。许多研究发现个人的风险态度对创新采纳行为产生负向影响作用，也就是说个人的风险偏好程度愈低或对创新产品的认知风险愈高，采用创新产品所需的时间就愈长。

（3）个人价值观。价值观是指个人对一事件的态度或信念，是个人的社会认知系统，会受到所处文化的影响，因此在营销学的研究领域中，价值观常被用来解释消费者的个人行为。在创新扩散的相关研究中，学者也主张个人价值观会显著影响消费者对创新采纳的倾向，也就是说创新产品与个人价值观的吻合程度愈高，个人对于创新产品的接受速度就会愈快。

（4）先前经验与相关知识。罗杰斯（Rogers，1983）提出的创新五大特性中的兼容性可以用来说明先前经验与创新采纳之间的关联性，他们认为一旦消费者有使用相似产品的经验，在面对创新产品时，就会自行采用相似的使用行为，而且这些行为会使得他们很快就能顺利地使用创新产品。赫希曼（Hirschman，1980）延续泰勒（Taylor，1977）的研究提出更进一步的说明，他认为消费者对某一产品类别的相关知识或类似的消费经验会让消费者更有能力使用同一产品类别的新产品，而且对于使用相类似的产品类别中的新产品也会有促进作用。因为每个消费者都不会是站在同一个消费平行线，购买某产品的欲望也不尽相同，所以新科技产品知识与新科技产品的采纳行为之间必定存在关联影响性。

此外，社会因素（如意见领袖、关联群体及社会团体等的影响）也会对消费者是否决定采用创新产品造成影响，特别是接触技术较晚的或者技术接受能力较弱的消费者受到社会因素的影响更明显。因此，若创新产品愈能吸引意见领袖的使用，就愈能提升该产品的扩散速度。

## 2.3.2　生活形态

生活形态的概念起源于心理学和社会学，威廉·拉泽（William Lazer）将这个概念引进营销领域，在 20 世纪 70 年代后期这个概念被营销界广泛应用。生活形态是一个复杂的、系统性的社会性概念，它表现出的是一个社会群体的复杂生活模式，具有区别于其他社会群体生活模式的独有特征，不同的社会或群体大多具有区别于其他社会或群体的生活形态。生活形态形成是长时间作用的结果，是社会文化、群体价值观、经济发展状况等多方因素共同作用的结果。由于生活形态能解释人口统计学变量无法解释的消费行为，比如购买产品的态度及决定购买的过程等。因此，在消费行为学研究领域，生活形态已成为一种描述、预测消费者行为的重要方法。

由于生活形态牵涉的领域广泛，众多的学者对其看法都不太相同。关于生活形态的定义虽然没有一个统一的说法，但仍可举出几个具有代表性的定义。科特勒（Kolter，2003）指出生活形态就是一个人的生活方式，可以通过个体的活动特征、兴趣爱好和观念态度三个方面来描述，这也就是经常说到的 AIO 模型。生活形态的差异也可以反映在购买决策上，如支配金钱、人格特质和价值观等因素的不同，形成个人特定的消费方式，布莱克威尔、密尼亚德和恩格尔（Blackwell，Miniard，Engel，2001）指出生活形态可反映出一个人在活动、兴趣、意见和人口统计学变量等方面的特征。从这些研究的结果可以看出，生活形态是人或群体在生活与行为之间的模式，受到社会文化、价值观及个人性格特质等因素的影响，反映在个人活动、兴趣、意见，以及对时间、金钱的支配方式上，也反映在个人特定的消费方式上。

### 2.3.3　顾客感知价值

19世纪初，英国作家边沁（Bentham）认为人类的一切行为都是为了追求最大的快乐，这种快乐程度可以量化，帮我们了解快乐的价值。他还认为，财富是靠价值来表现的，但所有价值都是以效用为基础，所以，创造效用也就是增添财富的行为。边沁的边际效用概念告诉我们价值是人类心理知觉快乐的高低所转化而来的。在我们的研究中，感知价值就是老年人用户在使用社会化网络之后的主观心理感觉，他们可能会认为网络应用服务是有用的，当然也可能会认为他们的选择是错误的。

根据营销学的观念，每个个体在决定购买产品或服务时，都会有对该产品或服务的价值产生某种期望，人们都会希望自己的决策是正确的，能够从该产品或服务中得到自己期望的收益，因此通过了解消费者对产品或服务的预期，可以使产品或服务更加容易被消费者接受。蔡特哈姆尔（Zeithaml，1988）指出，每个消费者的价值观都不尽相同，每个人生阶段的价值观也是会发生变化的，因此他认为顾客价值就是消费者在购买产品或服务过程中，综合对比自己从该产品或服务中获得的收益及物质和精神方面的付出之后，对该产品或服务能给自己带来多大效益的总体评价。当获得大于支出时，代表该产品对于顾客而言有价值。该定义改变了早期仅由产品面去对顾客价值定义的观念，而将顾客价值视为一种相对质量与相对价格之间的抵换关系。

顾客感知价值的定义并无统一的标准，在不同的应用情境之中，它的定义也不尽相同，一般而言，顾客感知价值被认为是用户在使用了某种技术或服务之后，对自己所付出的成本和所获得的利益进行比较权衡，所得出的一种综合评价。学者对顾客价值的分类也有不同的看法。但普遍接纳的是将顾客感知价值分为功能性价值、社会性价值、情感性价值、认知价值和条件价值。伍德拉夫（Woodruff，1997）认为顾客感知价值的特征包括：

（1）顾客价值是用户在使用某种产品或服务后才会产生的；

（2）顾客感知价值由用户个人主观判断，不由产品的提供者决定；

（3）顾客感知价值包括用户所获得的感知利益及所付出的成本，也就是包括了得与失；

（4）顾客感知价值是具有层次性的，包括了产品或服务的特征、效用，用户使用后的效益及用户对产品或服务的期望。

## 2.3.4 感知信任

知觉风险代表一种心理上的不确定感，如果消费者在消费商品或服务的过程中，感受到高度的不确定性，可能会影响其消费行为。鲍尔（Bauer，1960）最早提出知觉风险的概念，他认为消费者所采取的任何行动，都可能产生无法预期的结果。他认为当消费者感受到他的决策环境是不可信任的，即会产生知觉风险，例如财务、功能、心理、身体等方面的风险。

乔杜里和霍尔勃鲁克（Chaudhuri & Holbrook，2001）指出当消费者处于特别容易受伤害的环境中时，信任可以减少不确定性。双方之间信任与承诺的存在，一般被认为是关系营销策略成功的关键。信任会促进合作及策略联盟的行为、增加对关系的承诺、提升良性的互动、降低交易成本和减少投机行为、增加可预测性并减少控制和监督行为。萨博勒塔尔（Saboletal，2002）认为信任是顾客所抱持的服务提供商是可依靠的、可依赖的、会传递其承诺的期望。

与实体环境相比，在虚拟的网络环境中，信任更为关键，因为只有当消费者相信网络环境所提供的产品与服务是可靠的时候，消费者才会有购物或使用功能服务的意愿。墨菲和布莱辛格（Murphy & Blessinger，2003）指出，当消费者首次在非熟悉的网络商店购物时，需要某种程度的信任。也就是指当消费者在网络商店购物时，若消费者对于该网络商店的信任程度高，则消费者将会对该次网络购物的满意度有所提升。辛格和锡尔代升·穆克（Singh & Sirdesh mukh，2000）以代理与信任机制观点提出"消费前信任→满意→消费后信任→忠诚度"的整合模型。也就是说良好信任的网络环境，能促使顾客与服务提供商建立起长期的关系，提升用户的忠诚度，降低消费者流失率。

综合相关文献，可以发现信任对于顾客满意度和使用意愿起着非常重要的影响，特别是在电子商务、虚拟社区及社交网络服务等互联网应用中。

### 2.3.5　自我决定理论

自我决定理论（Self-determination Theory，简称"SDT"）认为用户行为以用户动机为导向，而动机的主要作用形式包含外在动机与内在动机两种。外在动机意为为了获取奖励或者规避惩罚而去做某件事，其动机并非完成事物的结果；而内在动机则是用户发自内心地去追求某件事的结果，驱使自我行为的是用户的兴趣和享受过程。瑞恩、德西（Ryan，Deci，2000）研究发现用户的内在动机相对于外在动机，更能够刺激用户对外在事物产生更高的满意度与坚持度的表现。同时，该理论提出内在动机相比外在动机更具有显著性影响，内在动机主要考察用户的自主性、能力和关系性这三种心理状态的满足情况。其中自主性表示用户个人自觉期望并产生约束或者驱使行为，主要体现在用户实施活动时所得到的自我支持程度，自我支持程度越高则用户的内在动机越强；能力则表现为用户在完成成果中期望感知自我的控制力或影响力，即用户通过自我的行为使成果获取更有效率或者更为优秀，类似于自我效能感；关系性则是用户在活动中期望与他人保有关联相属感，例如经理、家人、团队成员的关注和支持等。这一理论大多被学者们使用在教育学习、运动体育和组织管理等个体行为的研究中。

### 2.3.6　情境理论

情境（Situation）的概念最早是由贝尔克（Belk，1975）提出来的，他认为"情境是在特定的时间和地点所观察到的，在个人和刺激物之外的，对当前行为产生可论证性和系统性影响的所有因素"，由于消费者与产品或服务对象的行为在消费者行为中具有首要意义，因此消费者直接响应的对象将被视为影响其消费行为的重要因素。Belk 认为情境主要有以下 5 类因素构成：物理环境，包括地理和机构位置，声音、天气等围绕在消费者周围的可见或可感受到的物质；社会环境，指消费者周围的其他人及他们的个性、选择等因素所构成的氛围；时间，用来界定消费者的活动发生的节点，以此衡量活动发生在过去、现在还是将来；任务，表明消费者购买的选择和行为具有特定的意图和要求，指消费者购买商品的目的；先行状态，指消费者瞬间的情绪（如急性焦虑、愉快、敌意、焦虑和兴奋）或瞬间的状况（如手头的现金、疲劳和疾病）等将会对消费者的选择和行为产生影响。在 Belk 的基础上，众多学者对"情境"这一要素进行了更为深入的研究。戴伊（Dey）等（1998）认为情境是对处于某个场景中的实体进行特征化的任何信息，这个实体可以是用户也可以是与用户相关的其他事物，帕克（Parketal，1989）认为情境会影响消费者在特点时间内做出的决策，例如消费者对于商店的认识，如货架的摆放、布局，购物时间的压力等都会对消费者的购买行为产生影响。Kim 等（2002）将移动情境定义为任何影响用户使用移动互联网时的个体或与之相关的任何信息，他认为移动情境包括两个方面的特征，一是用户视角的情境因素，即包括所有影响用户使用移动互联网的因素，例如用户的情绪（高兴或沮丧）、用户使用移动互联网的状态（静止或移动）等；二是环境视角的情境因素，即移动互联网用户周围的环境，例如用户当时所处的位置及周围人数的多少等都可视为情境因素。

情境理论在用户行为研究方面有着广泛的应用，帕塔萨拉蒂（Parthasarathy）等（1998）研究了网络服务情境下的用户采纳后行为，发现用户内部和外部的资源环境、感知服务属性、服务使用及网络外部性将影响其持续使用互联网服务；杨（Yang）等（2012）通过实证研究发现用户的采纳意愿依赖于情境，使用情境不仅对采纳意向存在直接影响，且还通过感知移动性、感知愉悦和沉浸体验对采纳意向有间接影响；黄国青等（2017）以共享单车用户为研究对象，以 UTAUT 模型为框架，引入情境感知变量——情景性和泛在性，证明了情境感知变量对共享单车用户的使用意愿具有重要影响；许慧（2015）通过研究消费者的冲动购买行为发现在网购情境中，网络购物平台的视觉性、经济性、参照性等因素，以及消费者自身可利用的时间及金钱等因素构成的情境是消费者冲动购买动机的主要组成部分；李璐（2017）则将影响消费者冲动购买行为的情境因素分为物质情境和社会情境，通过实证研究发现物质情境和社会情境既对网络购物消费者的冲动购买行为具有直接影响，也通过消费者情绪这一中介变量对冲动购买行为产生间接影响。

## 2.3.7 沉浸理论

沉浸理论（Flow Theory，简称"FT"）是由美国心理学家辛克森特米埃里伊（Csikszentmihalyi，1975）提出，用来探讨使用者对于某种行为或活动完全投入时，内心所感受到的整体感觉。其用行为的高度控制和快乐享受来衡量沉浸状态。常处在沉浸状态，人们的注意力会集中在某个焦点上而忽略外在的事物，通过彼此不间断的回应进而感受到对当时情境的控制，此时参与者对自身技巧的认知与感受到活动的挑战性之间必须达到平衡。而沉浸状态是一种非常愉快的体验，参与者会感觉到行为的高度控制、快乐与享受。

穆和金（Moon & Kim，2001）提出感知娱乐性的三个方面，即专注度、好奇心和愉悦；李明志（Ming-Chi Lee，2010）是从感知娱乐性和专注度的角度出发分析沉浸理论，并提出不满意（即满意度不高）是持续使用行为中止的必要条件；侯海连（2011）归纳总结了沉浸理论的六类组成要素，即行为的高度控制、快乐与享受，掌控感、注意力集中、好奇、内心真正的感受，掌控感、注意力集中、好奇、趣味性，技巧与挑战，享受、控制、关注度，时间认知曲轴、集中注意力、提高享受。

Csikszentmihalyi（1990）和周涛（2013）等学者认为沉浸理论很适合解释个体与计算机的互动。国内外大量关于 FT 模型在各领域的定量研究证明了其在信息系统情境下的有效性与适用性，以及沉浸体验会对用户的感知产生影响，从而对用户持续使用意愿产生显著影响。例如 Venkatesh 等（2012）

在消费者采纳和使用信息技术领域；库法里斯（Koufaris，2002）在线上消费领域；Ming-Chi Lee（2010）和侯海连（2011）都是对在线学习领域；黎斌（2012）在社交网站领域；周涛（2014）在移动互联网服务领域；郭莹莹（2010）在移动互联网业务等领域进行的用户持续使用相关实证研究。

## 2.3.8　价值接受模型

价值接受模型（Value-based Adoption Model，简称"VAM"）是 Kim 等（2007）以感知价值理论和 TAM 模型为基础提出的理论模型，从利益和付出两个方面以价值最大化的视角对影响用户移动互联网使用意愿的因素进行实证研究。因为新时代的信息系统用户不仅只是简单的技术使用者，同时还是用户，在购物类网络应用服务的情景下，用户即消费者需要为信息系统的使用付出成本，且大都是出于自愿的意愿使用信息系统，其目的除了提高效率，还包括娱乐和获取社会认同等，因此，对于理性的用户来说，其最关心的便不再是感知有用性和感知易用性，而是自身价值的最大化。

VAM 模型认为用户做出决策之前，会综合考虑感知利益与感知付出，从而决定做出怎样的决策。研究的结果表明了感知利益和感知付出都会对用户的感知价值产生影响，而感知价值则会对用户的使用意愿产生影响。

国内外许多关于移动互联网环境下用户行为的研究中，也经常使用 VAM 模型，通过实证研究证明了该模型在移动互联网应用情境下的有效性与适用性，并佐证了感知价值对用户使用意愿有着重要影响。大部分的研究结合移动应用身份唯一性、位置跟踪、便捷性等特性，结合 VAM 模型中的感知价值变量，对顾客满意、移动购物持续使用意愿进行了实证研究。这些实证研究大多验证了 VAM 模型在用户应用购物行为中的解释性，也就是说在移动购物情景下，用户的感知价值对满意度及持续使用意愿等都有影响。这些实证研究成果，对基于 VAM 模型的移动购物类网络应用服务持续使用意愿的研究具有借鉴和参考价值。

在移动购物情景的研究中，感知价值的维度被划分为功能价值、情感价值、社会价值和货币价值。其中情感价值是指消费者在使用服务过程中所获得的快乐和愉悦等情感，而感知价值的收益包括了感知娱乐性、感知有用性和感知形象等。研究显示，感知价值对用户的感知易用性、感知风险及持续使用意愿等有显著影响，而持续使用意愿又对用户持续使用移动应用服务行为有显著正向影响。此外，感知价值也可以划分六个维度来测量，用感知有用性代替功能价值、感知娱乐性代替情感价值、感知相容性代替社会价值、感知费用代替货币付出、感知易用性代替时间和精力付出、感知风险代替精神付出，研究结果也显示感知价值对使用意愿有显著的正向影响，感知利益各维度（感知有用性、感知娱乐性、感知相容性）和感知付出部分维度（感知费用、感知风险）在任务技术匹配度和感知价值之间起到了中介作用。

## 2.3.9 相关网络应用服务研究现状

基于互联网技术的金融类网络应用服务的出现改善了传统金融消费效率低下和用户体验较差等弊端，并且能够结合用户行为大数据，构建更为精准的风控体系，改变金融消费市场现有的格局，为促进我国经济增长发挥了重要作用。目前，针对金融类网络应用服务的专门研究相对较少，特别是用户行为方面的研究还不够成熟。一些研究发现用户的认知信任和情感信任对用户持续使用互联网金融类应用服务产生正向影响，网站导航功能、交易安全、消费者以往的互联网体验及网站平台声誉等也会对用户的信任感产生影响；在金融类网络应用服务模型构建方面，有学者以拓展的技术接受模型（TAM2）为框架，引入了感知安全性、感知隐私保护、个人创新性、公司声誉、互联网使用经验和便利性等变量，通过 Logistic 回归模型验证了感知隐私保护、感知安全性和个人创新性对台湾消费者使用互联网金融类应用服务具有显著的正向影响，而公司声誉则无显著影响；在技术接受模型（TAM）的基础上结合互联网金融类应用服务的特点引入感知风险、信任、自我效能和结构保证等变量，通过回归分析发现自我效能、感知有用性、感知易用性及信任对消费者购买和使用互联网金融类应用服务具有显著的正向影响，而感知风险则对消费者使用意愿无影响。

关于购物类网络应用服务的研究目前也还不多，部分学者做了一些有益的探索研究。大多数的研究都是针对移动购物类的行为模型构建及影响因素分析方面，采用的多为实证研究的方法。其中部分研究是从新技术采纳的视角，结合不同的经典行为模型，如 TTF 模型、FT 理论等，构建移动购物用户行为模型，研究结果显示沉浸体验、意识状态、感知价值和感知娱乐性等影响因素都会对移动购物用户的消费行为产生影响。还有研究是从移动应用服务的特征视角对用户采纳移动购物意愿的影响因素进行了研究，结果显示，移动购物过程中随时随地搜寻所需商品或服务信息并能便捷地完成购物，这些特征是吸引用户进行移动购物的重要因素。还有研究是从用户感受因素来分析用户的行为特征，如感知个性化、感知费用和感知风险等因素对用户移动购物使用意愿的影响有显著影响，感知价值和个人特质对用户使用移动购物也产生重要影响，还有感知价值的功利主义利益和享乐主义利益及 IDT 理论中的网购体验等都被作为移动购物用户采纳行为模型的重要影响因子来进行研究。

## 2.4 相关研究评述

第一，在国内外，网络应用服务使用的研究对象大多集中在青少年人群，对老年人使用网络应用服务的研究相对较少；

第二，关于老年人网络信息技术采纳的研究大多是采用静态的影响因素模型，且主要研究初次采纳行为，对老年人群网络应用服务采纳后持续使用行为的研究相对较少。静态模型无法深入剖析老年人群采纳和持续使用网络应用服务过程的复杂性。

第三，理论模型的研究大都倾向于进行模型的融合，根据研究对象及应用情境添加相关内部变量和外部变量。

# 3 老年人信息技术使用的影响因素及采纳过程分析

了解老年人的信息需求及行为特征是深入认识老年人网络信息行为特征和规律的前提。随着基于 Web2.0 及移动通信技术的网络应用服务被广泛使用，越来越多的老年人也开始接触和使用各类网络应用服务。但由于年龄的增长，老年人群在生理、认知及技术接受能力等方面都开始不同程度地衰退，相对其他群体而言，老年人群对网络信息的需求有其特殊性，而生理和认知能力的变化也都会实实在在的影响老年人群对信息技术的采纳和持续使用。本章在文献综述的基础上，对老年人的生活状况、信息需求及老年人使用信息技术的行为进行分析，参照 SCT 模型，从个体、行为和环境三个方面对老年人群使用网络应用服务的影响因素进行分析，并构建老年人网络应用服务采纳的两阶段模型，为后续研究奠定基础。

## 3.1 老年人生活状态的变化

随着年龄的增长，人们的生理机能、心理状态也会逐渐老化，因此，老年人的生活方式及生活状态必然会区别于其他年龄群体，具有独特性。

经济来源发生转变。55 岁以后，大多数人陆续退休，结束几十年的职业生活。退休后，人们的劳动性工资收入减少，大多数人退休后的主要经济来源是退休金，部分人还有投资理财的收入和儿女的赡养费等。当然，还会有一部分拥有特殊技能的人依然会从事劳动，但劳动的强度及收入都与退休前有所不同。

社会角色发生改变。一方面，大多数老年人退休以后就会离开原来的工作单位和工作岗位，赋闲家中使得社会交往减少，社交圈也明显萎缩。因此，退休后的老年人往往会有孤独和失落感，特别是曾经拥有一定权力和地位的老年人，失落感更大。另一方面，老年人到了退休年龄时，孩子们基本上也都成家立业了，这时候老年人的生活重心全部转移到了家庭，但是他们在家中的权威地位已经被削弱，更多的家庭决策需要依从晚辈的意愿，心理上的失落感可想而知。

活动空间变小。老年人退休后，离开了原来的工作单位和工作岗位，家庭成为老年人的主要精神寄托支柱，活动范围往往局限在家庭周边。若老年人跟随子女居住外地，人生地不熟，势必进一步加剧老年人的孤独感。

精神生活发生改变。一方面，退休后，大多数老年人有了更多的闲暇时间，如何打发这些闲暇时间，充实自己的生活是他们必须面对的问题。有些老年人会重拾昔日的兴趣爱好，有些老年人会去老年大学，但也有很多老年人不可避免地被琐碎的家务事所围绕。另一方面，退休后的老年人在心理层面的思考也会发生很大的变化，比如许多老年人会思考总结过往的人生，有些老年人会更多关注自身的健康，甚至有些老年人会选择宗教作为自己的精神寄托。

生理机能发生改变。随着年龄的增加，生理机能的改变是不可避免的，眼睛、耳朵等感觉器官的反应能力及大脑的思维能力都呈现衰退的趋势，有些老年人甚至疾病缠身，生活质量受到严重影响。

## 3.2 老化特征

老年人群的老化特征可以从生理学、心理学、社会学、家庭角色四个层面进行分析：

生理老化层面。随着年龄的增长，老年人的记忆力、抽象思考能力、领悟能力和判断能力都会逐渐变差，从而影响老年人的学习能力及接受新鲜事物的能力；视觉、听觉等知觉能力也会逐渐变差，知觉变差会让老年人对外界的感受力降低，容易导致生活习惯的改变。

心理老化层面。心理学家认为老年人的人格特征会影响老年人的心理特征，人格特征会通过老年人的心理特征表现出来。每个人的人格特征均有其形成因素，遗传因素、家庭环境、亲子关系、学校教育、工作经验及生活遭遇等均能影响一个人的心理健康。而这些影响因素经过岁月的积淀，对老年人心理状态的影响尤其强烈。因此，与年轻人相比，老年人的心理比较容易倾向于悲观，易于激动、固执或心烦意乱。

社会老化层面。社会老化特征可以通过老年人生活形态来表现，可以分为孤立、代沟、保守、无角色感、回忆五个形态。孤立是指在工业社会中，老人退休以后，曾经参与社会的平台和机会就逐渐消失了，因此容易产生被孤立于团体之外，如果身体衰老或有健康问题，那么参与各种社会活动的机会就更少，从而使老年人更加的孤立。代沟是指在目前小家庭制与新兴事物快速进步的社会环境中，老人与家中子女及孙辈之间的价值观念、新兴事物及新知识交流容易产生代沟，是一种自然的现象。保守是指老年人由于体力限制、年事已高及再就业机会缺少，其心态及行为趋向于保守、求安稳，因此他们不愿轻易去尝试新鲜事物。无角色感是指老年人退休后，不再从事曾经的工作，也没有了曾经工作上扮演的角色。在家庭方面，老年人从曾经的家庭支柱和财富创造者的角色，变成了纯消费者和被关怀者，此种无角色状态，使老年人自然成为无责、无权与终日无所事事的特别人物。回忆生活是指与人谈"想当年"的往事，成为老年人的社会行为，其中自怨自怜或发牢骚也成为老人的社会行为指标。

家庭角色老化与转变。老年人在退休后，家庭成为其生活的重心和精神的重要寄托，然而老年人在家庭中的角色已经慢慢发生改变，在这种转变的适应过程中，老年人往往表现出两种类型。第一种是积极正向型，即采取开放与接纳的适应方式、对自己的生活能泰然处之，能随时代潮流改变自己的想法、保有学习的欲望及改变认知的行为，并以转移注意力的方式适应。希望老化不会让自己在家庭中的关系产生变化，所以会顺应时代潮流改变自己想法，并且会积极接受新科技和创新型产品；第二种是消极负向型，因感到无奈而被迫接受其角色，因与晚辈关系不佳而有失望放弃的感觉，因觉得年事已高或对病痛恐惧而消极地等待外界力量帮自己来适应社会。

## 3.3 老年人网络信息行为

随着年龄的增长，老年人生理、心理逐渐呈现出老化的趋势，生活形态也随之发生改变，这些变化必然会使得老年人具有不同于其他年龄群体的特殊信息需求和信息行为。

### 3.3.1 老年人群的信息需求

对老年人的信息需求研究已经有几十年的历史。拜伦和阿什赛特（Battle, Associate）在 1977 年的研究就指出，老年人群最需要的信息包括：交通、健康照顾、居住安排、居家服务、工作、消费需求、法律、同伴的照顾等。卢卡斯（Lucas）在 1980 年指出，老年人群的信息需求与成人并没有太大的差异，他们需要知道如何管理金钱、如何照顾健康、如何安排居住和交通、如何投入赋予生活意义的活动。

随着信息技术的不断发展，特别是近年来以移动通信为主的网络应用服务不断的渗入到人们沟通交流和日常生活的各个方面。与十多年前相比，老年人群的信息需求、使用信息技术的态度和行为方式都发生了一定的变化。但从众多文献中可以看出，与老年人日常生活相关的信息需求变化其实并不是很大，或者从某种意义上说，老年人的信息需求只是形式和载体发生了许多变化，而实质上并未有太多改变。

老年人的信息需求可以按照马斯洛的需求层次理论来分析。获取衣食住行方面的信息属于生理方面的信息需求；获取医疗保健信息或政府养老政策信息等属于安全方面的信息需求；与亲戚朋友沟通交流及与社会保持联系属于情感方面的信息需求；获取自我评价和接受社会反馈的信息属于受尊重方面的信息需求；获得知识技能方面的信息属于自我实现方面的信息需求。

## 3.3.2  老年人的网络信息行为

老年人网络信息需求可以划分为两个维度。第一种是社会维度，反映了老年人群使用信息技术来维持与他人的联系，从而消除孤独感的需求。老年人最常用的网络应用服务是交流和取得社会帮助方面的。通过网络应用服务可以增强与家庭和朋友的联系，特别是与第三代的联系；可以与忧伤和孤独做斗争，克服地理空间和行动的限制，对于那些患有慢性病，或者行动不便的老年人，信息技术的帮助作用显得尤为突出，比如电子邮件、即时通信软件、在线论坛等网络应用服务，都被老年人使用，每种应用服务都会给老年人带来不同的社会交互和支持。第二种是自由维度，反映了老年人网络应用服务的另一个重要的活动就是休闲娱乐和信息获取，老年人退休后，有更多的时间去玩游戏，虽然游戏的复杂度不能跟年轻人相比，但简单的益智类小游戏对老年人来说是一种很好的打发时间的选择；此外，老年人还会通过信息搜索来获取各种信息，比如时事新闻、健康信息、技能方面的信息。

瓦格纳、哈桑内和赫德（Wagner, Hassanein & Head, 2010）整理了1990—2008年间商业、传播、信息科学、心理学等学科共151篇关于老人与计算机网络相关的文献，研究指出老年人群使用计算机网络从事的活动类型包括：沟通与获得社会支持、进行休闲娱乐、搜寻信息。在沟通与获得社会支持方面，例如通过E-mail（电子邮件）、即时通信软件增加与亲友，尤其是晚辈们联系的机会；此外，参与虚拟社区也可增加老年人结交新朋友的机会；在进行休闲娱乐方面，例如通过网络视频可以观看纪录片、连续剧等，可以与友人或陌生人一起玩在线游戏等。在搜索信息方面，除了搜寻休闲娱乐信息外，老人也会搜寻旅行、教育、金融、当地新闻事件、天气等信息，或是搜寻生活、医疗健康方面的信息。

综合而言，老年人网络活动类型包括：搜寻与浏览信息、维系社会关系、休闲娱乐、通过网络服务解决日常生活事务。

近年来，随着推特、微博、脸书及即时通信软件等网络应用服务的兴起，国内外老年人群也逐渐开始使用此类工具和网站。从目前的发展状况看，在社会化网络服务环境下，老年人的信息需求并未发生太大的变化，只是获取信息的工具和平台在不断地变化发展。例如，在建立与维持社交网络方面，从前人们大多使用 E-mail、网络电话或视频进行沟通交流活动。而现在，老年人也可以通过即时通信软件直接跟亲戚朋友进行实时交互，并且通过这些手机 App 工具或者网络服务加入某个社会团体，与社会保持持续联系。又如，在追求休闲娱乐方面，从前老年人可以通过网络收看网络电视、音频或视频，而现在，老年人不但可以通过网络应用服务收看网络电视、音频和视频，还可以通过社交媒体参与到音频和视频的制作传播活动中。此外老年人还可以通过社交媒体参与互动游戏，而不再局限于单机游戏，这样可以增加更多的娱乐性。

## 3.4 基于 SCT 的老年人网络应用服务采纳影响因素分析

在 20 世纪 70 年代，美国著名的心理学家阿尔伯特·班杜拉（Albert Bandura）结合行为主义和社会学习的概念，提出了社会认知理论（SCT），该理论被广泛应用在决策管理、教育、医疗等领域。该理论用个人（Person）、行为（Behavior）与环境（Environment）三者持续相互的影响关系来解释人的行为，如图 3-1。例如，某人做了一个失败的决策，这个失败的经历会让他情绪低落，自信心受挫，而如果这时外界周边的环境中有其他人可以给他决策上的帮助或者示范，那么这个人可以通过观察他人的成功经验，重新提升自己的自信心，开启新一轮的决策。

在这种双向互动的因果关系模式中，行为可以看作是被外在客观环境控制或是被内在主观意念所左右的一种计划性行为，行为、个人认知和外界相关的环境会双向的互相影响，但这种双向的影响并不代表他们之间的影响力是相同的，也不代表每个方向的相互影响会同时发生。

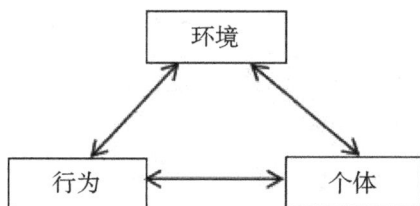

图 3-1  社会认知理论模型

Bandura 认为社会认知是影响人们行为的重要因素，因此社会认知理论最适合用来解释动态环境中人的行为，他将认知、自律行为和自省的过程作为社会认知理论的因果模型框架，行为、个人认知和外界环境会通过这种模型框架发展，培养个人使用某种能力的信心，这样的话，就能拥有有效的完成某项任务的能力，同时加强个人行为的动机。许多传统心理学的理论大多强调个人行动会影响个体的学习。但社会认知理论认为如果人的知识或技能养成只能通过直接经验的方式学习，这意味着人类文明发展的速度将非常的缓慢。但事实上，人们是可以通过行为、认知和环境三者之间的相互影响和因果转化过程，扩展知识，即通过观察他人的行为和结果来达到获取信息和学习的效果。

老年人使用信息技术的影响因素很复杂，会因为技术的不同，应用情景的不同及使用者背景的不同而不同。在文献分析的基础上，我们对老年人初次采纳及持续使用网络应用服务行为的影响因素进行分析。研究发现，影响因素是多元的，这些因素之间并不是孤立地发挥作用，而是相互作用的。老年人使用行为不但要受到个人特质及对网络应用服务认知的影响，还会受到周边环境和人的干扰，而在使用的行为过程中也会不断地从外界获取信息，从而改变自己对网络应用服务的认知。因此，可以用社会认知理论，从个体、行为、环境三个方面来分析老年人网络应用服务采纳和持续使用行为的影响因素。

## 3.4.1  个体因素

所谓的个体就是指老年人，个体因素包括了老年人的生理、认知、情感态度、性别、教育背景、工作经历、社会关系等方面的特征。除了人口统计学变量外，影响老年人网络应用服务采纳行为的个体因素主要包括老年人认知及老年人的信息实践两个方面。

### 3.4.1.1 人口统计学变量的影响

大多数研究表明，随着年龄的增长，老年人对采纳和使用信息技术的态度会趋向于负面。主要体现在年龄的增长会导致老年人生理功能和心理状态发生改变，而这些改变都有可能会导致老年人对信息技术产生焦虑。然而也有学者研究认为，年龄增长对老年人群使用信息技术态度的负面影响，只是作用在某些维度，比如舒适感、竞争压力及控制能力等。

性别对老年人使用信息技术态度的影响，也是常常被研究的主题。莫里斯、文凯蒂什和阿克曼（Morris、Venkatesh & Ackerman，2005）研究发现，随着年龄的增长，性别因素对老年人采纳和持续使用信息技术影响因素中的态度、主观规范、感知行为控制等因素有较强的干扰作用。有的研究指出男性比女性对使用信息技术的态度更加正向和积极。但大多数研究并没有给出性别对信息技术使用态度影响的明确结论。

对老年人信息技术采纳和使用的研究还显示，对使用信息技术的态度更加积极和正向的老年人们，大多具有更多使用信息技术的经历。大量关于态度变量的影响作用的研究表明，态度因素对老年人信息技术采纳的使用是存在影响的，但并不具有很强的影响作用。

研究结果显示具有较高的文化水平，收入和从事与电脑有关的职业经历的老年人也更加容易接纳信息技术。

### 3.4.1.2 生理方面的障碍

很多研究都指出，随着年龄的增长，老年人的空间关系、记忆力等都会减退，这可能造成老年人感觉器官上的功能缺失，例如听力、视力和双手灵巧度的衰退等。虽然，加强计算机软硬件的实用性可作为弥补这些衰退的方法，例如，使用大屏幕和大尺寸硬件，辅助强化收音和扩音效果；在软件方面，使用文字说明、加强视觉显示，有助于提高老年人对计算机的使用率。超媒体和多媒体系统对于老年人使用程序也会有很大的帮助作用。但是，因为老年人对于新知识与新技术的学习，需要花费比一般成人更长的时间，所以在教授老人使用信息技术和应用服务的过程中必须具备更多的爱心与耐心。

### 3.4.1.3　心理方面的障碍

因为缺乏学习动机、缺乏自信、畏惧新科技、害怕与年轻人竞争等因素，老年人往往对学习新科技望而却步。由于老年人对自己的学习能力缺乏信心，怀疑自己的学习能力，因此必须引导老人依据自身的行为能力、技术接受能力、兴趣爱好，规划合适的学习方法和途径。相关的教育或服务机构也应该尊重老年人的独特性及自我价值，在教学过程中宜采用相互尊重、共同合作的教学方式，避免给老年人太大的学习压力，并且强调师生间的良性互动，即一方面给予学习者自由表达及充分练习的机会，另一方面教师必须给予实时的响应与适当的回馈。至于有关计算机的学习课程，则可以根据老年人的教育需求进行设计，总而言之，要帮助老年人克服科技恐惧症。

### 3.4.1.4　认知方面的障碍

技术使用的障碍还会导致一个结果，即老年人对创新型信息技术的抵触态度。由于他们缺乏使用信息技术的经验和技能，所以他们主观上就会对创新型信息技术产生抵触，不愿意进一步了解信息技术，认为这些技术只是适合年轻人而不适合老年人。另一方面，由于这些创新型信息技术并不是针对老年人设计的，他们在刚刚接触信息技术时的不适感，也会使得他们认为这些信息技术和应用服务不适合他们，他们也无能力使用这些信息技术。由于不了解，所以老年人甚至会认为信息技术对他们而言是危险的，不会给他们带来什么效益，从而阻碍了老年人进一步接纳和使用信息技术。

## 3.4.2　个体行为

正如上文所述，生理上的老化及心理状态的改变都会影响老年人使用网络应用服务，目前，老年人使用信息技术及加入网络虚拟社区的人数仍然少于年轻一代，但人数已经在逐年增加。许多研究表明，越来越多老年人开始成为信息技术的拥趸，而且他们使用信息技术的动机和目的也越来越多样化。

进入21世纪以来，信息技术得到广泛的应用和普及，所以这个时代的老年人大多了解甚至接触过各种各样的信息技术，对信息技术其实并不陌生。近些年来的研究表明，21世纪的老年人使用信息技术和互联网应用的行为方式基本上跟年轻人是一样的，只是在应用的广度和深度上有所不同，在使用网络服务和各种功能方面，老年人不会像年轻人一样去研究它们，去重复掌握和挖掘该功能或服务的全部效用。但研究表明，在老年人初次使用信息技术的时候，能得到更多的鼓励和支持，对他们继续使用信息技术是至关重要的。

老年人最常用的网络应用服务是能达到交流和取得社会帮助目的的。通过网络应用服务可以克服地理空间的和行动的限制，增强与家庭和朋友的联系，特别是与第三代的联系可以与忧伤和孤独做斗争。通过使用电子邮件、即时通信软件、在线论坛等网络应用服务，老年人可以与社会进行交互及获得社会支持和帮助。老年人使用网络应用服务的另一个重要目的是休闲娱乐和信息搜索，特别是获取健康和教育技能方面的信息。

当然，老年人的信息行为本来就是一个复杂的决策过程，会受到方方面面因素的影响。过往的文献研究显示，老年人不使用信息技术的原因或者在使用过程中存在的障碍主要集中在：对信息技术缺乏正确的认知，认为信息技术是年轻人的"专利"，它们对于老年人而言没有任何作用；缺乏使用信息技术的兴趣和动机，对信息技术不感兴趣，也不知道用它能干啥；缺乏使用信息技术的必要知识和技能，不知道该如何使用具体功能，出现问题如何解决；担心信息设备会损坏及会产生费用；老年人自身生理功能退化，使得它们没办法灵活、顺畅地使用信息技术。早期，大家普遍认为信息技术使用成本阻止了老年人使用新技术，但随着信息技术使用成本不断降低，老年人对信息技术缺乏认知及感知不到其利益，不知道使用信息技术能给他们带来什么利益，才是阻碍老年人使用信息技术的最主要原因。

### 3.4.3 技术使用的环境

所谓环境是指老年人使用信息技术的外部环境，包括信息系统软硬件、周围相关人员的影响、使用的情境和服务类型、使用界面、技术培训、技术支持、系统使用成功度和满意度等。

#### 3.4.3.1 技术使用方面的障碍

技术使用障碍可以从两个方面来分析。首先，老年人特别是高龄的老人群，由于他们在过往的学习和工作中对信息技术接触很少，甚至有的老年人从未接触过计算机网络等先进信息技术，所以他们在面对创新型的网络信息技术和各种眼花缭乱的应用服务时，往往无所适从，心存畏惧，所以就阻碍了他们接纳和使用创新型的信息技术。另一方面，网络信息技术的设计及服务应用的开发大多是面向年轻一代，或者说很少有专门面向老年人的技术和应用。所以，从人机工程方面来看，复杂的屏幕功能、字体大小、页面布局等设计，以及应用服务的功能等对老年人特殊生理和心理因素的考量都不充分，这导致老年人在创新型信息技术面前无所适从，打消了他们接纳和使用创新型的信息技术的意愿。

生理和认知能力方面的每一种变化都会实实在在地影响老年人群对信息技术的采纳和使用。例如，计算机和网页的界面需要更大的字体，声音要在特定的频率范围，减少目录层次，降低鼠标运动的灵敏度，等等。老年人注意力、记忆力及空间识别能力等都在改变，这就需要信息技术的界面不能有太多的干扰，需要设计更多的记忆线索以便老年人更加容易学习和理解。

#### 3.4.3.2 获得技术支持和帮助方面的障碍

适当的培训，特别是能够获得实时的帮助，这对老年人采纳和持续使用信息技术往往也是很重要的。有许多老年人其实是愿意接触和使用信息技术的，但由于老年人群自我学习能力下降，所以他们面对那些复杂的创新型信息技术时，往往感到无所适从，不知从何下手，特别是在遇到困难时，无法及时解决，这样就会使得老年人丧失对使用信息技术的信心。同时，由于老年人记忆力减退，在遇到同样问题时，他们可能要反复多次才能真正地掌握，这时候如果不能给予老年人反复的耐心的帮助，那么同样会打击老年人使用信息技术的自信心，从而阻碍他们进一步接触和使用创新型信息技术。

老年人信息技术使用的环境是独特的，因为在自然年龄不断增长的过程中，老年人群的生理和认知能力都发生了改变，而这些改变也导致了老年人信息需求和技术使用的特殊性。很多文献研究了老年人使用信息系统交流的方式方法及系统界面，例如，希望通过分析健康管理系统、邮件应用系统等面向老年人的特殊系统来进一步了解如何开发适合老年人的系统。

针对老年人不断变化的认知能力，研究者提出了对老年人进行培训，帮助他们熟悉和使用信息技术。有研究设计了老年人系统训练的模型和框架，采用传统的方法去做训练或通过在线学习。

西方学者认为网络信息技术学习是一个社会性活动，也就是说社会因素也是影响老年人使用网络信息服务的重要因素之一。研究指出，家庭、社区、宗教场所及工作环境等对老年人使用网络信息服务有非常大的影响。此外，重要的机构、亲人朋友和有影响力的媒体等老年人所认为的"权威"会对老年人使用信息技术产生较大的影响。

综上所述，基于 SCT 模型的分析框架，老年人网络应用服务采纳行为的影响因素包括：老年人个体内在的影响因素，比如性格、年龄、人格特征等；老年人的信息行为，比如信息获取、信息共享的行为方式等；外在环境的影响因素，比如社会因素和技术方面的因素等。具体模型见图 3-2。

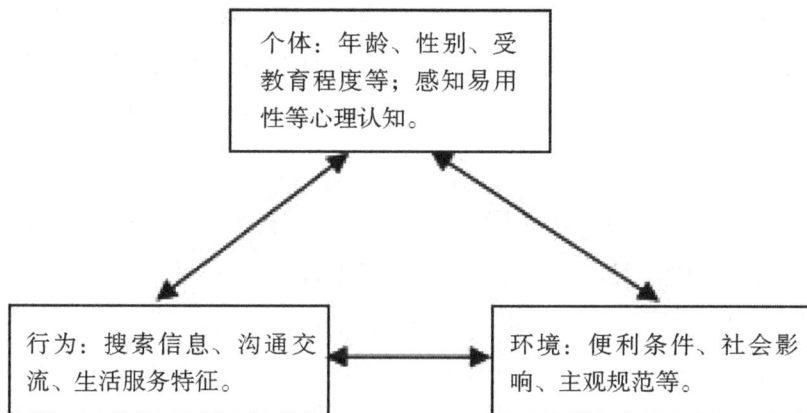

图 3-2　老年人网络应用服务使用 SCT 模型

## 3.5　老年人网络应用服务采纳的过程模型

### 3.5.1　个体采纳过程研究模型

采纳过程是指个体在进行购买、接受及继续使用某产品或服务的心理和行为过程。研究显示采纳过程是一种多阶段及连续性的过程，是心理学和行为学相互交互的结果。近年来，针对个体或组织在信息技术采纳前后的行为特征的研究逐渐成为一个研究热点。

#### 3.5.1.1　创新扩散模型

在众多的创新过程模型当中，最常被引用的是 Rogers 在 1983 年提出的创新扩散理论（Innovation Diffusion Theory，简称"IDT"），该理论是研究创新事物在社会体系间，在一定时间内，通过一定渠道进行传播的过程。创新扩散理论指出，任何一种新事物（如新观念、新发明、新风尚、新科技、新产品等）从诞生到逐步被社会大众所接受而流行起来，都会经历一个在社会体系中推广或扩散的过程。创新扩散过程中包括了"创新（Innovation）""时间（Time）""传播管道（Communication Channels）""社会关系（Social System）"四个主要的元素。Rogers 指出创新扩散是一个过程，经过时间积累，社会体系中的成员通过选择某一渠道，采纳某种创新发明。由于这种决策过程是个体的自主决定，而不是权威性或者是集体性的决策，因此，每个个体的采纳过程大致要通过知识、说服、决策、实践、确认等五个步骤，如图3-3所示。

（1）知识阶段：知道这项创新的存在，而且对它的功能有了初步的了解；

（2）说服阶段：对创新事物形成认同或不认同的态度；

（3）决策阶段：采取行动做出采用或拒绝这项创新的决定；

（4）实践阶段：开始使用创新事物；

（5）确认阶段：使用之后有更清楚的了解，使用者会继续使用或放弃，并将个人经验传播给其他的潜在使用者，可能会影响他们采用创新事物的态度。

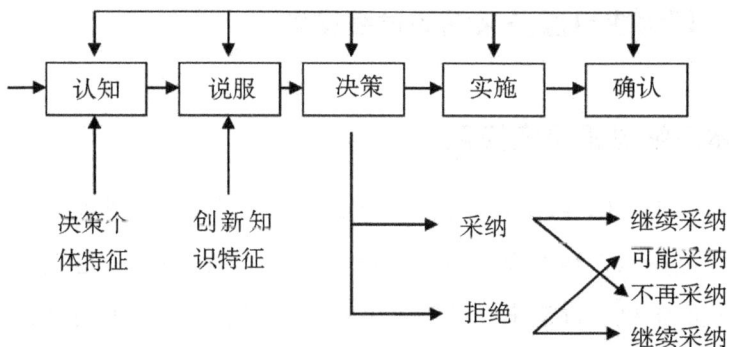

图 3-3　创新扩散过程模型

通常创新决策过程的五个步骤是依照时间顺序出现的，每个人的创新决策期都不相同，有的人从获得创新信息到最终采纳的过程非常快，但有的人必须花好几年的时间才能接受一项创新。

同时，Rogers 也指出，在创新扩散的过程中，各个阶段的影响因素是不相同的。他认为认知阶段会受先前类似产品使用经验及决策个体特征的影响，而说服阶段则会受到创新知觉特征及信息获取的来源和渠道的影响。其中，先前相类似的经验包括潜在使用者以往采纳创新产品或服务的经验、现在面临的问题和对于解决该问题方案的诉求、对采用创新的态度及社会对潜在采用者采用创新的看法等影响；决策个体特征包括社会经济特征、人格变量、沟通行为习惯等三方面；创新知觉特征则包括产品相对利益、产品兼容性、产品可试用性、产品可观察性、产品复杂性等五项。

### 3.5.1.2 信息技术采纳的二阶段模型

Bhattacherjee 认为：变化是人生中不可避免的事情，我们在成长的过程中不断地改变着自己的观念、对事物的态度及生活习惯。同样，人们使用信息技术的信念、态度、意图，甚至使用动机，也是随着时间及人们使用信息技术的经历而不断变化的。在 1990 年，麦隆（Melone）就曾经指出信息技术采纳领域的研究者忽视了人们初次使用信息技术的态度如何随着时间而变化的问题。信息技术的初次采纳并不代表着用户会持续使用，也就是说对用户采纳信息技术的研究应该从初次采纳的静态研究延续到持续使用的动态研究。

Oliver 在商品销售研究领域提出了期望不确认模型（EDT），来预测个体在商品购买过程中的行为。Bhattacherjee 在 2004 年参考了 Oliver 的 EDT 模型，构建了二阶段信息技术使用过程模型，模型中有感知有用性、期望不确认、态度、满意度等四个变量，具体模型如图 3-4 所示。

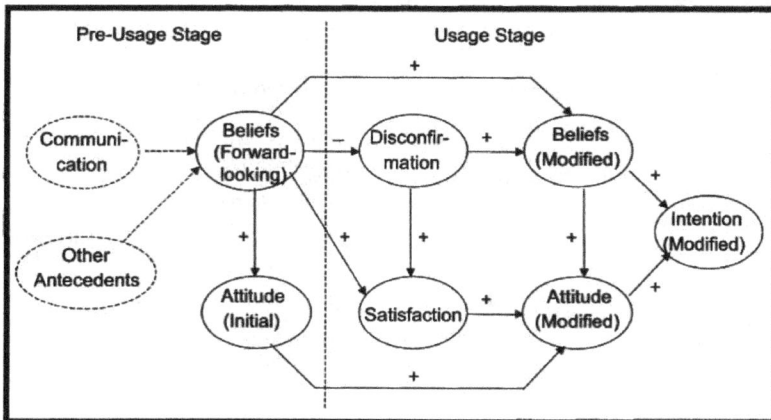

图 3-4　Bhattacherjee 的信息技术使用二阶段模型

Bhattacherjee 在模型中将初次采纳设定为 T1，采纳后的持续使用设定为 T2。他认为：在 T1 时间段对信息技术的信念和态度会随着时间的推移，在 T2 时间段发生变化。在变化过程中起到影响作用的变量是用户在使用过程中的满意度及对产品或服务期望的确认程度。在采纳后的持续使用过程中，如果满意度和期望得到确认，那么在 T2 时间段，用户对信息技术的态度和信念就会发生正向的变化，也就是说，这种变化是会促进用户做出持续使用信息技术的决定的。Bhattacherjee 对使用两种不同信息技术的人群进行了实证研究，结果证明了该模型的有效性和解释力。

Venkatesh 在 2011 年对 Bhattacherjee 的信息技术使用二阶段模型进行了拓展，在二阶段模型中融入了 UTAUT 模型的变量，使用户信念更加具体化，如图 3-5 所示。他认为在 UTAUT 模型中的绩效期望变量等同于 Bhattacherjee 模型中的感知有用性变量，因此，在他的二阶段模型中用户信念具体为感知有用性、努力期望、社会影响、便利条件和感知信任 5 个变量。在模型验证的环节，他们选择了香港 2 个不同的电子政务系统作为实证研究的情境，使得模型更具有实践意义。实证研究的结果证明了人们使用信息技术的信念和态度是会随时间推移而发生变化的，但在不同的应用情境下这种变化是不同的，变量之间的关系及解释力在不同的应用情境下也是不同的。

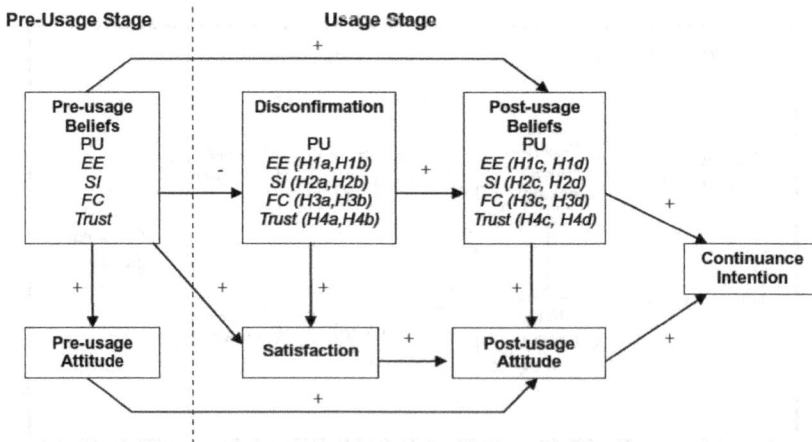

图 3-5　Venkatesh 的信息技术使用二阶段模型

一系列的研究表明，人们使用信息技术的信念、态度和意图等是会随时间的流逝而不断变化的，大多数学者都将信息技术采纳过程分为采纳前阶段（初次采纳阶段）和采纳后阶段（持续使用信息技术阶段），在这两个阶段中影响用户初次采纳和持续使用信息技术的影响因素是不尽相同的。在模型构建时，普遍的做法是将不同的理论模型进行整合，再根据具体的应用情境添加适当的变量。此外，学者们也普遍认为信息技术采纳的决策过程会因为不同信息技术及服务的特征而不同，也就是说信息技术的应用情景不同，采纳的决策过程及采纳的影响因素也是不同的。

## 3.5.2　老年人网络应用服务使用的过程模型

参考过往的研究文献，老年人群采纳网络应用服务的过程也可以分为初次采纳和采纳后持续使用两个阶段。老年人网络应用服务采纳过程是指老年人初次采纳了网络应用服务后，继续使用该服务的行为。从时间维度来看，初始采纳是持续使用的前期阶段，也就是 T0 阶段。当老年人初始采纳了网络应用服务以后，有一部分用户开始频繁地使用网络应用服务，进入持续使用阶段，也就是 T0+t 阶段。持续使用是网络应用服务使用行为发展的高级阶段，初始采纳向持续使用的演化反映了老年人使用网络应用服务行为发展的动态过程。初次采纳对新技术的成功推广有很重要的意义，但新技术要真正被广泛使用，还必须依靠用户对新技术的持续使用。如图 3-6 所示。

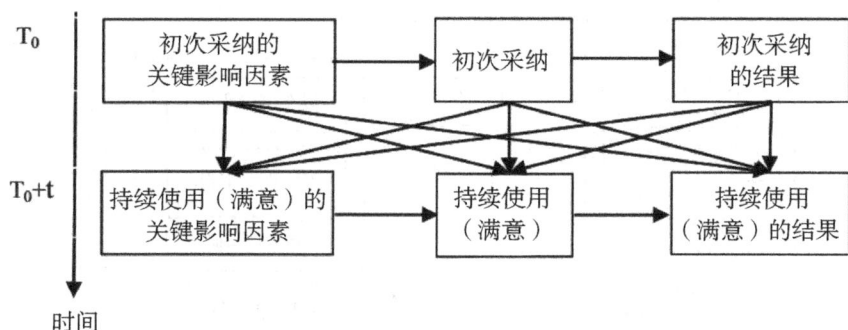

图 3-6　老年人网络应用服务采纳动态演化模型

首先，老年人必须对网络应用服务要有大致的了解和认识，并开始尝试使用网络应用服务，在初步接触和了解这类服务后，才会进一步深入地使用网络应用服务。因此，初次采纳阶段是老年人了解、接触、学习，并开始使用信息技术的阶段。在实际使用过程中，老年人会对网络应用服务做出主观的评价，判断是否达到预期，或者令自己满意，从而决定是否继续使用。因此，持续使用阶段是老年人开始经常性使用信息技术，能够较熟练地使用某些功能完成特定任务，甚至沉浸在某些功能和服务中的过程中。我们认为，随着时间的推移，通过对网络应用服务的不断接触和进一步的了解，老年人群初次采纳和持续使用网络应用服务的影响因素及他们对网络应用服务的满意度和态度都会发生变化。正如，我们在上述基于SCT模型的影响因素分析中提到的，这些采纳和使用前后的行为和主观信念的变化有可能是外在环境因素造成的，也有可能是老年人在使用网络应用服务的时候，个人主观信念发生变化造成的。

网络应用服务使得人们之间可以进行交互，可以分享信息，可以实时通信，可以根据自己的需求加入某个特定的网络虚拟社区等。这些特点使得网络应用服务有别于传统的信息技术，是一个相对较为特殊的应用情境。同时，老年人群也是有别于其他群体的特殊群体。因此，我们在研究中，参考Venkatesh和Bhattacherjee的信息技术采纳二阶段过程模型，构建老年人网络应用服务的两阶段过程模型。如图3-7所示。

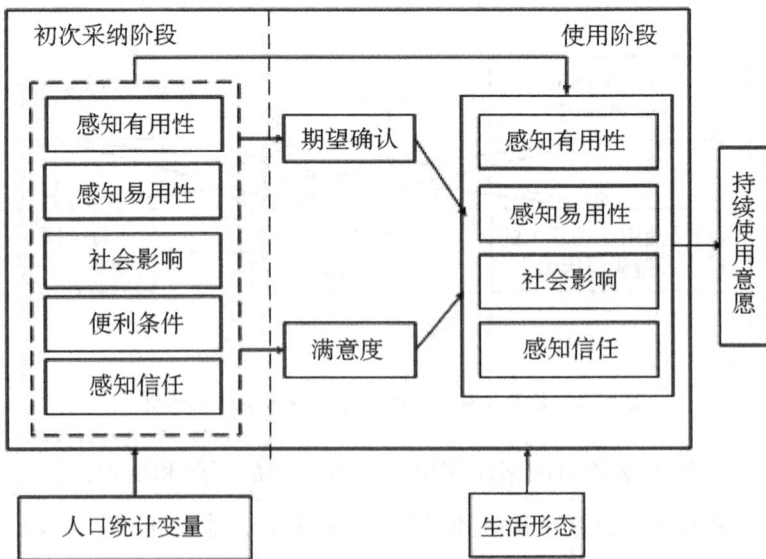

图3-7　老年人网络应用服务采纳两阶段模型

老年人在采纳网络应用服务的初级阶段，对网络应用服务会产生各种质疑和不确定感。在这个阶段，老年人的亲戚朋友及周边已经使用了网络应用服务的人群，甚至商业营销等因素都会对老年人采纳网络应用服务产生推动作用，这可以用社会影响变量来描述。根据过往的文献分析，在许多不同的应用情境中，感知易用性对信息技术采纳的影响都得到了实证研究的确认。当老年人开始有意识接触新技术的时候，感知技术易用性对老年人初次采纳信息技术的影响或许会更大，网络应用服务越容易使用，老年人采纳网络应用服务的意愿和行动就越快。此外，人们在使用这些新信息技术的过程中是否能得到及时的帮助，也被实证研究证明会对人们采纳新技术造成一定的推动作用。

除了不能接受或不方便使用之外，新的信息技术得不到老年人充分使用的另一个主要原因还有可能是该技术并不能完全满足老年人的需求。也就是说即便老年人知道网络应用服务是非常有用的，而且很多人在使用它，但如果老年人认为该服务与其需求任务不相匹配时，他仍可能放弃使用这种技术。新的信息技术必须与老年人的生理和心理需求相匹配，老年人才有持续使用这种技术的意愿和动力，也就是说网络应用服务是否对老年人具有有用性也会推动老年人采纳网络应用服务。

老年人行为较严谨，而且更愿意分享自己的人生经历，但网络环境的虚拟性特点及老年人群的心理特征对老年人采纳网络应用服务会有较大的影响。也就是说老年人对网络应用服务的感知信任会直接影响到他们的采纳行为。此外，各领域针对老年人行为的研究均表明，老年人的生活形态和居住状况等都影响着老年人接受创新科技产品的决策行为。

在采纳网络应用服务之后，一部分老年人开始进入持续使用阶段。期望确认模型从个体心理认知角度出发，用感知有用性、确认程度、用户满意度来研究影响用户行为意愿，但该模型没有考虑到环境因素及行为控制因素的影响，解释能力有限。因此，仅仅采用 ECM 来研究信息系统采纳后的持续使用意图，显然是不足的。近年来，越来越多的研究人员在不同的情境下将期望确认理论与技术接受模型等经典模型整合起来研究信息技术采纳后的持续使用行为，他们将用户满意度、对期望的确认等因素结合起来进行信息系统采纳后行为研究的模型构建，这种组合模型的实证研究代表了最近的研究趋势。比如，普雷姆库马尔（Premkumar）和 Bhattacherjee（2008）比较了 ECT 模型和 TAM 模型对用户持续使用信息系统的解释力，发现 ECT 和 TAM 的组合模型比其中任何单独一个，都能更好地解释用户持续使用信息系统的行为。

正如上述分析，ECM 模型只有满意度、期望确认和感知有用性三个自变量。然而，老年人群持续使用网络应用服务的意愿可能会被其他因素影响，而这些影响因素都需要用其他的采纳模型来补充。老年人身边亲戚朋友对他们的影响，老年人还可能会感觉到他们缺乏必要的资源和技能等，还有老年人的态度如何影响其持续使用意愿等，这些影响因素可以用 TPB 模型来解释；老年人使用网络应用服务一方面是为了获得有价值的信息，另外也是希望通过网络应用服务扩大社会交往圈，与亲戚朋友沟通交流。当感觉到周围对他具有重要影响的亲戚朋友也会使用网络应用服务时，老年人应该都会接受融入与大家相同的行为活动中来。TPB 模型中的"主观规范"变量可以用来解释这种现象；如果网络应用服务系统页面设计复杂、功能应用程序烦琐，使得老年人对信息技术的操控能力不强，或者老年人缺少必需的资源及技术帮助，也会影响他们持续使用的意愿。TPB 模型中的"感知行为控制"变量可以用来解释这种现象。ECM、TAM 和 TPB 等模型在信息技术采纳方面已有很好的应用，而它们之间有着很好的互补性，因此越来越多学者将他们结合起来，从而加强模型的解释力。Taylor（1995）指出 TAM 模型中的感知易用性和感知可用性可以作为态度变量来弥补 TPB 模型的缺失。此外，老年人在使用社交网络过程中，感知娱乐性、感知风险和信任也是两个重要的影响因素。

基于以上分析，在 ECM 模型的基础上，结合老年人群的信息需求及网络应用服务的技术特点，整合计划行为理论和技术采纳模型，构建了老年人网络应用服务的二阶段过程模型。在后续的研究中，将对该过程模型的影响因素进一步分析确定，并提出相应的假设来研究和探讨老年人初次采纳和持续使用网络应用服务的意愿和影响因素。

## 3.6 小结

随着基于 Web2.0 技术的网络应用服务被广泛使用，越来越多的老年人也开始接触和使用网络应用服务。但由于年龄的增长，老年人群在生理、认知和技术接受能力等方面都开始不同程度的衰退，相对其他群体而言，老年人群对网络信息的需求有着其特殊性，而生理和认知能力方面的每一种变化也都会实实在在地影响老年人群对信息技术的采纳和持续使用。本章在文献综述的基础上，对老年人的生活状况、信息需求和老年人使用信息技术的行为进行分析，并采用 SCT 模型，从个体、行为和环境三个方面对老年人群使用网络应用服务的影响因素进行分析，构建老年人网络应用服务采纳的两阶段模型，为后续研究奠定基础。

# 4 老年人资讯类网络应用服务使用行为研究

## 4.1 质性研究之深度访谈

在文献分析的基础上，我们采用质性研究中的深度访谈方法，探讨老年人资讯类网络应用服务使用的影响因素。

### 4.1.1 深度访谈的目的

深度访谈的主要目的是深入了解老年人资讯类网络应用服务的使用状况；更加明确老年人资讯类网络应用服务使用的影响因素，从而构建老年人资讯类网络应用服务使用模型。

### 4.1.2 深度访谈准备和程序

采取半结构化访谈的方式，以作者前期研究中的老年人社会化网络应用服务初次采纳和持续使用行为两阶段过程模型为基础拟定访谈大纲。正式访谈受访者时，研究者先向受访者说明访谈的过程，包括研究的目的、访谈所需的时间、研究过程、结果去向、受访者隐私保护等问题，再以生活化的对话方式展开访谈。访谈由研究者亲自进行，每次访谈时间三十分钟左右。访谈的提问方式不限定特定语句，尽量中立和简短，并以口语化的交谈与受访者互动，避免加入个人主观想法诱导受访者，同时也避免使用学术专业名称。受访者围绕访谈大纲，进行轻松愉悦的交谈，根据自身使用网络应用服务的经验表达自己的看法与感受。研究者在访谈过程中尽量让受访者回想并回答过去使用网络服务的状况，描述各种想法和心得，甚至于期望，以便更广泛获取有利于研究的资料。访谈一般由两个人构成，一人以访谈为主，另一人以记录为主，形成文字稿。访谈完成后，尽量在一两天内完成访谈资料的录入，希望在访谈情境印象仍深刻时，将访谈资料完整正确地逐字记录下来，确保信息的完整性及正确性。访谈资料归整完成后，将超过半数的受访者所提出的相似见解和感受归为同一类别，然后与过往学者的研究文献相比较，找出文献中提出的相似变量，从学术的角度去定义这些变量，这样做的好处是可以避免完全由研究者主观意念来归纳整理变量，增强本文后续问卷的专家效度和内容效度。

本次深度访谈于 2021 年 7 月开始，2022 年 9 月结束。

### 4.1.2.1　访谈样本

深度访谈的对象要求有网络使用经验并且具有某种网络应用服务使用的经历，所以我们采用"目的性抽样"的方法来选择样本对象，有针对性地进行挑选，同时尽量兼顾到不同年龄、性别和受教育程度的老年人。我们总共进行了 6 次访谈，每次 1 位老人，每位参加访谈的老年人都能独立使用电脑和网络，能较熟练的使用互联网中的某些应用服务或网络应用服务的某些具体功能。

参与访谈的老年人来自江西省南昌市某些高校和某些社区。表 4-1 是 6位参加访谈老年人的基本信息。

表 4-1　参与调研的老年人编码

| 编码 | 性别 | 年龄 | 职业 | 居住情况 | 受教育程度 |
| --- | --- | --- | --- | --- | --- |
| P.1 | 男 | 65 | 机关人员 | 夫妻同住 | 硕士 |
| P.2 | 男 | 62 | 无业 | 夫妻同住 | 高中 |
| P.3 | 男 | 58 | 企业职员 | 子女同住 | 大学 |
| P.4 | 女 | 60 | 无业 | 夫妻同住 | 高中 |
| P.5 | 女 | 58 | 教师 | 子女同住 | 硕士 |
| P.6 | 女 | 67 | 机关人员 | 子女同住 | 大学 |

### 4.1.2.2　访谈大纲

在前期研究中，我们提出了老年人网络应用服务初次采纳和持续使用行为两阶段过程模型，其中影响老年人初次采纳网络应用服务的潜在变量包括感知有用性、感知易用性、环境影响、便利条件、感知信任、努力期望等。本次研究的深度访谈大纲是参照前期研究的两阶段模型拟定的，访谈大纲的主要问题及在访谈过程中的对话引导都是围绕两阶段模型中所提及的潜在变量并结合资讯类网络应用服务的具体情况扩展部分变量而展开的。部分主要问题如下：

对资讯类网络应用服务是否了解？使用的时间有多长？主要获取什么资讯？你觉得这些资讯类网络应用服务是否有用？开始使用的时候是怎么知道的？是谁教会你使用这些功能的？难不难？使用这些资讯类网络应用服务过程中是否有什么顾忌和担心？

### 4.1.2.3　资料整理

访谈结束后，首先对受访者描述的感受和想法进行整理、分析和归纳，将意思相同的概念归类至某一范畴，并赋予该范畴一个概念化的名称，经过范畴化与概念化的过程之后，形成变量因子。然后将这些归纳出来的影响因子与两阶段模型中提及的概念或论点进行比较分析，当受访者所表达的内容与某变量相似时，将进一步确认受访者表达的意思是否与此变量定义相同，并将过半的受访者所提及的想法和感受作为主要的影响因素，同时也结合资讯类网络应用服务的情境发掘新的影响因素。这些影响因素作为后续研究模型及研究假设的变量。经过整理分析，提取大家都熟知的因素或概念。经过深度访谈，最后归纳总结得到了内容质量、感知互动性、内在动机、期望确认度、感知有用性，感知易用性、满意度和持续使用意向八个影响因素。

部分访谈实例：

（1）老年人对资讯类网络应用服务的了解及使用情况

老年人对资讯类网络应用服务的概念有一定的认识，受新冠疫情影响，大多老年人对手机中的网络应用服务都有所接触，有的老年人对 QQ、微信或淘宝等具体的应用服务，也比较清楚。受访老年人经常使用资讯类网络应用服务来看新闻、看视频，获取国内外新闻时事、养生保健及医疗等方面的信息。

"不清楚什么是资讯类网络应用服务，我只知道现在的这些网络功能都叫什么社交网络，我平时上微信比较多，主要都是用智能手机啦，电脑用得

少，上网看看股票还有新闻信息之类的。"[P.2]

"我经常使用微信……主要是用智能手机，也会用今日头条等来看看股票信息，看些新闻和视频。"[P.1]

"我听说过 App 这个名词，就是指那些手机上的程序。我使用网络有很长时间了，主要用手机上网，我会上网看新闻、查数据、看视频，有时候炒股。资讯主要是看今日头条或者微信里推送的。"[P.6]

"我上网已经很多年了，原来主要是看看新闻和电视剧等，现在上微信比较多些，看看朋友圈和新闻之类的。现在主要是用智能手机，会经常上网炒股。现在看微信和抖音视频也比较多，从中了解一些社会生活方面的信息。"[P.5]

"我经常使用微信 ... 主要是用智能手机，电脑主要是用来炒股，看些新闻和视频。"[P.3]

（2）老年人对于资讯类网络应用服务的感知有用性是明显的

总体而言，老年人普遍认为他们所使用的网络应用服务是有用的。

"我比较喜欢微信，可以跟朋友同学家人联系，特别是可以用语音对话，这个太方便了，不用打字和打电话了，我觉得现在网络的作用非常大。新闻信息的量也比较大，在家里就可以看到很多外面的信息，容易打发时间。"[P.3]

"我平时主要是用微信联系小孩还有原来的同事朋友，挺方便的，原来很多年都没有联系的同学和老同事都联系上了，可以经常看看他们的动态，挺好的，打发时间。我会经常用手机看看新闻和短视频之类的，还会看看股票信息。"[P.4]

"移动网络应用服务是很好的，现在跟朋友家人沟通交流经常通过网络，也通过手机获取很多信息，健康医疗方面的，日常生活方面的，时事政治方面的，都有，网上的资源还是很多的，而且方便，但有时候要分辨真假。"[P.6]

（3）感知易用性对于老年人最终决定是否使用网络应用服务有一定的影响

"我觉得现在手机上网还是比较容易学会的，但更复杂的功能就玩不好了，主要是年纪大了，经常会出错，打错字还有会忘记一些操作方法。简单的功能都没什么问题，大多数功能用不上，当然希望以后能多考虑考虑老年人，字体大一点，操作不要太复杂了，否则我以后就不一定会用了。"[P.4]

（4）互动性的影响作用

大多数老年人使用资讯类网络应用服务不太会受到互动性的影响。

"我看的信息有很多都是手机推送的，我当然会看看别人的评论啊，特别是朋友圈里的资讯，但跟别人互动不多。"[P.4]

"我在看微信里的资讯或朋友圈的时候会跟朋友互动，也会评论一下，觉得好玩，也不会经常发表意见。"[P.5]

（5）内在驱动力的影响作用

大多数老年人使用资讯类网络应用服务有一定的内在驱动力。

"我在上网看信息和使用微信的时候，刚开始是子女教的，后来觉得通过手机上网可以获得蛮多信息的，有很多还是蛮有用的。"[P.4]

"现在退休在家，小孩都不在身边，所以也就是看看电视，手机上上网，看些新闻、视频之类的打发时间，觉得挺好的，有些内容还是比较有用的，也比较充实。"[P.5]

（6）内容质量的影响作用

大多数老年人使用资讯类网络应用服务认为内容质量是有影响的。

"网上的资讯很多，但我觉得很多质量不是特别的好，有点乱，真假信息都有。这个会影响我对信息的信任。"[P.4]

"信息太多，很难分辨哪个是真的，所以现在主要是看微信、今日头条或抖音的，最好是有针对老年人的官方的资讯发布平台，这样老年人就会信任这些信息了。"[P.5]

## 4.2 研究模型构建

本章节基于经典技术采纳理论，通过整合技术接受模型（TAM）和信息系统期望确认模型（ECM），同时引入自我决定理论及相关外部变量，构建老年人资讯类网络应用服务持续使用行为模型，模型所包含的潜变量有：内

容质量（Quality of Content）、感知互动性（Perceived Interactivity）、内在动机
（Internal Motivation）、期望确认度（Confirmation）、感知有用性（Perceived Use）、
感知易用性（Perceived Ease of Use）、满意度（Satisfaction）和持续使用意向
（Continuance Intention）。

概念模型如图 4-1 所示。

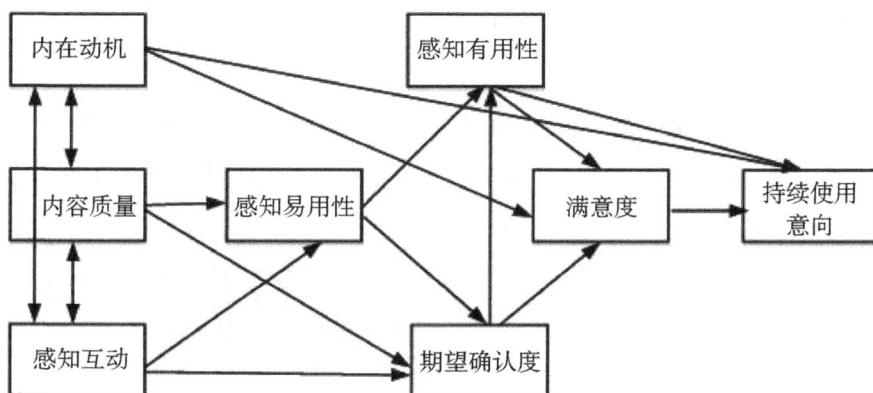

图 4-1　老年人资讯类网络应用服务使用影响因素模型

## 4.2.1　模型变量定义

（1）感知有用性

在研究中，感知有用性 (Perceived Usefulness) 是指老年用户认为使用资讯
类网络应用服务能够帮助其获得更多信息的程度，可以通过用户感知信息获
取效率的提高、阅读目的的达成及阅读内容的有效性等多方面反映。

（2）满意度

在本文研究中，满意度（Satisfaction）是指老年用户使用资讯类网络应
用服务后的自我体验感知及对该应用服务的总体认可程度。

（3）期望确认度

本文对老年人期望确认度的定义是：老年用户在使用资讯类网络应用服
务后，将实际的绩效水平与之前的心理期望进行比较后所感受到的其期望被
确认的程度。

（4）持续使用意愿

在本文中，持续使用意向（Continuance Intention）是指老年人资讯类网络应用服务采纳并持续使用的心理意愿程度。

（5）感知易用性

在本文中，感知易用性（Perceived Ease of Use）是指老年用户在使用资讯类网络应用服务时所感受到的操作简易程度。

（6）内容质量

在本文中，内容质量（Quality of Content）是指在资讯类网络应用服务平台信息资源内容的充足性、种类的多样性、相关视频与新闻信息的优质性等。

（7）感知互动

在本文中，感知互动（Perceived Interactivity）是指老年用户在使用资讯类网络应用服务的时候可以和其他人员交流互动的感受程度。

（8）内在动机

在本文中，内在动机（Internal Motivation）是指老年用户是完全发自内心兴趣和信念去参与和使用资讯类网络应用服务的行动。

## 4.2.2 研究问题与假设

### 4.2.2.1 模型变量对老年人持续使用资讯类网络应用服务影响的假设

（1）持续使用意向相关假设

持续使用意向高低反映了老年人用户在未来继续使用该资讯类网络应用服务的意愿度，是体现老年人用户对于资讯类网络应用服务的忠诚性和平台用户黏性的重要指标。持续使用行为研究的主要考核目标便是其他变量因素对用户持续使用意向直接和间接影响程度的大小，持续使用意向为问题研究的核心要素，本文也将围绕此核心因变量进行分析。对于老年人用户持续使用意向的度量可以依据老年人用户使用资讯类网络应用服务的频率，老年人用户将来使用该资讯网络应用服务的打算，以及是否有意愿向他人推荐该资讯类网络应用服务等方面。对于该核心因变量的度量，前辈学者们已获得了较具代表性的度量测评指标，本文将结合所研究领域进行修改使用。

（2）满意度相关假设

满意度不仅在用户的采纳使用行为中是核心影响因素，而且多数学者研究已经证明其在持续使用行为中也是一个重要影响因素。作为一个较为成熟的构念，本文也将采用满意度作为一个重要指标来衡量老年人用户资讯类网络应用服务的持续使用行为意向，对于该构念的测量，可以借鉴成熟的量表进行领域化调整。

在 TAM 接受模型应用的多方面领域中，满意度都是主要影响用户采纳信息系统的直接影响因素，而在期望确认模型（ECM）的应用中，不同领域的学者同样验证了该因素对用户持续使用意向有着直接的影响。作为一个重要的影响因素，老年人用户对某款资讯类网络应用服务的满意度越高则用户继续使用该资讯类网络应用服务的意愿程度就越深，故据此提出以下假设：

假设 1：老年人用户满意度对老年人用户持续使用意向有积极影响。

（3）感知有用性相关假设

感知有用性作为 TAM 模型的核心变量之一，在技术接纳模型研究中对用户的满意度和采纳行为均有着直接的正影响关系，同样在信息系统持续使用行为研究中也承担着核心变量的角色。行为研究模型中满意度通常作为一个中介变量对用户的满意度、采纳行为及持续使用意向产生影响。

多数研究表明，感知有用性对于用户持续使用意向不仅产生直接影响还通过影响用户满意度来产生间接影响。若老年人用户在使用资讯类网络应用服务时，感知有用性较低，其对该网络应用服务的满意度便会下降，从而影响其对阅读类网络应用服务的持续使用意向。故据此提出以下假设：

假设 2：老年人用户感知有用性对老年人用户持续使用意向有积极影响。

假设 3：老年人用户感知有用性对老年人用户使用满意度积极影响。

（4）期望确认度相关假设

期望确认度（Confirmation）是 Bhattacherjee（2001）在 ECT 模型中提出的用于研究用户持续使用重要变量，是指用户在使用系统前后预期和实际的匹配程度，用户较低的预期和较高的实际体验均会提高用户的期望确认度。当老年人用户具有较高的期望确认度时，即老年人用户在使用前对于资讯类网络应用服务的期望效率和效果得到提升和满足时，能够积极影响老年人用户对资讯类网络应用服务有用的感知，提高老年人用户资讯类网络应用服务体验满意度。在其他领域的应用中，该影响变量既作为研究模型的核心内部变量，又在外部变量对满意度和持续使用意向的影响中起着中介作用。老年人用户对使用资讯类网络应用服务的预期效果与实际获得一致或者更好时，老年人用户对该应用服务所带来的绩效提升和预期有效获得感知，进而对网络应用服务的满意度评价更高。故据此提出以下假设。

假设4：老年人用户期望确认度对老年人用户使用满意度有积极影响。

假设5：老年人用户期望确认度对老年人用户感知有用性有积极影响。

（5）感知易用性相关假设

在数字社会发展的大背景之下，资源内容的获取更加便捷，从而使得用户变得更加挑剔，用户体验感变得越发重要，用户往往更趋于使用操作逻辑更加友好，界面功能更加美化的网络应用服务系统。简易的操作便能快速的使系统响应用户的需求，从而使用户在使用网络应用服务时变得更加轻松，用户也能够充分的掌握系统的功能，从而达到使用系统前的需求期望，用户的自我感知有用性及期望确认度也会有所提高。故据此提出以下假设：

假设6：老年人用户感知易用性对老年人用户期望确认度有积极影响。

假设7：老年人用户感知易用性对老年人用户感知有用性有积极影响。

（6）内容质量相关假设

丰富的内容质量能够较好地满足老年人用户的预期需求，视频、音频等多种形式的信息呈现也能够使老年人用户更好地体验网络应用服务，即老年人用户对于资讯类网络应用服务的内容质量感知能够影响老年人用户的感知易用性和期望确认度。故据此提出以下假设：

假设8：内容质量对老年人用户感知易用性有积极影响；

假设9：内容质量对老年人用户期望确认度有积极影响。

（7）感知互动性

老年人用户对于平台互动性感知程度越高，遇到问题时获得及时的解决，有想法时能够愉快的交流，老年人用户对系统的易用性感受也会越强，同时需求更好地被满足，感知互动性亦能够影响老年人用户的期望确认度。感知互动性作为一个外部变量测量老年人用户对资讯类网络应用服务的交互性特征的感知衡量提出以下假设：

假设 10：老年人用户感知互动性对老年人用户感知易用性有积极影响。

假设 11：老年人用户感知互动性对老年人用户期望确认度有积极影响。

（8）内在动机相关假设

相比于传统的资讯获得模式，资讯类网络应用服务的资源更加丰富，信息的覆盖面更为宽广，除了传统的国内外时事新闻等资源外，趣味性、知识性、历史性等不同类型的资源也十分丰富。老年人用户若是发自内心地对信息内容感兴趣或者有阅读资讯打发时间的行为惯性，当网络应用服务的信息内容匹配了老年人用户的兴趣和阅读习惯时，老年人用户自然会对网络应用服务的满意度感受加深，同时持续使用该应用服务的意愿也会越高。故据此提出以下假设：

假设 12：老年人用户内在动机对老年人用户满意度有积极影响；

假设 13：内在动机对老年人用户持续使用意向有积极影响。

### 4.2.2.2 人口统计学变量对老年人群持续使用资讯类网络应用服务意愿的干扰作用

人口统计学变量是实证研究中重要的考虑因素，人们的决策和行为往往会受到性别、年龄及受教育程度等人口统计学变量的影响。本文中人口统计学变量主要包括老年人性别、年龄、受教育程度，职业经历和居住状态。因此，提出假设：

假设 14：人口统计学变量对老年人持续使用网络应用服务的影响因素具有干扰作用。

假设 14-1：不同年龄对影响因素的干扰作用有显著差异。

假设 14-2：不同性别对影响因素的干扰作用有显著差异。

假设 14-3：不同受教育程度对影响因素的干扰作用有显著差异。

假设 14-4：不同职业对影响因素的干扰作用有显著差异。

假设 14-5：不同居住状态对影响因素的干扰作用有显著差异。

### 4.2.2.3 生活形态外部变量对持续使用意愿影响因素的干扰作用

每个人的成长经历、教育背景和家庭环境等因素都不尽相同，每个人的生活形态也是各不相同的，因此每个人使用媒介的状况也是不同的。Engel、Kollat、Blackwell（2003）指出生活形态就是人们生活、支配时间和金钱的方式，是个人价值观及人格特性经过不断整合所产生的结果。此种结果会影响个人决策行为。参考前期研究结果，本文继续将生活形态分为家庭生活型、积极活跃型、孤立保守型 3 个维度，并提出以下假设：

假设 15：不同类型的生活形态对老年人持续采纳网络应用服务的影响因素会产生干扰作用。

表 4-2 研究假设汇总

| 编号 | |
|---|---|
| 假设 1 | 老年人用户满意度对老年人用户持续使用意向有积极影响 |
| 假设 2 | 老年人用户感知有用性对老年人用户持续使用意向有积极影响 |
| 假设 3 | 老年人用户感知有用性对老年人用户使用满意度有积极影响 |
| 假设 4 | 老年人用户期望确认度对老年人用户使用满意度有积极影响 |
| 假设 5 | 老年人用户期望确认度对老年人用户感知有用性有积极影响 |
| 假设 6 | 老年人用户感知易用性对老年人用户期望确认度有积极影响 |
| 假设 7 | 老年人用户感知易用性对老年人用户感知有用性有积极影响 |
| 假设 8 | 内容质量对老年人用户感知易用性有积极影响 |
| 假设 9 | 内容质量对老年人用户期望确认度有积极影响 |
| 假设 10 | 老年人用户感知互动性对老年人用户感知易用性有积极影响 |
| 假设 11 | 老年人用户感知互动性对老年人用户期望确认度有积极影响 |
| 假设 12 | 老年人用户内在动机对老年人用户满意度有积极影响 |
| 假设 13 | 内在动机对老年人用户持续使用意向有积极影响 |
| 假设 14 | 人口统计学变量对老年人持续使用网络应用服务的影响因素具有干扰作用 |
| 假设 14-1 | 不同年龄对影响因素的干扰作用有显著差异 |
| 假设 14-2 | 不同性别对影响因素的干扰作用有显著差异 |
| 假设 14-3 | 不同受教育程度对影响因素的干扰作用有显著差异 |
| 假设 14-4 | 不同职业对影响因素的干扰作用有显著差异 |
| 假设 14-5 | 不同居住状态对影响因素的干扰作用有显著差异 |
| 假设 15 | 不同类型的生活形态对老年人采纳网络应用服务的影响因素会产生干扰作用 |

## 4.3 实证研究设计

### 4.3.1 测量量表设计

为验证模型假设是否成立，本文利用结构方程模型（SEM）方法研究各潜变量间的假设关系。结构方程模型是一种结合因子分析和路基分析的研究方法，其主要优势是将无法直接测量的变量即潜变量通过可直接测量的题项进行反映，从而量化分析各潜变量间的因果关系。对于研究问题潜变量的测量便是进行研究测量量表的开发，构建合理的题项量化潜变量。模型潜变量构念的提出和题项的设计应当具有一定的科学性和合理性，而本文的构念和题项的设计均基于相关领域研究学者的研究成果，因此本文研究模型的测量量表开发主要是对前辈学者们在信息系统行为领域研究的成熟量表进行梳理和研究情境整合形成初步量表。

#### 4.3.1.1 测量问卷题项设计

所有变量的测量问项都参考了已有的相关文献，包括相关情境中所采用的经典采纳模型，如 Pew Research 等学者关于老年人使用信息技术的问卷调查报告。在量表设计中，尽可能采用成熟的经过验证的有效量表，同时也结合老年人用户的特征及资讯类网络应用服务的功能特点对某些问项进行了重新编制。对于英文量表我们采用双向翻译的方法力求量表内容的准确。量表修改主要围绕潜变量定义合理性、测量题项的充分性、题项用词描述的准确性、测量内容的完备性等方面展开，依据专家们的反馈意见笔者对初步量表进行了完善和修改。最终确定的老年人用户持续使用资讯类网络应用服务意向测量量表包含 8 个潜在变量，共 23 个题项。

量表的开发设计一方面需对填写的基础信息进行记录，即需了解填写人的性别、年龄、学历、职业、可支配收入、资讯类网络应用服务使用情况等，通过用户的基础信息我们可以了解所收集样本的分布情况，而根据网络应用服务使用情况来判定所收集的数据是否具备科学性和代表性；另一方面则是借鉴前辈学者成熟量表所开发的 8 个潜在变量和 23 个指标题项，指标的程度衡量选用 Likert5 点量表形式。潜变量和指标题项间的对应关系见表 4–3。

表 4–3  老年人用户资讯类网络应用服务持续使用意向影响因素题项

| 潜在变量 | 编码 | 测量题项 | 量表来源 |
|---|---|---|---|
| 内容质量<br>（CQ） | CQ1 | 资讯平台丰富的资源能够匹配我的信息需求 | Venkatesh<br>刘人境 |
| | CQ2 | 优质的视频、音频等信息能够匹配我的需求 | |
| | CQ3 | 信息种类的多样性及丰富性有助于我更有效的获取信息 | |
| 感知互动<br>（PI） | PI1 | 在使用资讯类网络应用服务时我可以与其他人有效沟通 | 刘鲁川<br>刘人境 |
| | PI2 | 在使用资讯类网络应用服务时我可以与其他人展开及时讨论 | |
| | PI3 | 在使用资讯类网络应用服务时管理人员能及时反馈我的问题 | |
| 内在动机<br>（IM） | IM1 | 使用资讯类网络应用服务获取信息是因为兴趣 | Oliver |
| | IM2 | 使用资讯类网络应用服务获取信息是因为喜欢 | |
| 期望确认<br>（CF） | CF1 | 资讯类网络应用服务体验后的感受超出使用前的预期 | Bhattacgerjee<br>Oliver |
| | CF2 | 资讯类网络应用服务水平超出使用前的预期 | |
| | CF3 | 总体而言，网络应用服务使用效果匹配或超出个人预期 | |
| 感知易用性<br>（PEU） | PE1 | 使用资讯类网络应用服务获取信息对我而言很简单 | Davis<br>Venkatesh |
| | PE2 | 熟练使用资讯类网络应用服务操作对我来说很简单 | |
| | PE2 | 总的来说，资讯类网络应用服务的操作很简单 | |

续表 4-3

| 潜在变量 | 编码 | 测量题项 | 量表来源 |
|---|---|---|---|
| 感知有用性<br>（PU） | PU1 | 通过使用资讯类网络应用服务后，自我充实感获得提升 | Davis<br>Venkatesh<br>Bhattacgerjee |
| | PU2 | 通过资讯类网络应用服务可以获取更多信息 | |
| | PU3 | 总体而言，资讯类网络应用服务对我是有用的 | |
| 满意度<br>（SA） | SA1 | 使用资讯类网络应用服务获取信息的选择是明智的 | Bhattacgerjee<br>Oliver |
| | SA2 | 使用资讯类网络应用服务获取信息的过程是有趣的 | |
| | SA3 | 总之，个人满意所使用的资讯类网络应用服务 | |
| 持续使用意向<br>（CI） | CI1 | 继续经常使用资讯类网络应用服务获取信息符合我的意向 | Bhattacgerjee<br>刘人境 |
| | CI2 | 将来我会更多考虑使用资讯类网络应用服务获取更多信息 | |
| | CI3 | 我愿意把所使用的资讯类网络应用服务介绍给其他人 | |

#### 4.3.1.2 问卷设计

本文采用封闭式结构化问卷。为了方便地进行资料统计与量化分析，考虑到传统的纸质问卷更加适合老年人填写，所以我们采用纸质不记名问卷，问卷设计时尽量避免使用较长的题项。

整个问卷包含基础信息和主题问项两个部分。第一个部分基础信息主要是收集性别、年龄、职业经历、受教育程度、居住状态等人口统计学变量和老年人使用资讯类网络应用服务的基本情况；资讯类网络应用服务的使用情况包括了被调查老年人目前使用的主要资讯类网络应用服务及使用频次。第二部分用来调查老年人使用资讯类网络应用服务的影响因素。被调查老年人需要对模型中的 6 个变量分别进行打分，打分结果采用统计分析的方法进行

分析。在调查问卷中，关于资讯类网络应用服务使用状况的题项采用李科特
（Likert）3 级态度量表，每个问题分为 3 个评分等级：1 分至 3 分分别代表经
常、偶尔和从不。问卷的其他题项采用李科特（Likert）5 级态度量表，每
个问题分为 5 个评分等级：1 分至 5 分分别代表完全不同意、不同意、中立、
同意、完全同意。第三部分是收集老年人生活形态外部变量数据，用于分析
外部变量对自变量及因变量的影响和干扰作用。为了避免老年人填写过多的
问卷题项，我们对生活形态的测量做了简化处理，将生活形态分为家庭居住
型、积极活跃型、孤立保守型，让老年人自己判断属于哪种类型，直接在问
卷中勾选。

　　研究模型及问卷主要参考了国内外学者所提出的研究量表，并通过相关
文献的探讨，加以修改而成，因此具有一定的理论基础，初步符合表面效度
（Face Validity）。量表设计完成后，邀请了三位有相关专业知识背景的学者及
两位相关行业的管理人员针对量表结构、题量、题项的表达及含义等进行讨
论，听取他们的意见，并进行修改和完善，在初始量表的基础上删除了 3 道
题项。最终编制成老年人初次采纳资讯类网络应用服务的调查问卷表。这些
措施可以增加量表的专家效度和内容效度。

## 4.3.2　小规模样本前测

　　问卷修改完成后，将进行小规模样本前测。前测对象的性质与正式问卷
的对象性质相同，都为 55 岁以上，有网络服务使用经验的老年人用户。前
测的目的是进一步完善问卷的设计，通过信度和效度分析，对量表进行修正
以确保正式调查时问卷的质量。

### 4.3.2.1　数据收集

　　前测问卷的发放对象主要是江西省高校社区及某几个大型社区的老年住
户，样本为随机发放。在发放之前，工作人员会与被调查老年人进行简单交
流，确认被调查对象年龄在 55 岁以上且有网络服务使用经历。考虑到问卷
发放的对象是老年人群，所以每份问卷都是在我们发放人员的辅助下填写完

成后再收回，因此，共发放问卷 58 份，回收 58 份，回收率为 100%。

### 4.3.2.2  前测数据分析

对前测所收集的数据进行项目分析，并对测量量表和收集的数据进行信度和效度分析，从而保证数据模型适用于该统计方法。

量表的开发对于潜变量的定义及相关题项的设计主要基于前辈学者成熟的量表进行改变，且部分变量首次引用于该领域研究。故在进行实证研究前需先对收集的问卷数据进行信度检验，并对所构建模型的效度进行分析。

信度（Reliability）用于衡量所收集数据的可靠程度，即指所收集数据用于模型验证时所得结果是否稳定和一致，信度检验主要使用的分析方法有重测信度、折半信度、内部一致性信度等方法（邱皓政，2009）。实际问卷调研时，同一项目对相同的调查对象进行再次调查的实施困难度很高，因而重测信度方法被采用的较少。学者们一般用数据的内部一致性来表示模型验证结果的信度高低，故本文的信度分析也将采用内部一致性信度分析方法。利用 Cronbach's α 信度系数衡量所收集的测量数据的信度，其信度系数越高则测量数据的可信度越高，测量数据的内部一致性也越高。

效度（Validity）是指所采用的测量题项和模型能够准确反映所研究结果的有效程度，一般包括内容效度、结构效度、准则效度和相关效度等（邱皓政，2009）。研究模型所构建的无法直接测量的潜变量由可测量的题项进行反映，而这些题项对潜变量的解释能力高低则采用模型的内容效度和结构效度进行反映。内容效度是指题项是否适合和恰当地反映所要测量的潜变量，本文中各项潜变量的题项开发均借鉴于实证研究和相关领域较为成熟的测量量表，并结合本文研究情境在专家小组的讨论下进行调整改编，确定测量题项能够准确充分的阐释潜变量，各潜变量间存在假设关系，最终完成了本文研究模型的测量量表。基于此可认为本文量表题项内容和构建模型具有一定的科学性和有效性，保证了研究问卷和测量模型的内容效度。结构效度反映模型构造结构的有效性，其衡量主要采用特征效度进行问卷模型的效度分析，收敛效度和判别效度则进行结果检验。

（1）项目分析

量表题目的可靠程度通过项目分析来检验，其主要目的是针对预试题目进行试探性评估。项目分析中，我们先计算前测问卷题项的平均值，然后用低分组（28%以下）和高分组（72%以上）比较法进行独立样本 T 检验的双尾显著水平检验。进行 T 检验时，通常以 CR 值（即临界比值法）大于等于3，a 小于等于 0.05 为判断依据。具有鉴别度的因子，在两个对照组的得分应具有显著差异，T 检验应该达到显著水平。专家建议、独立样本 T 检验的显著水平及 Cronbach's α 值是前测问卷的题项是否被删除的依据。

（2）量表的信度分析

信度检验是对测量量表的可靠性、一致性和稳定性进行测评，量表信度越高，在进行测算时所产生的标准误差越低，数据结果则更具有稳定性。检验通过使用 SPSS22.0 工具的"可靠性分析"功能中用于检测数据内部一致性的 Cronbach's α 信度系数来衡量问卷的信度。对于系统指标的衡量标准，Nunnally（1978）认为，Cronbach's α 系数在 0.7 以上时，表明问卷具有良好的内部一致性；另·位学者 De Vellis 则指出 Cronbach's α 系数低于 0.65 的不予接受，0.65—0.70 为最低接受范围，0.7—0.8 为较好，0.8—0.9 则为优秀。

信度检验的方法有很多种，我们采用量表的 Cronbach's α 值、总体相关系数（CITC）及删除该项目后的 Cronbach's α 值来评估每个测量变量的信度。Cronbach's α 值大于或等于 0.70 及 CITC 大于 0.5 才属于可信度范围。总体相关系数（CITC）的作用是剔除不当题项，从而减少测量项目的多因子现象。严格来说，总体相关系数值小于 0.5 的题项就要被删除。

表 4-4 为本文研究的各潜变量及总体的 Cronbach's α 信度系数测算结果，由表可知 8 个潜变量的克朗巴哈系数均高于 0.833，其中最低为 0.833，最高为 0.981，结合 Cronbach's α 信度系数大于 0.7 的标准，可以认为本文数据中的 8 个构建具有较好的内部一致性。同时根据各个题项进行删除该项后 Cronbach's α 系数的变化了解到，各个题项的删除会降低所反映的潜变量的 Cronbach's α 系数，故对各题项均做保留处理。

表 4-4 变量的信度评价结果

| 因子 | 测度项 | CITC | 删除项目后的 Cronbach`s α | Cronbach`s α |
|---|---|---|---|---|
| 内容质量<br>（CQ） | CQ1 | 0.940 | 0.948 | 0.958 |
| | CQ2 | 0.927 | 0.949 | |
| | CQ3 | 0.933 | 0.948 | |
| 感知互动<br>（PI） | PI1 | 0.906 | 0.896 | 0.909 |
| | PI2 | 0.878 | 0.893 | |
| | PI3 | 0.865 | 0.899 | |
| 内在动机<br>（IM） | IM1 | 0.901 | 0.912 | 0.938 |
| | IM2 | 0.893 | 0.923 | |
| 期望确认<br>（CF） | CF1 | 0.902 | 0.935 | 0.949 |
| | CF2 | 0.905 | 0.938 | |
| | CF3 | 0.910 | 0.941 | |
| 感知易用性<br>（PE） | PEU1 | 0.877 | 0.921 | 0.939 |
| | PEU2 | 0.892 | 0.919 | |
| | PEU2 | 0.833 | 0.928 | |
| 感知有用性<br>（PU） | PU1 | 0.975 | 0.976 | 0.976 |
| | PU2 | 0.965 | 0.981 | |
| | PU3 | 0.941 | 0.973 | |
| 满意度 | SA1 | 0.932 | 0.933 | 0.935 |
| | SA2 | 0.935 | 0.931 | |
| | SA3 | 0.929 | 0.938 | |
| 持续使用意向<br>（CI） | CI1 | 0.902 | 0.905 | 0.916 |
| | CI2 | 0.905 | 0.912 | |
| | CI3 | 0.910 | 0.921 | |

（3）量表的效度分析

效度主要用于度量所设计的测量量表是否能够准确地反映被调查者的心理和特质即所要表达的结果，量表具有较高效度则表示量表结果能更好地贴近所进行测试的目的。量表的效度分别从内容、准则、结构三方面展开。

内容效度主要体现量表题项的代表性及对概念的反映程度，其主要采用的方法有专家判定法、复本法和再测法。本文所研究的老年人用户资讯类网络应用服务持续使用意向影响因素问卷题项的开发是基于对国内外文献、经典理论和较为成熟的量表题项的研究，并结合所研究领域进行了改进；另一方面，在问卷前期的预测试环节中，与相关领域研究学者进行了探讨，并分析了预测试数据，最终确认量表在内容上能较好地反映被调查者的心理特质，故可认为本文的调查问卷题项具有较好的内容效度。

结构效度分析是对所收集测量量表的数据进行因子分析，结构效度越高则所提取的因子结果与模型潜变量构念划分越匹配。问卷的结构效度衡量采用特征效度，收敛效度和判别效度则进行结果检验。研究中通常使用探索性因子分析法检验问卷的特征效度，该分析方法将多个关系复杂的变量聚类为某几个核心因子变量，各核心因子间存在本质的区别，从而达到降维的效果。若对收集数据进行探索性因子分析，获得的因子划分情况与潜变量和题项相一致，则代表研究问卷具有高特征效度。

为确保量表所测量的题项能够代表本文所要测量的因素，我们采用因素分析来检验问卷是否具有构建效度。在进行因素分析前，我们采用 KMO（Kaiser-Meyer-Olkin）样本适当量数和巴式球形检定（Bartlett Test of Sphericity）进行检验，实证结果如表 4-5 所示。Hair 等人（1998）研究指出，当 KMO 值大于 0.6，且巴式球形检验的 P-value 值趋近于 0 时，样本数据适合进行因素分析。根据表 4-5 可知，每个构面的 KMO 值均在 0.7 以上，并且巴式球形检验也达到显著水平，因此本文样本资料适合进行因素分析。进行因素分析时，采用主成分分析法，经过最大变异（Varimax Rotation）正交转轴，提取特征值大于 1 的因素，并对每个构面进行命名。

表 4-5　KMO 与 Bartlett 检验

| Kaiser-Meyer-Olkin | | 0.818 |
|---|---|---|
| Bartlett 的球形检定 | 方差 | 1113.271 |
| | 自由度 | 162 |
| | 显著性 | 0.000 |

从表 4-5 和 4-6 可以看出，研究模型中的变量被分为 8 个构面，分别是内容质量（Quality of Content）、感知互动性（Perceived Interactivity）、内在动机（Internal Motivation）、期望确认度（Confirmation）、感知有用性（Perceived Use）、感知易用性（Perceived Ease of Use）、满意度（Satisfaction）和持续使用意向（Continuance Intention）。

保证数据具有相关性前提后，利用 SPSS22.0 统计软件的"因子分析"功能，采用主成分分析和最大方差旋转矩阵对收集数据进行探索性因子分析，数据结果显示 Kaiser 正交旋转在经过 8 次迭代后收敛，整理出旋转后的成分矩阵表（低于 0.5 的未显示），如表 4-6 所示。由旋转成分矩阵表可以了解各因子变量成分和因子载荷量，调研数据较好地划分出 8 个主要因子即模型的 8 个潜变量构念，且各测量题项在所对应潜变量上的因子载荷值均大于 0.6，而在其他因子上的载荷量小于 0.5，各因子变量的特征值均大于 0.2，数据累计方差解释为 89.136%。因此，本文研究数据的内部结构清晰，匹配所构建的影响因素模型，通过结构效度检验。

表 4-6　因素旋转矩阵

| | 1 | 2 | 3 | 4 | 5 | 6 | 7 | 8 |
|---|---|---|---|---|---|---|---|---|
| CQ1 | 0.919 | | | | | | | |
| CQ2 | 0.916 | | | | | | | |
| CQ3 | 0.920 | | | | | | | |
| PI1 | | 0.897 | | | | | | |
| PI2 | | 0.896 | | | | | | |
| PI3 | | 0.887 | | | | | | |
| IM1 | | | 0.896 | | | | | |
| IM2 | | | 0.892 | | | | | |
| CF1 | | | | 0.908 | | | | |
| CF2 | | | | 0.897 | | | | |
| CF3 | | | | 0.889 | | | | |
| PE1 | | | | | 0.964 | | | |
| PE2 | | | | | 0.958 | | | |
| PE2 | | | | | 0.921 | | | |
| PU1 | | | | | | 0.915 | | |
| PU2 | | | | | | 0.897 | | |
| PU3 | | | | | | 0.859 | | |

续表 4-6

| | 1 | 2 | 3 | 4 | 5 | 6 | 7 | 8 |
|---|---|---|---|---|---|---|---|---|
| SA1 | | | | | | | 0.936 | |
| SA2 | | | | | | | 0.940 | |
| SA3 | | | | | | | 0.938 | |
| CI1 | | | | | | | | 0.911 |
| CI2 | | | | | | | | 0.898 |
| CI3 | | | | | | | | 0.893 |
| 特征值 | 2.892 | 2.878 | 2.821 | 2.712 | 2.689 | 2.189 | 2.125 | 2.105 |
| 方差解释% | 12.918 | 12.623 | 11.971 | 11.495 | 11.745 | 9.098 | 9.142 | 9.024 |
| 累计方差解释 | 12.970 | 25.693 | 38.05 | 49.024 | 62.032 | 69.459 | 80.016 | 89.136 |

### 4.3.2.3 正式问卷

经过专家效度修正，对问卷进行了修改，剔除了不合适的题项，并进一步对问卷进行润色，确保文字语意清晰，不会产生歧义或者误解，然后通过信度和效度分析确保问卷可信和有效，最终确定大规模发放问卷，问卷见附录。正式问卷包括以下部分：

（1）以期望确认模型为基础衍生出来的研究变量。期望确认共3题、满意度共3题、内容质量共3题、感知互动共3题、内在动机共2题、感知有用性共3题、感知易用性共3题、持续使用意愿共3题。

（2）个人背景资料。包括年龄、性别、受教育程度、职业经历、居住状态、使用状况，共6题。

（3）生活形态外部变量。包括三个因子：家庭生活型、积极活跃型、孤独保守型。

## 4.3.3 正式问卷发放

### 4.3.3.1 样本选择与大小

考虑到我国不同区域的网络信息服务普及度及样本的代表性问题，我们发放问卷的对象主要针对一、二线城市的老年人，样本对象的年龄定位在55岁到75岁之间，样本对象必须有一定的网络使用经历。我们主要以老年人群相对聚集的高校、大型社区和老年大学作为问卷发放的主要地点。高校和老年大学的老年人群文化程度相对高些，为了使样本对象更具有代表性，弥补样本对象文化程度方面的局限，我们在大型社区的选择上尽可能选择普通的而非高档的社区。同时，也考虑到地域的差异，所以我们分别在南昌、上海、北京、成都和广州五座城市进行了问卷调查。问卷一般都是当场填写并提交，老年大学的老年人也可以把这些问卷拿回家填写，再交给老年大学办公室的老师。对于填写有一定困难的，我们会给予一定的指导说明。同时，还有一部分的问卷是通过亲戚朋友和学生给自己的长辈填写。调查问卷见附录。

### 4.3.3.2 数据收集

老年人群在问卷填写方式方面的局限性较大，主要体现在他们对问卷调查活动的参与热情不高、对问卷题项的理解程度有限及填写问卷的时间太长等，这些问题都会增加调查问卷收集的难度，影响问卷数据的准确性。综合考虑后，我们采用填写纸质问卷的方式收集数据。比如，在老年大学的某个课堂上让老年人进行填写；在天气晴好的下午 3 点左右，去大型社区进行问卷调查。每次进行的时间不宜太长，以免造成负面的影响。在老年人填写的过程中尽可能给予填写方面的解释和指导，以确保老年人顺利填写完问卷，同时也能提高有效问卷的比例。

问卷的调查时间为 2021 年 7 月至 2022 年 9 月，历时 14 个月。最终总共发放问卷 200 份，将没有填写完整或者存在明显错误的问卷剔除后，有效问卷为 186 份，有效回收率为 93%。

### 4.3.3.3 数据分析方法

对回收的问卷进行整理后，将进行描述性统计分析、独立样本 T 检验、单因子方差分析、结构方程模型分析、干扰效果的多群组分析。

利用 SmartPLS2.0 软件对问卷数据进行 PLS 结构方程分析。PLS 是一种结构方程模式的分析技术，以回归分析为基础，它的实用性高且优于一般的线性结构关系模型的分析技术，可以同时处理反应性（Reflective）和形成性

（Formative）的模型结构，并且不要求变量必须符合常态分配，对样本的随机性和数量也无要求；此外，PLS能克服多变量共线性问题、有效处理干扰数据及遗失值且具良好的预测及解释能力。老年人群对问卷填写的认知度、参与度等特殊性，使得样本量不会太大，使用PLS进行分析可不受样本数的限制及变量分配形态的影响。Chin（1998）指出，为了保证各变量估计值的稳定性，检验程序可以采用bootstrap再抽样的方法，抽样的次数为100次。

## 4.4 老年人用户资讯类网络应用服务持续使用模型实证研究

### 4.4.1 样本数据描述性分析

进行数据实证分析首先应对数据进行描述性分析，了解数据的分布情况，从而依据实际情况保证数据样本的代表性和科学性。本文所研究的老年人用户样本将从性别、年龄、学历、职业、可支配收入、所选用的资讯类网络应用服务和主要获取的信息内容展开。

#### 4.4.1.1 人口统计变量频次分析

表 4-7 性别及年龄的描述性统计

| 变量 | 项目 | 次数（人） | 百分比（%） |
|---|---|---|---|
| 年龄 | 55—65 | 66 | 35.5 |
| | 65—70 | 94 | 50.5 |
| | 70以上 | 26 | 14.0 |
| 性别 | 男 | 86 | 46.2 |
| | 女 | 100 | 53.8 |
| 教育程度 | 初高中 | 62 | 33.3 |
| | 大中专 | 104 | 55.9 |
| | 研究生 | 20 | 10.8 |
| 退休前工作性质 | 机关事业单位 | 90 | 48.4 |
| | 企业单位 | 80 | 43.0 |
| | 个体从业 | 16 | 8.6 |

续表 4-7

| 变量 | 项目 | 人数（n=186） | 百分比（%） |
| --- | --- | --- | --- |
| 居住状态 | 家庭同住 | 76 | 40.9 |
| | 夫妻同住 | 90 | 48.4 |
| | 独居 | 20 | 10.8 |
| 生活形态 | 家庭居住型 | 88 | 47.3 |
| | 积极活跃型 | 66 | 35.5 |
| | 孤立保守型 | 32 | 17.2 |

### 4.4.1.2　资讯类网络应用服务使用情况描述性统计

（1）您使用资讯类网络应用服务大概多久？

表 4-8　使用资讯类网络应用服务时间频次

| 变量 | 项目 | 人数（n=186） | 百分比（%） |
| --- | --- | --- | --- |
| 使用资讯类网络应用服务多少年？ | 1—2 年 | 25 | 13.4 |
| | 2—3 年 | 55 | 29.6 |
| | 3 年以上 | 106 | 57.0 |

表 4-8 数据显示，参与问卷调查的老年人中，大多数使用网络应用服务在 3 年以上。虽然，我们的问卷发放对象选择的是持续使用网络应用服务的老年人，数据在一定程度上反映了现在的老年人或多或少的使用过网络应用服务的某些功能。

（2）您使用资讯类网络应用服务时一般用什么工具？

表 4-9　使用资讯类网络应用服务的工具

| 工具类别 | 人数（n=186） | 百分比（%） |
| --- | --- | --- |
| 智能手机 | 136 | 73.1 |
| 平板电脑 | 32 | 17.2 |
| 电脑 | 18 | 9.7 |

从表 4-9 可以看出，大多数老年人是通过智能手机使用网络应用服务。

（3）您主要使用哪种类型的资讯类网络应用服务，频次如何？

表4-10　使用资讯类网络应用服务功能的频次

| 分类 | 类别 | 人数 | 百分比（%） |
|---|---|---|---|
| 今日头条、抖音等专业资讯提供平台 | 经常 | 106 | 57.0 |
| | 偶尔 | 74 | 39.8 |
| | 从不 | 6 | 3.2 |
| 微信等社交 App 推送 | 经常 | 126 | 67.7 |
| | 偶尔 | 40 | 21.5 |
| | 从不 | 20 | 10.8 |
| 博客、评论类网络服务（如新浪微博等）、老年人社交类网站（如老龄网等） | 经常 | 15 | 8.0 |
| | 偶尔 | 50 | 26.9 |
| | 从不 | 121 | 65.1 |
| 其他 App 推送资讯 | 经常 | 46 | 24.7 |
| | 偶尔 | 118 | 63.5 |
| | 从不 | 22 | 11.8 |

表4-10中数据显示，老年人选择的资讯类网络应用服务系统大多是网络应用中的主流App，被动接受的资讯也占有一定的比例。移动应用工具的使用较为普遍。这也反映了老年人使用网络应用服务还是以简单便捷为主要考虑因素。

（4）您使用资讯类网络应用服务时经常做哪些事情？

表4-11　使用资讯类网络应用服务时经常做哪些事情

| 分类 | 类别 | 人数 | 百分比（%） |
|---|---|---|---|
| 观看时事政治新闻等资讯 | 经常 | 102 | 54.8 |
| | 偶尔 | 78 | 41.9 |
| | 从不 | 6 | 32.3 |
| 日常生活及社会类资讯 | 经常 | 92 | 49.5 |
| | 偶尔 | 79 | 42.5 |
| | 从不 | 15 | 8.0 |
| 医疗健康资讯 | 经常 | 53 | 30.1 |
| | 偶尔 | 110 | 59.1 |
| | 从不 | 20 | 10.8 |
| 投资理财等经济资讯 | 经常 | 54 | 29.0 |
| | 偶尔 | 87 | 46.8 |
| | 从不 | 45 | 24.2 |

从表 4-11 可以看出，使用资讯类网络应用服务获取时政新闻和社会热点资讯较为普遍，获取专业类的资讯相对较少，这也反映出老年人使用资讯类网络应用服务的主要目的可能是为了打发时间。

### 4.4.1.3  人口统计变量对网络应用服务使用状况的相关性分析

卡方检验是一种量化资料的假设检验方法，属于非参数检验，主要是对两个分类变量的关联性进行分析，如果卡方值具有显著性，说明这两个分类变量具有相关性。

（1）性别与资讯类网络应用服务使用状态的相关性分析

表 4-12  使用不同资讯类网络应用服务的频次

| 变量 | 今日头条、抖音等资讯平台 | | | Pearson 卡方值 | 显著性（双尾） |
|---|---|---|---|---|---|
| | 经常 | 偶尔 | 从不 | | |
| 男 | 56（65.1%） | 30（34.9%） | 0（0.0%） | 2.813 | 0.148 不显著 |
| 女 | 45（45.0%） | 49（49.0%） | 6（6.0%） | | |
| 变量 | 微信等社交 App 推送 | | | Pearson 卡方值 | 显著性（双尾） |
| | 经常 | 偶尔 | 从不 | | |
| 男 | 52（60.5%） | 32（37.2%） | 2（2.3%） | 5.402 | 0.091 不显著 |
| 女 | 42（42.0%） | 45（45.0%） | 13（13.0%） | | |
| 变量 | 博客、门户网站等 | | | Pearson 卡方值 | 显著性（双尾） |
| | 经常 | 偶尔 | 从不 | | |
| 男 | 45（52.3%） | 25（29.1%） | 16（18.6%） | 1.741 | 0.502 不显著 |
| 女 | 35（35.0%） | 39（39.0%） | 26（26.0%） | | |
| 变量 | 其他 App 推送 | | | Pearson 卡方值 | 显著性（双尾） |
| | 经常 | 偶尔 | 从不 | | |
| 男 | 26（30.2%） | 30（34.9%） | 30（34.9%） | 5.291 | 0.005 显著 |
| 女 | 27（27.0%） | 42（42.0%） | 31（31.0%） | | |

表 4-12 数据显示，性别在老年人用户使用时下主流资讯类网络应用服务方面，没有显著性影响，但在使用平台推送信息和一些门户网站方面，性别的差异性是显著的。

表4-13 使用不同资讯类网络应用服务功能的频次

| 变量 | 观看时事政治新闻等资讯 | | | Pearson 卡方值 | 显著性（双尾） |
| --- | --- | --- | --- | --- | --- |
| | 经常 | 偶尔 | 从不 | | |
| 男 | 48（55.8%） | 30（34.9%） | 8（9.3%） | 28.233 | 0.000 显著 |
| 女 | 52（52.0%） | 45（45.0%） | 3（3.0%） | | |
| 变量 | 日常生活及社会类资讯 | | | Pearson 卡方值 | 显著性（双尾） |
| | 经常 | 偶尔 | 从不 | | |
| 男 | 45（52.3%） | 31（36.1%） | 10（11.6%） | 8.680 | 0.013 显著 |
| 女 | 50（50.0%） | 45（45.0%） | 5（5.0%） | | |
| 变量 | 医疗健康资讯 | | | Pearson 卡方值 | 显著性（双尾） |
| | 经常 | 偶尔 | 从不 | | |
| 男 | 44（51.2%） | 32（37.2%） | 10（11.6%） | 2.274 | 0.351 显著 |
| 女 | 55（55.0%） | 43（43.0%） | 2（2.0%） | | |
| 变量 | 投资理财等经济资讯 | | | Pearson 卡方值 | 显著性（双尾） |
| | 经常 | 偶尔 | 从不 | | |
| 男 | 45（52.3%） | 33（38.4%） | 8（9.3%） | 8.372 | 0.000 显著 |
| 女 | 48（48.0%） | 46（46.0%） | 6（6.0%） | | |

表4-13数据显示，性别与老年人使用不同网络应用服务功能频次具有相关性。从数据表中的百分比可以看出，老年女性在使用资讯类网络应用服务功能的频次方面整体要高于老年男性，也就是说老年女性在资讯类网络应用服务上的活跃程度要比老年男性高许多。

（2）年龄与资讯类网络应用服务使用状况的相关性分析

表4-14 使用不同类型资讯类网络应用服务的频次

| 变量 | 今日头条、抖音等资讯平台 | | | Pearson 卡方值 | 显著性（双尾） |
|------|------|------|------|------|------|
| | 经常 | 偶尔 | 从不 | | |
| 55—65 | 38（57.6%） | 24（36.4%） | 4（6.1%） | 5.603 | 0.273 不显著 |
| 65—70 | 50（53.2%） | 36（38.3%） | 8（8.5%） | | |
| 70以上 | 11（42.3%） | 13（50.0%） | 2（7.7%） | | |
| 变量 | 微信等社交App推送 | | | Pearson 卡方值 | 显著性（双尾） |
| | 经常 | 偶尔 | 从不 | | |
| 55—65 | 28（42.4%） | 30（45.5%） | 8（12.1%） | 16.351 | 0.000 显著 |
| 65—70 | 32（34.0%） | 36（56.3%） | 26（27.6%） | | |
| 70以上 | 10（38.5%） | 12（46.2%） | 4（15.4%） | | |
| 变量 | 博客、评论类网络服务（如新浪微博等）、老年人社交类网站 | | | Pearson 卡方值 | 显著性（双尾） |
| | 经常 | 偶尔 | 从不 | | |
| 55—65 | 12（18.2%） | 26（39.4%） | 28（42.4%） | 16.392 | 0.000 显著 |
| 65—70 | 10（10.6%） | 28（29.8%） | 56（59.6%） | | |
| 70以上 | 0（0.0%） | 4（15.4%） | 22（84.6%） | | |
| 变量 | 其他App推送资讯 | | | Pearson 卡方值 | 显著性（双尾） |
| | 经常 | 偶尔 | 从不 | | |
| 55—65 | 12（18.2%） | 32（48.5%） | 22（33.3%） | 28.506 | 0.000 显著 |
| 65—70 | 10（10.6%） | 28（29.8%） | 56（59.6%） | | |
| 70以上 | 3（11.5%） | 10（38.5%） | 13（50.0%） | | |

　　表4-14是年龄与网络应用服务使用状况的相关性分析的结果。表中数据显示不同年龄的老年人在使用微信等即时通信类服务方面没有显著差别，而在其他网络应用服务功能方面有显著差异，从百分比可以看出，年纪更轻的老年人比年纪更大的老年人更多的使用网络应用服务的各种功能，随着年龄的增长，老年人在网络应用服务功能使用方面的频次会逐渐减少。

表 4-15　使用不同资讯类网络应用服务功能的频次

| 变量 | 观看时事政治新闻等资讯 | | | Pearson 卡方值 | 显著性（双尾） |
|---|---|---|---|---|---|
| | 经常 | 偶尔 | 从不 | | |
| 55—65 | 16（24.3%） | 38（57.5%） | 12（18.2%） | 18.273 | 0.000 不显著 |
| 65—70 | 18（19.1%） | 36（38.3%） | 40（42.6%） | | |
| 70 以上 | 8（30.7%） | 10（38.5%） | 8（30.7%） | | |

| 变量 | 日常生活及社会类资讯 | | | Pearson 卡方值 | 显著性（双尾） |
|---|---|---|---|---|---|
| | 经常 | 偶尔 | 从不 | | |
| 55—65 | 18（27.3%） | 36（54.5%） | 12（18.2%） | 11.530 | 0.003 显著 |
| 65—70 | 38（40.4%） | 34（36.2%） | 22（23.4%） | | |
| 70 以上 | 10（38.5%） | 8（30.7%） | 8（30.7%） | | |

| 变量 | 医疗健康资讯 | | | Pearson 卡方值 | 显著性（双尾） |
|---|---|---|---|---|---|
| | 经常 | 偶尔 | 从不 | | |
| 55—65 | 16（24.3%） | 36（54.5%） | 14（21.2%） | 12.117 | 0.000 显著 |
| 65—70 | 30（31.9%） | 36（38.3%） | 28（29.8%） | | |
| 70 以上 | 12（46.2%） | 8（30.7%） | 6（23.1%） | | |

| 变量 | 投资理财等经济资讯 | | | Pearson 卡方值 | 显著性（双尾） |
|---|---|---|---|---|---|
| | 经常 | 偶尔 | 从不 | | |
| 55—65 | 18（27.3%） | 36（54.5%） | 12（18.2%） | 12.361 | 0.000 显著 |
| 65—70 | 26（27.6%） | 34（36.2%） | 34（36.2%） | | |
| 70 以上 | 8（30.7%） | 8（30.7%） | 10（38.5%） | | |

表 4-15 是年龄与老年人使用不同资讯类网络应用服务功能频次的相关性分析结果。表中数据显示不同年龄的老年人在资讯类网络应用服务功能方面都具有显著差异性。从数据表中的百分比可以看出，年纪更轻的老年人比年纪更大的老年人使用资讯类网络应用服务各种功能的频次更高，随着年龄的增长，老年人使用资讯类网络应用服务功能的频次会逐渐降低。我们认为主要原因是老年人生理和认知方面的障碍、缺乏专门面向老年人的资讯类网络应用服务内容及人机功能的矛盾。

（3）职业经历与资讯类网络应用服务使用状况的相关性分析

表 4-16  使用不同资讯类网络应用服务的频次

| 变量 | 今日头条、抖音等专业资讯提供平台 | | | Pearson 卡方值 | 显著性（双尾） |
|---|---|---|---|---|---|
| | 经常 | 偶尔 | 从不 | | |
| 机关事业单位 | 58（64.5%） | 30（33.3%） | 2（2.2%） | 10.153 | 0.352 不显著 |
| 企业单位 | 24（30.0%） | 30（37.5%） | 26（32.5%） | | |
| 个体从业者 | 6（37.5%） | 5（31.2%） | 5（31.2%） | | |

| 变量 | 微信等社交 App 推送 | | | Pearson 卡方值 | 显著性（双尾） |
|---|---|---|---|---|---|
| | 经常 | 偶尔 | 从不 | | |
| 机关事业单位 | 50（55.6%） | 30（33.3%） | 10（11.1%） | 6.109 | 0.703 显著 |
| 企业单位 | 30（37.5%） | 27（33.8%） | 23（28.7%） | | |
| 个体从业者 | 8（50.0%） | 4（25.0%） | 4（25.0%） | | |

| 变量 | 博客、评论类网络服务（如新浪微博等）、老年人社交类网站（如老龄网等） | | | Pearson 卡方值 | 显著性（双尾） |
|---|---|---|---|---|---|
| | 经常 | 偶尔 | 从不 | | |
| 机关事业单位 | 23（25.5%） | 25（27.8%） | 42（46.7%） | 9.395 | 0.008 显著 |
| 企业单位 | 20（25.0%） | 27（33.8%） | 33（41.2%） | | |
| 个体从业者 | 5（31.2%） | 4（25.0%） | 7（43.8%） | | |

| 变量 | 其他 App 推送资讯 | | | Pearson 卡方值 | 显著性（双尾） |
|---|---|---|---|---|---|
| | 经常 | 偶尔 | 从不 | | |
| 机关事业单位 | 21（23.3%） | 24（26.7%） | 45（50.0%） | 9.590 | 0.703 显著 |
| 企业单位 | 20（25.0%） | 27（33.8%） | 33（41.2%） | | |
| 个体从业者 | 4（25.0%） | 4（25.0%） | 8（50.0%） | | |

表 4-16 是职业与资讯类网络应用服务使用状况的相关性分析的结果。表中数据显示，不同职业经历的老年人用户在使用博客等资讯类网络应用服务方面有显著差异，在使用其他资讯类网络应用服务方面没有显著差异。从

表中的百分比可以看出，在行政机关和企事业单位工作过的老年人使用博客等资讯类网络应用服务的频次相对较高。

表 4-17 获取不同资讯类型的频次

| 变量 | 观看时事政治新闻等资讯 | | | Pearson 卡方值 | 显著性（双尾） |
| --- | --- | --- | --- | --- | --- |
| | 经常 | 偶尔 | 从不 | | |
| 机关事业单位 | 50（55.5%） | 33（36.7%） | 7（7.8%） | 15.116 | 0.712 不显著 |
| 企业单位 | 32（40.0%） | 30（37.5%） | 18（22.5%） | | |
| 个体从业者 | 8（50.0%） | 5（31.2%） | 3（18.8%） | | |
| 变量 | 日常生活及社会类资讯 | | | Pearson 卡方值 | 显著性（双尾） |
| | 经常 | 偶尔 | 从不 | | |
| 机关事业单位 | 52（57.8%） | 30（33.3%） | 8（8.9%） | 9.248 | 0.152 不显著 |
| 企业单位 | 38（47.5%） | 34（42.5%） | 8（10.0%） | | |
| 个体从业者 | 9（56.2%） | 4（25.0%） | 3（18.8%） | | |
| 变量 | 医疗健康资讯 | | | Pearson 卡方值 | 显著性（双尾） |
| | 经常 | 偶尔 | 从不 | | |
| 机关事业单位 | 40（44.4%） | 42（46.7%） | 8（8.9%） | 13.418 | 0.000 显著 |
| 企业单位 | 32（40.0%） | 35（43.8%） | 13（16.2%） | | |
| 个体从业者 | 7（43.8%） | 5（31.2%） | 4（25.0%） | | |
| 变量 | 投资理财等经济资讯 | | | Pearson 卡方值 | 显著性（双尾） |
| | 经常 | 偶尔 | 从不 | | |
| 机关事业单位 | 28（31.1%） | 30（33.3%） | 32（35.6%） | 10.527 | 0.901 不显著 |
| 企业单位 | 25（31.2%） | 30（37.5%） | 25（31.2%） | | |
| 个体从业者 | 4（25.0%） | 5（31.2%） | 7（43.8%） | | |

表 4-17 数据显示，不同职业经历的老年人在使用医疗及理财等资讯类网络应用服务功能频次有显著差异，在使用其他资讯类网络应用服务功能频次方面没有显著差异。从表中的百分比可以看出，个体从业者在使用投资理

财等资讯类网络应用服务功能频次比机关事业单位和企业单位工作经历的老年人要高。

（4）教育背景与资讯类网络应用服务使用状况的相关性分析

表4-18　使用不同类型资讯类网络应用服务的频次

| 变量 | 今日头条、抖音等专业资讯提供平台 | | | Pearson卡方值 | 显著性（双尾） |
| --- | --- | --- | --- | --- | --- |
| | 经常 | 偶尔 | 从不 | | |
| 研究生 | 12（60.0%） | 8（40.0%） | 0（0.0%） | 6.107 | 0.142不显著 |
| 大中专 | 42（40.4%） | 52（50.0%） | 10（9.6%） | | |
| 初高中 | 29（46.8%） | 28（45.2%） | 5（8.0%） | | |
| 变量 | 微信等社交 App 推送 | | | Pearson卡方值 | 显著性（双尾） |
| | 经常 | 偶尔 | 从不 | | |
| 研究生 | 12（60.0%） | 8（40.0%） | 0（0.0%） | 3.362 | 0.153不显著 |
| 大中专 | 46（44.2%） | 48（46.2%） | 10（9.6%） | | |
| 初高中 | 25（40.3%） | 29（46.8%） | 8（12.9%） | | |
| 变量 | 博客、评论类网络服务（如新浪微博等）、老年人社交类网站（如老龄网等） | | | Pearson卡方值 | 显著性（双尾） |
| | 经常 | 偶尔 | 从不 | | |
| 研究生 | 0（0.0%） | 8（40.0%） | 12（60.0%） | 9.821 | 0.173不显著 |
| 大中专 | 8（7.7%） | 30（28.8%） | 66（63.5%） | | |
| 初高中 | 14（22.6%） | 16（25.8%） | 32（51.6%） | | |
| 变量 | 其他 App 推送资讯 | | | Pearson卡方值 | 显著性（双尾） |
| | 经常 | 偶尔 | 从不 | | |
| 研究生 | 5（25.0%） | 6（30.0%） | 9（45.0%） | 11.027 | 0.827不显著 |
| 大中专 | 15（14.4%） | 19（18.3%） | 70（67.3%） | | |
| 初高中 | 8（12.9%） | 22（35.5%） | 32（51.6%） | | |

表4-18是受教育程度与资讯类网络应用服务使用状况的相关性分析的结果。表中数据显示，受教育程度在老年人选择使用网络应用服务功能方面没有显著差异。

表 4-19　使用不同资讯类网络应用服务功能的频次

| 变量 | 观看时事政治新闻等资讯 | | | Pearson 卡方值 | 显著性（双尾） |
|---|---|---|---|---|---|
| | 经常 | 偶尔 | 从不 | | |
| 研究生 | 12（60.0%） | 8（40.0%） | 0（0.0%） | 10.350 | 0.097 不显著 |
| 大中专 | 42（40.4%） | 54（51.9%） | 8（7.7%） | | |
| 初高中 | 32（51.6%） | 26（41.9%） | 4（6.5%） | | |

| 变量 | 日常生活及社会类资讯 | | | Pearson 卡方值 | 显著性（双尾） |
|---|---|---|---|---|---|
| | 经常 | 偶尔 | 从不 | | |
| 研究生 | 12（60.0%） | 8（40.0%） | 0（0.0%） | 9.795 | 0.044 显著 |
| 大中专 | 46（44.2%） | 52（50.0%） | 6（30.0%） | | |
| 初高中 | 28（45.2%） | 29（46.8%） | 5（8.0%） | | |

| 变量 | 医疗健康资讯 | | | Pearson 卡方值 | 显著性（双尾） |
|---|---|---|---|---|---|
| | 经常 | 偶尔 | 从不 | | |
| 研究生 | 8（40.0%） | 10（50.0%） | 2（10.0%） | 3.519 | 0.092 不显著 |
| 大中专 | 42（40.4%） | 46（44.2%） | 16（15.4%） | | |
| 初高中 | 28（45.2%） | 25（40.3%） | 9（14.5%） | | |

| 变量 | 投资理财等经济资讯 | | | Pearson 卡方值 | 显著性（双尾） |
|---|---|---|---|---|---|
| | 经常 | 偶尔 | 从不 | | |
| 研究生 | 6（30.0%） | 8（40.0%） | 6（30.0%） | 11.207 | 0.071 不显著 |
| 大中专 | 33（31.7%） | 46（44.3%） | 25（24.0%） | | |
| 初高中 | 24（38.7%） | 25（40.3%） | 13（21.0%） | | |

　　表 4-19 是受教育程度与老年人使用不同资讯类网络应用服务功能的相关性分析的结果。表中数据显示，不同受教育程度的老年人在使用资讯类网络应用服务获取投资理财等方面资讯信息有显著差别，具有研究生学历的老年人获取社会信息等资讯的频次相对较低。而不同学历的老年人在使用资讯类网络应用服务其他功能方面没有显著差别。

（5）居住状态对网络应用服务使用状态的分析

表4-20 使用不同类型资讯类网络应用服务的频次

| 变量 | 今日头条、抖音等专业资讯提供平台 | | | Pearson 卡方值 | 显著性（双尾） |
|---|---|---|---|---|---|
| | 经常 | 偶尔 | 从不 | | |
| 家庭同住 | 48（23.7%） | 28（36.8%） | 0（0.0%） | 8.227 | 0.369 不显著 |
| 夫妻同住 | 48（53.3%） | 42（46.7%） | 0（0.0%） | | |
| 独居 | 12（60.0%） | 8（40.0%） | 0（0.0%） | | |
| 变量 | 微信等社交 App 推送 | | | Pearson 卡方值 | 显著性（双尾） |
| | 经常 | 偶尔 | 从不 | | |
| 家庭同住 | 40（52.6%） | 30（39.5%） | 6（7.9%） | 9.073 | 0.148 不显著 |
| 夫妻同住 | 50（55.6%） | 35（38.8%） | 5（5.6%） | | |
| 独居 | 8（40.0%） | 9（45.0%） | 3（15.0%） | | |
| 变量 | 博客、评论类网络服务（如新浪微博等）、老年人社交类网站（如老龄网等） | | | Pearson 卡方值 | 显著性（双尾） |
| | 经常 | 偶尔 | 从不 | | |
| 家庭同住 | 15（19.7%） | 26（34.3%） | 35（46.0%） | 7.542 | 0.083 不显著 |
| 夫妻同住 | 15（16.7%） | 32（35.6%） | 43（47.8%） | | |
| 独居 | 5（25.0%） | 6（30.0%） | 9（45.0%） | | |
| 变量 | 其他 App 推送资讯 | | | Pearson 卡方值 | 显著性（双尾） |
| | 经常 | 偶尔 | 从不 | | |
| 家庭同住 | 16（21.1%） | 25（32.9%） | 35（46.0%） | 11.039 | 0.001 显著 |
| 夫妻同住 | 15（16.7%） | 32（35.6%） | 43（47.8%） | | |
| 独居 | 5（25.0%） | 5（25.0%） | 10（50.0%） | | |

表4-20是居住状态与资讯类网络应用服务使用状况的相关性分析的结果。表中数据显示居住状态在老年人使用其他资讯类网络应用服务推送信息方面有显著差异。表中的百分比显示，独居的老年人比家庭同住及夫妻同住的老年人会更多地使用资讯类网络应用服务。

表 4-21　使用不同资讯类网络应用服务功能的频次

| 变量 | 观看时事政治新闻等资讯 | | | Pearson卡方值 | 显著性（双尾） |
|---|---|---|---|---|---|
| | 经常 | 偶尔 | 从不 | | |
| 家庭同住 | 42（55.3%） | 34（44.7%） | 0（0.0%） | 10.327 | 0.003显著 |
| 夫妻同住 | 47（52.2%） | 40（44.4%） | 3（3.3%） | | |
| 独居 | 10（50.0%） | 8（40.0%） | 2（10.0%） | | |

| 变量 | 日常生活及社会类资讯 | | | Pearson卡方值 | 显著性（双尾） |
|---|---|---|---|---|---|
| | 经常 | 偶尔 | 从不 | | |
| 家庭同住 | 38（50.0%） | 30（39.5%） | 8（10.5%） | 12.604 | 0.002显著 |
| 夫妻同住 | 45（50.0%） | 40（44.4%） | 5（5.6%） | | |
| 独居 | 9（45.0%） | 9（45.0%） | 2（10.0%） | | |

| 变量 | 医疗健康资讯 | | | Pearson卡方值 | 显著性（双尾） |
|---|---|---|---|---|---|
| | 经常 | 偶尔 | 从不 | | |
| 家庭同住 | 40（52.6%） | 30（39.5%） | 6（7.9%） | 11.833 | 0.019显著 |
| 夫妻同住 | 50（55.6%） | 38（42.2%） | 2（2.2%） | | |
| 独居 | 10（50.0%） | 8（40.0%） | 2（10.0%） | | |

| 变量 | 投资理财等经济资讯 | | | Pearson卡方值 | 显著性（双尾） |
|---|---|---|---|---|---|
| | 经常 | 偶尔 | 从不 | | |
| 家庭同住 | 17（22.4%） | 31（40.8%） | 28（36.8%） | 14.493 | 0.000显著 |
| 夫妻同住 | 22（24.4%） | 34（37.8%） | 34（37.8%） | | |
| 独居 | 5（25.0%） | 6（30.0%） | 9（45.0%） | | |

表 4-21 是居住状态与老年人使用不同资讯类网络应用服务功能的相关性分析的结果。表中数据显示不同居住状态的老年人在使用不同资讯类网络应用服务功能方面有显著差别。表中的百分比显示，家庭同住及夫妻同住的老年人会比独居的老年人更多地使用资讯类网络应用服务的各种功能。

（6）生活形态与网络应用服务使用状况的相关性分析

表4-22　使用不同类型资讯类网络应用服务的频次

| 变量 | 今日头条、抖音等专业资讯提供平台 | | | Pearson卡方值 | 显著性（双尾） |
|---|---|---|---|---|---|
| | 经常 | 偶尔 | 从不 | | |
| 家庭居住型 | 42（47.7%） | 46（52.3%） | 0（0.0%） | 8.701 | 0.271 不显著 |
| 积极活跃型 | 42（63.6%） | 24（36.4%） | 0（0.0%） | | |
| 孤立保守型 | 10（31.3%） | 16（50.0%） | 6（18.7%） | | |
| 变量 | 微信等社交 App 推送 | | | Pearson卡方值 | 显著性（双尾） |
| | 经常 | 偶尔 | 从不 | | |
| 家庭居住型 | 40（45.5%） | 42（47.7%） | 6（6.8%） | 1.606 | 0.808 不显著 |
| 积极活跃型 | 40（60.6%） | 22（33.3%） | 4（6.1%） | | |
| 孤立保守型 | 8（25.0%） | 15（46.9%） | 9（28.1%） | | |
| 变量 | 博客、评论类网络服务（如新浪微博等）、老年人社交类网站（如老龄网等） | | | Pearson卡方值 | 显著性（双尾） |
| | 经常 | 偶尔 | 从不 | | |
| 家庭居住型 | 22（25.0%） | 23（26.1%） | 43（48.9%） | 11.209 | 0.002 显著 |
| 积极活跃型 | 32（48.5%） | 24（36.4%） | 10（15.2%） | | |
| 孤立保守型 | 4（12.5%） | 12（37.5%） | 16（50.0%） | | |
| 变量 | 其他 App 推送资讯 | | | Pearson卡方值 | 显著性（双尾） |
| | 经常 | 偶尔 | 从不 | | |
| 家庭居住型 | 24（27.3%） | 22（25.0%） | 42（47.7%） | 9.256 | 0.004 显著 |
| 积极活跃型 | 35（53.0%） | 23（34.8%） | 8（12.1%） | | |
| 孤立保守型 | 4（12.5%） | 15（46.9%） | 13（40.6%） | | |

表4-22是生活形态与网络应用服务使用状况的相关性分析的结果。表中数据显示不同生活形态的老年人使用今日头条、抖音等专业资讯平台及微信等社交 App 推送资讯方面没有显著差别，而在使用博客类和其他类网络应用服务方面有显著差异。表中的百分比显示，家庭生活型和积极活跃型的老年人比孤立保守型的老年人会更多地使用资讯类网络应用服务。

表 4-23　使用不同资讯类网络应用服务功能的频次

| 变量 | 观看时事政治新闻等资讯 | | | Pearson 卡方值 | 显著性（双尾） |
|---|---|---|---|---|---|
| | 经常 | 偶尔 | 从不 | | |
| 家庭居住型 | 42（47.7%） | 42（47.7%） | 4（4.6%） | 12.631 | 0.002 显著 |
| 积极活跃型 | 45（68.2%） | 20（30.3%） | 1（1.5%） | | |
| 孤立保守型 | 12（37.5%） | 16（50.0%） | 4（12.5%） | | |

| 变量 | 日常生活及社会类资讯 | | | Pearson 卡方值 | 显著性（双尾） |
|---|---|---|---|---|---|
| | 经常 | 偶尔 | 从不 | | |
| 家庭居住型 | 44（50.0%） | 38（43.2%） | 6（6.8%） | 10.237 | 0.159 不显著 |
| 积极活跃型 | 38（57.6%） | 24（36.4%） | 0（0.0%） | | |
| 孤立保守型 | 5（15.6%） | 13（40.6%） | 14（43.8%） | | |

| 变量 | 医疗健康资讯 | | | Pearson 卡方值 | 显著性（双尾） |
|---|---|---|---|---|---|
| | 经常 | 偶尔 | 从不 | | |
| 家庭居住型 | 38（43.2%） | 35（39.8%） | 15（17.0%） | 7.367 | 0.092 不显著 |
| 积极活跃型 | 35（53.0%） | 24（36.4%） | 7（10.6%） | | |
| 孤立保守型 | 5（15.6%） | 10（31.3%） | 17（53.1%） | | |

| 变量 | 投资理财等经济资讯 | | | Pearson 卡方值 | 显著性（双尾） |
|---|---|---|---|---|---|
| | 经常 | 偶尔 | 从不 | | |
| 家庭居住型 | 20（22.7%） | 28（31.8%） | 40（45.5%） | 6.361 | 0.672 不显著 |
| 积极活跃型 | 18（27.3%） | 20（30.3%） | 28（42.4%） | | |
| 孤立保守型 | 5（15.6%） | 10（31.3%） | 17（53.1%） | | |

　　表 4-23 是不同生活形态的老年人使用主要资讯类网络应用服务功能频次的相关性分析的结果。表中数据显示不同生活形态的老年人在获取时事政治新闻等资讯和投资理财等经济资讯方面有显著差别，而在获取其他类型资讯方面没有现在差别。表中的百分比显示，积极活跃型和家庭居住型老年人比孤立保守型老年人更多地使用资讯类网络应用服务功能。

## 4.4.2　变量的描述性分析

老年人资讯类网络应用服务持续使用模型包括期望确认、感知有用性、感知易用性、满意度、内容质量、感知互动及内在动机 7 个自变量，持续使用意愿 1 个因变量。问卷题项共 23 题。采用李克特 5 级量表，将每位老人的选项得分加起来，算出均值（Mean）和标准差（Std.）。通过描述性统计分析样本数据的集中趋势和离散趋势，反映样本数据在研究变量上的一般水平。描述性统计如表 4-24 所示：

表 4-24　各变量的描述性分析结果

| 因子 | 测度项 | 平均数 | 标准差 | 因子平均数 | 因子标准差 |
|---|---|---|---|---|---|
| 持续使用意向（CI） | 继续经常使用资讯类网络应用服务获取信息符合我的意向 | 4.4216 | 0.7313 | 3.480 | 0.7085 |
| | 将来我会更多考虑使用该资讯类网络应用服务获取更多信息 | 4.4531 | 0.7370 | | |
| | 我愿意把所使用资讯类网络应用服务介绍给其他人 | 4.4159 | 0.7440 | | |
| 满意度（SA） | 使用资讯类网络应用服务获取信息的选择是明智的 | 3.8752 | 0.65 | 3.871 | 0.6489 |
| | 使用资讯类网络应用服务获取信息的过程是有趣的 | 3.8645 | 0.656 | | |
| | 总而言之个人满意所使用的资讯类网络应用服务 | 3.8752 | 0.65 | | |
| 感知有用性（PU） | 通过网络应用服务后自我充实感获得提升 | 4.1655 | 0.645 | 4.158 | 0.630 |
| | 通过资讯类网络应用服务可以获取更多信息 | 4.1443 | 0.65 | | |
| | 总体而言，资讯类网络应用服务对我是有用的 | 4.1655 | 0.633 | | |
| 感知易用性（PE） | 使用资讯类网络应用服务获取信息对我而言很简单 | 3.8537 | 0.621 | 3.868 | 0.614 |
| | 熟练使用资讯类网络应用服务操作对我来说很简单 | 3.8752 | 0.626 | | |
| | 总的来说，资讯类网络应用服务很简单 | 3.8752 | 0.639 | | |

续表 4-24

| 因子 | 测度项 | 平均数 | 标准差 | 因子平均数 | 因子标准差 |
|---|---|---|---|---|---|
| 感知互动（PI） | 在使用资讯类网络应用服务中我可以与其他人有效沟通 | 4.2301 | 0.62 | 4.219 | 0.575 |
| | 在使用资讯类网络应用服务中我可以与其他人展开及时讨论 | 4.2301 | 0.601 | | |
| | 在使用资讯类网络应用服务中管理人员能及时反馈我的问题 | 4.1978 | 0.603 | | |
| 内容质量（CQ） | 平台丰富的资源能够匹配我的信息需求 | 4.2541 | 0.655 | 3.800 | 0.642 |
| | 优质的视频、音频等信息能够匹配我的需求 | 4.5290 | 0.68 | | |
| | 信息种类的多样性及丰富性有助于我更有效的获取信息 | 4.3270 | 0.71 | | |
| 内在动机（IM） | 我使用资讯类网络应用服务获取信息是因为兴趣 | 4.1763 | 0.679 | 4.133 | 0.618 |
| | 我使用资讯类网络应用服务获取信息是因为喜欢 | 4.1225 | 0.698 | | |
| 期望确认（CF） | 资讯类网络应用服务体验后的感受超出使用前的预期 | 4.2494 | 0.499 | 4.130 | 0.640 |
| | 资讯类网络应用服务水平超出使用前的预期 | 4.1564 | 0.521 | | |
| | 总体而言，资讯类网络应用服务使用效果匹配或超出个人预期 | 4.1387 | 0.544 | | |

变量描述性统计分析结果如下：

（1）期望确认

期望确认的题项及因素的平均数都高于4，但分值不高，差异不大。数据结果显示：老年人对期望确认的认同度基本是一致的。在初次采纳网络应用服务后，大多数老年人认为使用资讯类网络应用服务的经历比预期的要好，但仍然还有一部分老年人认为未达到期望。这种情况应该是属于正常的，因为老年人生理和心理上的原因造成了这一群体有特殊的需求和认知，而且他们是少数群体，面向老年人的资讯类网络应用服务不管是数量上还是质量上都比较欠缺。

（2）满意度

满意度的题项及因素的平均数都低于4，分值不高，但差异不大。数据结果显示：老年人对资讯类网络应用服务的满意度的认同度基本是一致的。在初次采纳资讯类网络应用服务后，大多数老年人满意资讯类网络应用服务提供的各项功能和服务，但仍然还有一部分老年人持不同态度。

（3）内在动机

内在动机的题项及因素的平均数都高于4，但分值不高，差异不大。数据结果显示：老年人对资讯类网络应用服务使用的态度基本是一致的。大多数老年人还是很希望通过资讯类网络应用服务可以提供有用的信息和资料，并帮助解决生活中一些日常事务，但仍然还有一部分老年人持不同态度。

（4）内容质量

内容质量的题项及因素的平均数都高于4，分值较高，且差异不大。数据结果显示：老年人对资讯类网络应用服务的社会价值有较高的认同度。在初次采纳网络应用服务后，绝大多数老年人认为资讯类网络应用服务的内容质量尚可。

（5）感知有用性

感知有用性的题项及因素的平均数都高于4，分值较高，且差异不大。数据结果显示：老年人对网络应用服务的情感价值有较高的认同度。在初次采纳网络应用服务后，大多数老年人在使用网络应用服务提供的各项功能和服务后，都有较愉快的经历，对网络应用服务有情感上的依赖。

（6）感知易用性

感知易用性的题项及因素的平均数都低于4，分值不高，但差异不大。数据结果显示：老年人对感知易用性的认同度基本是一致的。在初次采纳资讯类网络应用服务后，大多数老年人认为使用和学习资讯类网络应用服务是一个比较复杂的事情，需要花费一些精力。这种状况是由于老年人生理和心理上的老化所造成的。

（7）感知互动性

感知互动性的题项及因素的平均数都高于 4，分值较高，且差异不大，数据结果显示：老年人对网络应用服务的主观规范认同度是一致的。在初次采纳网络应用服务后，大多数老年人都认同身边的亲朋好友等关系亲近的人的态度和周围环境的影响对他们继续使用网络应用服务有很大的影响。

（8）持续使用意愿

持续使用意愿的题项及因素的平均数都高于 4，分值较高，且差异不大，数据结果显示：老年人对网络应用服务的持续使用意愿认同度基本是一致的。在初次采纳网络应用服务后，大多数老年人都认为他们会继续使用并会向朋友推荐网络应用服务。

## 4.4.3 人口统计学变量对各因子的影响分析

采用 T 检验或者单因子方差分析的方法来探讨外部变量对老年人持续使用资讯类网络应用服务模型中各因子的影响程度是否具有显著差异。单因子方差分析时，显著水平若达 0.05，则进一步以 Scheffe's 法进行多重事后检验。

### 4.4.3.1 不同性别与各变量的 T 检验

性别为两元变量，因此用 T 检验的方法来检验不同性别的老年人持续使用资讯类网络应用服务的意愿是否有显著差异。如表 4-25 所示。

T 检验的分析结果显示，性别对各变量都具有显著差异。从平均数可以看出，除了感知信任变量，女性在其他各变量的平均值皆高于男性，这种结果显示，相对老年男性而言，老年女性的活跃程度更强些，对持续使用资讯类网络应用服务影响变量的认同度更高，而老年男性对网络应用服务的信任度更高。

表 4-25　不同性别与各变量的 T 检验

| 变量 | 性别 | | | | |
|---|---|---|---|---|---|
| | 男（N=86），女（N=100） | | | | |
| | 男（平均数） | 女（平均数） | T 值 | P 值 | 显著性 |
| 期望确认（CF） | 3.1533 | 3.6883 | −5.709 | 0.000 | 显著差异 |
| 满意度（SA） | 3.5021 | 4.115 | −7.541 | 0.000 | 显著差异 |
| 内容质量（CQ） | 3.5176 | 4.095 | −7.266 | 0.000 | 显著差异 |
| 感知互动（PI） | 3.5176 | 3.9683 | −5.263 | 0.000 | 显著差异 |
| 内在动机（IM） | 3.9983 | 4.335 | −4.189 | 0.000 | 显著差异 |
| 感知易用性（PE） | 3.8355 | 4.3617 | −6.574 | 0.000 | 显著差异 |
| 感知有用性（PU） | 3.4944 | 3.7017 | −3.047 | 0.003 | 显著差异 |
| 持续使用意愿（CI） | 3.8665 | 4.2883 | −5.099 | 0.000 | 显著差异 |

#### 4.4.3.2　年龄对各变量的方差分析

用单因子变异量来分析年龄对各变量是否存在差异如表 4-26。数据结果显示，年龄对各变量都具有显著差异。Scheffe（雪费）事后检验结果显示：

55—65 岁的老年人群对于满意度、内容质量、期望确认、感知易用性、感知有用性等的认同程度显著高于 65—70 岁和 70 岁以上的老年人群，且 65—70 岁老年人群对这些变量的认同度也高于 70 岁以上的老年人群。从认同的平均数来看，年龄越小的老年人越认为资讯类网络应用服务是比较容易使用的，而且更容易受到身边人和周围环境的影响，而且他们对网络应用服务的满意度、内容质量和感知有用性都有较高的认可。

表 4-26　年龄对变量的方差分析

| 变量 | 年龄 | | | | | |
|---|---|---|---|---|---|---|
| | 1.55—65（N=66），2.65—70（N=94），3.70 以上（N=26） | | | | | |
| | 55—65（平均数） | 65—70（平均数） | 70 以上（平均数） | F 值 | 显著性（双尾）P 值 | Scheffe 检定 |
| 期望确认（CF） | 3.6821 | 3.3722 | 3.0776 | 5.716 | P=0.000 显著差异 | 1>2 1>3 |
| 满意度（SA） | 4.1568 | 3.7977 | 3.1288 | 23.721 | P=0.000 显著差异 | 1>2 1>3 2>3 |
| 内容质量（CQ） | 4.1063 | 3.7764 | 3.3083 | 13.815 | P=0.000 显著差异 | 1>2 1>3 2>3 |
| 感知互动（PI） | 3.9851 | 3.7693 | 3.1545 | 14.804 | P=0.000 显著差异 | 1>3 2>3 |
| 内在动机（IM） | 4.4295 | 4.1452 | 3.6673 | 16.592 | P=0.000 显著差异 | 1>2 1>3 2>3 |
| 感知易用性（PE） | 4.3588 | 4.1168 | 3.5135 | 21.142 | P=0.000 显著差异 | 1>2 1>3 2>3 |
| 感知有用性（PU） | 3.8235 | 3.5849 | 3.1288 | 10.213 | P=0.000 显著差异 | 1>2 1>3 2>3 |
| 持续使用意愿（CI） | 4.0255 | 4.0034 | 4.5647 | 20.633 | P=0.000 显著差异 | 1>3 2>3 |

### 4.4.3.3　受教育程度对各变量的方差分析

用单因子方差分析来探讨受教育程度在各变量上是否存在差异（如表 4-27）。数据结果显示：

期望确认（F=4.465，p=0.005）和内容质量（F=5.809，p=0.000）的数据结果显示受教育程度在期望确认和内容质量方面有显著差异。Scheffe 事后检验显示，具有大中专以上学历的老年人对于期望确认和内容质量的认同程度显著高于具有初高中学历的老年人。

感知易用性（F=4.961，p=0.000）的数据结果表明受教育程度在感知易用性方面有显著差异。Scheffe 事后检验显示，对于感知易用性的认同程度随学历提高而不断提高，受教育程度越高的老年人越认为资讯类网络应用服务是容易使用的。

数据结果表明受教育程度在满意度、感知互动、内在动机、感知有用性和持续使用意愿方面不具有显著差异。

表 4-27　受教育程度对变量的方差分析

| 变量 | 受教育程度 | | | | | |
|---|---|---|---|---|---|---|
| | 1. 研究生（N=62），2. 大中专（N=104），3. 初高中（N=20） | | | | | |
| | 研究生（平均数） | 大中专（平均数） | 初高中（平均数） | F 值 | 显著性（双尾）P 值 | Scheff |
| 期望确认（CF） | 3.319 | 3.4365 | 3.8417 | 4.465 | 0.005 显著 | 1>3 2>3 |
| 满意度（SA） | 3.695 | 3.8981 | 3.9083 | 2.163 | 0.253 不显著 | |
| 内容质量（CQ） | 3.631 | 3.9558 | 3.775 | 5.809 | 0.000 显著 | 1>3 2>3 |
| 感知互动（PI） | 3.652 | 3.8147 | 3.8083 | 1.354 | 0.174 不显著 | |
| 内在动机（IM） | 4.083 | 4.2442 | 4.1417 | 1.673 | 0.263 不显著 | |
| 感知易用性（PE） | 3.954 | 4.2378 | 4.0083 | 4.961 | 0.000 显著 | 1>3 2>3 |
| 感知有用性（PU） | 3.652 | 3.5263 | 3.875 | 5.139 | 0.135 不显著 | |
| 持续使用意愿（CI） | 4.04 | 4.116 | 4.1083 | 0.276 | 0.819 不显著 | |

#### 4.4.3.4 职业经历对各变量的方差分析

用单因子方差分析来探讨工作经历对各变量是否存在差异（如表 4-28）。结果显示：

期望确认（F=5.573，p=0.004）的数据结果显示，不同的职业经历在期望确认方面有显著差异。Scheffe 事后检验显示，个体从业者对资讯类网络应用服务的期望确认程度比机关事业单位和企业单位工作经历的老年人更高。

除期望确认外，职业经历在其他各变量方面都没有显著差异性。

表 4-28　职业经历对变量的方差分析

| 变量 | 职业经历 | | | | | |
|---|---|---|---|---|---|---|
| | 1. 机关事业单位（N=90），2. 企业单位（N=80），3. 个体从业（N=16） | | | | | |
| | 机关事业单位（平均数） | 企业单位（平均数） | 个人从业（平均数） | F 值 | 显著性（双尾）P 值 | Scheffe 检定 |
| 期望确认（CF） | 3.462 | 3.4167 | 4.025 | 5.598 | 0.000 显著 | 3>1 3>2 |
| 满意度（SA） | 3.9287 | 3.85 | 3.775 | 0.598 | 0.163 不显著 | |
| 内容质量（CQ） | 3.825 | 3.975 | 3.6917 | 2.127 | 0.472 不显著 | |
| 感知互动（PI） | 3.8472 | 3.775 | 3.775 | 0.336 | 0.3420 不显著 | |
| 内在动机（IM） | 4.1435 | 4.2917 | 4.4 | 2.356 | 0.721 不显著 | |
| 感知易用性（PE） | 4.1509 | 4.1917 | 4.15 | 0.131 | 0.165 不显著 | |
| 感知有用性（PU） | 3.6769 | 3.6333 | 3.65 | 0.201 | 0.9020 不显著 | |
| 持续使用意愿（CI） | 4.1806 | 4.1667 | 3.775 | 3.107 | 0.053 不显著 | |

### 4.4.3.5　居住状态对各变量的方差分析

用单因子方差分析来探讨居住状态对各变量是否存在差异（如表 4-29）。数据结果显示：

居住状态在期望确认（F=8.068，p=0.000）、满意度（F=10.698，p=0.000）、感知易用性（F=3.807，p=0.001）、感知有用性（F=10.243，p=0.000）和持续使用意愿（F=0.057，p=0.149）方面有显著差异。Scheffe 事后检验显示，家庭同住和夫妻同住在期望确认、满意度、感知易用性、感知有用性和持续使用意愿方面的认同度比独居老年人高。

居住状态在感知互动（F=3.924，p=0.002）和内在动机（F=5.772，p=0.000）方面有显著差异。Scheffe 事后检验发现，家庭同住的老年人在感知互动和内在动机方面的认同度比独居老人高。

居住状态对于内容质量和持续使用意愿方面没有显著差异。

表 4-29　居住状态对各变量的方差分析

| 变量 | 居住状态 | | | | | |
|---|---|---|---|---|---|---|
| | 1. 家庭同住（N=76），2. 夫妻同住（N=90），3. 独居（N=20） | | | | | |
| | 家庭同住（平均数） | 夫妻同住（平均数） | 独居（平均数） | F 值 | 显著性（双尾）P 值 | Scheffe 检定 |
| 期望确认（CF） | 3.5013 | 3.5157 | 2.875 | 8.068 | 0.000 显著 | 1>3 2>3 |
| 满意度（SA） | 3.975 | 3.8343 | 3.275 | 10.698 | 0.000 显著 | 1>3 2>3 |
| 内容质量（CQ） | 3.9311 | 3.7972 | 3.575 | 2.922 | 0.0720 不显著 | |
| 感知互动（PI） | 3.8697 | 3.738 | 3.4417 | 3.924 | 0.002 显著 | 1>3 |
| 内在动机（IM） | 4.2996 | 4.1528 | 3.8417 | 5.772 | 0.000 显著 | 1>3 |
| 感知易用性（PE） | 4.168 | 4.1528 | 3.775 | 3.807 | 0.001 显著 | 1>3 2>3 |
| 感知有用性（PU） | 3.6329 | 3.6787 | 3.175 | 10.243 | 0.000 显著 | 1>3 2>3 |
| 持续使用意愿（CI） | 4.089 | 4.0787 | 4.1417 | 0.057 | 0.149 不显著 | |

### 4.4.3.6　生活形态对各变量的方差分析

用单因子方差分析来探讨生活形态对各变量是否存在差异（如表 4-30）。数据结果显示：

生活形态在满意度（F=19.995，p=0.000）、内容质量（F=19.001，p=0.000）、感知互动（F=56.742，p=0.000）、内容动机（F=12.708，p=0.000）、感知易用性（F=18.718，p=0.000）和持续使用意愿（F=48.704，p=0.000）方面有显著

差异。Scheffe 事后检验显示，家庭居住型和积极活跃型老年人在满意度、内容质量、感知互动、内容动机、感知易用性和持续使用意愿方面的认同度明显高于孤立保守型老年人，同时积极活跃型老年人对这些变量的认同度也显著高于家庭居住型老年人。

在期望确认（F=4.463，p=0.013）方面，积极活跃型老年人的认同度显著高于孤立保守型老年人。在感知有用性（F=11.511，p=0.000）方面，家庭居住型和积极活跃型老年人的认同度显著高于孤立保守型老年人。

表 4-30　生活形态对各变量的方差分析

| 变量 | 生活形态 | | | | | |
|---|---|---|---|---|---|---|
| | 1. 家庭居住型（N=88），2. 积极活跃型（N=66），3. 孤立保守型（N=32） | | | | | |
| | 家庭居住型（平均数） | 积极活跃型（平均数） | 孤立保守型（平均数） | F 值 | 显著性（双尾）P 值 | Scheffe 检定 |
| 期望确认（CF） | 3.2932 | 3.6215 | 3.475 | 4.438 | 0.013 显著 | 2>1 |
| 满意度（SA） | 3.7705 | 4.1366 | 3.3708 | 19.97 | 0.000 显著 | 1>3 2>3 2>1 |
| 内容质量（CQ） | 3.7402 | 4.1366 | 3.4333 | 18.976 | 0.000 显著 | 1>3 2>3 2>1 |
| 感知互动（PI） | 3.6114 | 4.2376 | 3.1833 | 56.717 | 0.000 显著 | 1>3 2>3 2>1 |
| 内在动机（IM） | 4.1644 | 4.379 | 3.8083 | 12.683 | 0.000 显著 | 1>3 2>3 2>1 |
| 感知易用性（PE） | 4.0886 | 4.379 | 3.6625 | 18.693 | 0.000 显著 | 1>3 2>3 2>1 |
| 感知有用性（PU） | 3.6417 | 3.7225 | 3.2667 | 11.486 | 0.000 显著 | 1>3 2>3 |
| 持续使用意愿（CI） | 4.0735 | 4.4497 | 3.4125 | 48.679 | 0.000 显著 | 1>3 2>3 2>1 |

**模型结果验证分析**

保证所采集数据的信度和效度后，对模型展开结构化方程模型分析，利用 AMOS22.0 绘制本文研究构建模型，如图 4-2 所示，选取路径分析功能并采用"最大似然估计法"在标准化情况进行模型参数和路径系数分析估计，后续将对模型的适配度、观测变量的因子载荷、潜变量间的路径系数等进行模型变量解释，从而验证模型假设检验结果。

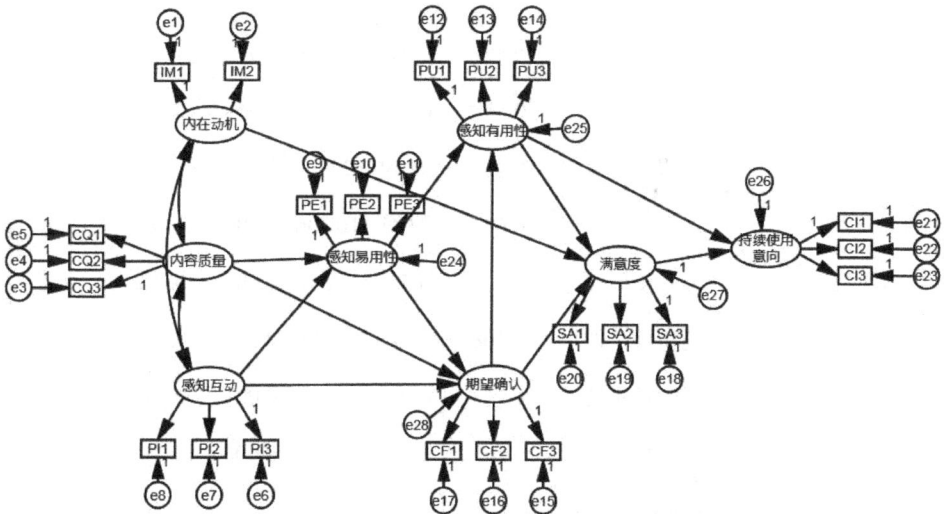

图 4-2 老年人用户资讯类网络应用服务使用影响因素模型

## 4.5.1 结构模型的路径分析

其模型适配度达标，表示结构模型具有较好的拟合前提下，进行模型路径分析操作，通过利用 AMOS 的路径分析功能，采用"最大似然估计法"获取标准化后各变量间的系数及显著性，相关参数估计结果见表 4-31。

表 4-31　模型参数估计结果

| 潜在变量间的路径关系 | | | Estimate | S.E. | C.R. | P | 标准化路径系数 | 显著检验性 |
|---|---|---|---|---|---|---|---|---|
| 满意度 | → | 持续使用意向 | 0.954 | 0.083 | 9.009 | 0.000 | 0.926 | 显著 |
| 感知有用性 | → | 持续使用意向 | 0.113 | 0.025 | 3.157 | 0.002 | 0.157 | 显著 |
| 感知有用性 | → | 满意度 | 0.274 | 0.033 | 5.112 | 0.000 | 0.301 | 显著 |
| 期望确认度 | → | 满意度 | 0.532 | 0.041 | 8.459 | 0.000 | 0.571 | 显著 |
| 期望确认度 | → | 感知有用性 | 0.411 | 0.046 | 6.086 | 0.000 | 0.491 | 显著 |
| 感知易用性 | → | 感知有用性 | 0.283 | 0.038 | 4.825 | 0.000 | 0.389 | 显著 |
| 感知易用性 | → | 期望确认度 | 0.111 | 0.024 | 2.757 | 0.012 | 0.176 | 显著 |
| 内容质量 | → | 期望确认性 | 0.657 | 0.041 | 10.336 | 0.000 | 0.683 | 显著 |
| 内容质量 | → | 感知易用性 | 0.66 | 0.051 | 8.993 | 0.000 | 0.622 | 显著 |
| 感知互动 | → | 期望确认性 | 0.168 | 0.013 | 5.115 | 0.000 | 0.253 | 显著 |
| 感知互动 | → | 感知易用性 | 0.145 | 0.032 | 2.935 | 0.001 | 0.207 | 显著 |
| 内在动机 | → | 满意度 | 0.163 | 0.014 | 4.737 | 0.000 | 0.246 | 显著 |
| 内在动机 | → | 持续使用意向 | -0.082 | 0.033 | -1.007 | 0.716 | -0.037 | 不显著 |

由 AMOS 的路径分析输出结果可知，文章所构建的在线教育用户持续使用意向影响因素模型的路径关系共含有 16 条，其中 13 条单向路径对应所研究问题的假设，其中除了"内在动机→持续使用意向"的显著水平超过 0.05，表示路径不成立外，其他路径均通过显著性检验。

## 4.5.2　模型适配度分析

完成结构方程的路径分析，在对路径进行解读前，需对模型进行适配度进行分析。对于适配度指标的标准衡量，不同研究领域和不同样本存在一定差异，本文所采用的标准参考于吴明隆（2010）在结构方程模型书中所整合模型适配度指标标准，其在结构方程模型研究中具有较强的权威性，是结合多领域研究学成成果的模型指标标准。模型适配度指标用于反映收集的数据与所构建的路径分析模型的相匹配程度，即模型适配度高的路径分析模型更贴近实际数据测量结果，各潜变量间的假设路径更具有准确性。

模型适配度指标衡量主要参考以下几个指标值：

（1）卡方值（CMID）作用于检验非参数统计中数据的相关性，在匹配度指标标准中其越小适配度越高，然而卡方值受样本大小的影响较大，故仅作为一定的参考。

（2）卡方自由度比值（CMID/df）是将模型的卡方值除以自由度，该标准值越低则模型的适配度越高，当模型的 CMID/df 数值介于时即表示具有良好的适配度。

（3）GFI 是良适性适配指标，当模型的 GFI 值 >0.9 时才体现出较高的适配性。

（4）RMSEA 为渐进残差均方和平方根，作为适配度衡量指标，当值介于 [0.05，0.08] 时模型适配度一般，而当值 <0.05 则表示模型具有优秀的适配度。

（5）增值适配度指标中常用的适配度衡量指标为 NFI、CFI，IFI，当该三个指标值均 >0.9 时，模型表现出较好的适配性。对于模型适配度的衡量主要通过以上几个指标参数进行衡量，该指标参数在利用 AMOS22.0 进行结构方程模型分析完毕后便能进行数据参数的提取和检验。

利用 AMOS22.0 进行路径分析获取如下表 4-32 的模型适配度标准：

（1）模型的卡方值 CMID=438.146，且 P=0.000，自由度 df=232，即模型的方自由度比 CMID/DF=2.036，其值介于 [1，3] 间，符合适配度标准。

（2）模型的良性适配指标 GFI 值为 0.857，介于 [0.70，0.90），适配值可以接受。

（3）RMSA 值为 0.036 小于 0.08，具有较好的适配性。

（4）增值适配度指标中 NFI 为 0.904，IFI 为 0.937，CFI 为 0.937，三个重要指标值均大于 0.90，符合适配性指标的标准。适配度参数结果表明研究收集数据和构建模型匹配较好，所提出的路径假设关系与实际情况相吻合，模型系数结果具备准确性和有效性。

表 4-32 结构模型适配度指数分析结果

| 拟合度指标 | | 评价标准 | | 结构模型 | 评价结果 |
|---|---|---|---|---|---|
| | | 可以接受 | 好 | | |
| 绝对拟合指标 | 卡方自由度比 CMID/DF | | | 2.036 | 接受 |
| | 适配度指数 GFI | [0.70，0.90） | | 0.857 | 接受 |
| | 近似残差均方和平方根 RMSEA | | | 0.036 | 接受 |
| 增值拟合指标 | 规范拟合指数 NFI | [0.70，0.90） | >0.90 | 0.904 | 接受 |
| | 增值拟合指数 IFI | [0.70，0.90） | >0.90 | 0.937 | 接受 |
| | 比较拟合指数 CFI | [0.70，0.90） | >0.90 | 0.937 | 接受 |

## 4.5.3 模型假设检验

通过路径分析确认了模型间各潜变量间的关系，基于模型所提出的 13 条假设是否成立的结果如表 4-33 所示。假设检验结果中除了假设 13"内在动机积极影响用户的持续使用意向"路径系数不显著外，假设被拒绝，其他假设路径系数均显著，假设成立。假设 13 不成立的主要可能原因为现今资讯类网络应用服务多样性和丰富性使得用户有更多的选择，其次，目前各专业平台，如微信等社交媒体平台都会根据用户的行为，提供基于用户大数据的资讯推荐，因此老年人用户在不经意间也能很容易的获得专业的资讯类网络应用服务平台提供的资讯，因而不会因为内在动机驱动去产生持续使用意向，故内在动机并不直接影响用户的持续使用意向。

表 4-33 模型假设检验结果图

| 假设 | 因果路径 | 路径系数（β） | 显著性（p 值） | C.R（T 值） | 假设检验结果 |
|---|---|---|---|---|---|
| 假设 1 | SA->CI | 0.876 | 0.000 | 9.009 | 成立 |
| 假设 2 | PU->CI | 0.107 | 0.005 | 3.157 | 成立 |
| 假设 3 | PU->SA | 0.25 | 0.000 | 5.112 | 成立 |

续表 4-33

| 假设 | 因果路径 | 路径系数（β） | 显著性（p 值） | C.R（T 值） | 假设检验结果 |
|---|---|---|---|---|---|
| 假设 4 | CF->SA | 0.521 | 0.000 | 8.459 | 成立 |
| 假设 5 | CF->PU | 0.441 | 0.000 | 6.086 | 成立 |
| 假设 6 | PE->PU | 0.339 | 0.000 | 4.825 | 成立 |
| 假设 7 | PE->CF | 0.126 | 0.021 | 2.757 | 成立 |
| 假设 8 | CQ->CF | 0.633 | 0.000 | 10.336 | 成立 |
| 假设 9 | CQ->PE | 0.572 | 0.000 | 8.993 | 成立 |
| 假设 10 | PI->CF | 0.203 | 0.000 | 5.115 | 成立 |
| 假设 11 | PI->PE | 0.157 | 0.001 | 2.935 | 成立 |
| 假设 12 | IM->SA | 0.196 | 0.000 | 4.737 | 成立 |
| 假设 13 | IM->CI | −0.087 | 0.714 | −1.007 | 不成立 |

（1）用户满意度（$\beta$=0.876，p=0.000），感知有用性（$\beta$=0.107，P=0.005）积极影响用户的持续使用意向，该两个潜变量是老年人用户持续使用意向的核心影响因素，而从路径系数可以看出老年人用户对资讯类网络应用服务系统满意度对持续使用意向的影响程度最高。

（2）感知有用性（$\beta$=0.25，p=0.000），期望确认度（$\beta$=0.521，p=0.000），内在动机（$\beta$=0.196，p=0.000）对老年人用户的满意度有积极影响作用，该三个潜变量同时通过满意度间接影响老年人用户的持续使用意向。

（3）期望确认度（$\beta$=0.441，p=0.000），感知易用性（$\beta$=0.339，p=0.000）积极影响老年人用户的感知有用性，其结果符合基础 TAM 与 ECM-IT 理论假设。

（4）内容质量（$\beta$=0.633，p=0.000），感知互动（$\beta$=0.203，p=0.003）积极影响影响老年人用户的感知易用性，其中内容质量对于感知易用性的直接影响系数较高，相比于互动，优质的内容更使老年人用户感受到系统的易用性。

（5）感知易用性（β=0.151，p=0.005），内容质量（β=0.658，p=0.000），感知互动（β=0.126，p=0.021）积极影响用户的期望确认度。其中内容质量对期望确认的标准化影响系数达 0.633，资讯类网络应用服务的内容质量与用户使用的期望确认具有较强的正相关性。即表示资讯类网络应用服务系统的内容依然是服务系统管理者重要的关注部分。感知互动的标准化影响系数达0.203，也体现了老年人用户在使用资讯类网络应用服务时进行互动的需求。

依据如上的假设结果和路径系数，整理得图 4-3 的模型假设检验与路径结果图。其中除了以虚线标注的假设 13"内在动机积极影响老年人用户持续使用意向"检验不成立外，剩余的潜变量间的路径假设关系均通过检验，路径间标准化路径系数及显著性大小如下图 4-3 所示。

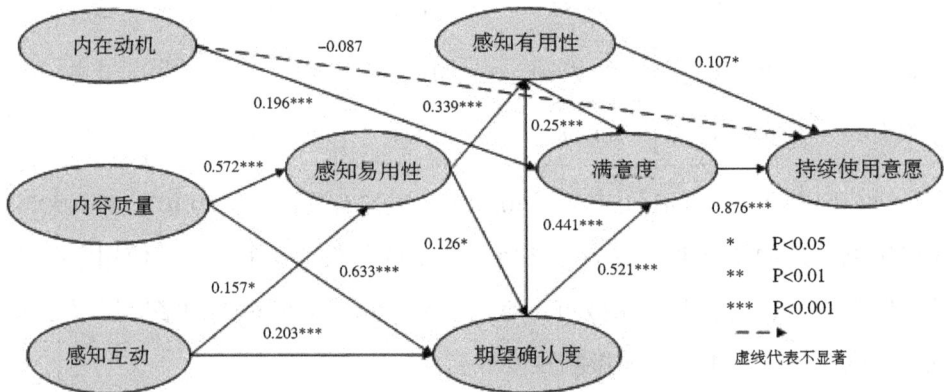

图 4-3　模型假设检验与路径结果图

## 4.6　效用分析和探讨

效用（Effect）为变量间相互作用程度的大小，主要可分为直接效用（Direct Effects）和间接效用（Indirect Effects）。直接效用是指变量通过自身的改变直接对另一个变量产生影响和变化，而间接效用则是变量通过影响其他变量来对目标变量产生影响效果，二者效用的总合即为该变量对目标变量的

总体效用（Total Effects）。通过利用 AMOS22.0 统计软件的路径分析功能中勾
选"变量直接效用与间接效用分析"计算各个潜变量间的效应关系，整理得
表 4-34 中各变量标准化下的总体效用表。

一方面，三个外部变量感知互动，内容质量及内在动机对持续使用意向
的总体影响效用中，内容质量的提升能有效地提高老年人用户持续使用意
向，标准化下的影响系数达 0.530。另一方面，内部变量平台满意度依然是
最影响持续使用意向的重要影响因素，影响度系数达 0.868，而老年人用户
的期望确认程度对持续使用意向影响也显著。

表 4-34　各变量间标准化总体效用表

| 自变量<br>因变量 | 感知<br>互动 | 内容<br>质量 | 内在<br>动机 | 感知<br>易用性 | 期望<br>确认 | 感知<br>有用性 | 满意度 | 持续<br>使用意向 |
|---|---|---|---|---|---|---|---|---|
| 感知易用性 | 0.207 | 0.622 | 0.000 | 0.000 | 0.000 | 0.000 | 0.000 | 0.000 |
| 期望确认 | 0.28 | 0.773 | 0.000 | 0.176 | 0.000 | 0.000 | 0.000 | 0.000 |
| 感知有用性 | 0.21 | 0.59 | 0.000 | 0.46 | 0.49 | 0.000 | 0.000 | 0.000 |
| 满意度 | 0.217 | 0.594 | 0.235 | 0.228 | 0.706 | 0.3 | 0.000 | 0.000 |
| 持续使用意向 | 0.195 | 0.530 | 0.202 | 0.216 | 0.62 | 0.302 | 0.868 | 0.000 |

## 4.6.1　有关直接影响因素的探讨

表 4-35 为利用 AMOS22.0 整合的各变量直接效用结果表，数据结果表明：

表 4-35　各变量间标准化直接影响效用表

| 自变量<br>因变量 | 感知<br>互动 | 内容<br>质量 | 内在<br>动机 | 感知<br>易用性 | 期望<br>确认 | 感知<br>有用性 | 满意度 |
|---|---|---|---|---|---|---|---|
| 感知易用性 | 0.207 | 0.622 | 0.000 | 0.000 | 0.000 | 0.000 | 0.000 |
| 期望确认 | 0.253 | 0.683 | 0.000 | 0.176 | 0.000 | 0.000 | 0.000 |
| 感知有用性 | 0.000 | 0.000 | 0.000 | 0.390 | 0.490 | 0.000 | 0.000 |
| 满意度 | 0.000 | 0.000 | 0.235 | 0.000 | 0.578 | 0.30 | 0.000 |
| 持续使用意向 | 0.000 | 0.000 | 0.000 | 0.000 | 0.025 | 0.071 | 0.868 |

（1）内容质量对老年人用户的感知易用性的直接影响系数达 0.622，对老年人用户的期望确认度影响系数为 0.683，表明有效地提高平台的内容质量，能使老年人用户对资讯类网络应用服务系统的使用更加友好，以及使用系统前后的期望更加贴合。

（2）期望确认度能有效地影响老年人用户的感知有用性及对应用系统的满意度，当老年人用户在使用应用服务前后的期望获得匹配时，用户对资讯类网络应用服务平台变得更加信任，其对二者具有较高的影响系数。

（3）感知有用性直接对网络应用服务平台的满意度和老年人用户持续使用意向产生影响，资讯类网络应用服务系统能够迎合老年人用户的需求直接影响老年人用户是否对该系统满意及是否继续使用。但是直接影响老年人用户持续使用意向的系数 0.071 相比而言较低，其可能的主要原因是目前资讯类网络服务系统的信息种类繁多，每个人总可以在其中获取自己所需要的各种类型信息。此外，仍有大多数老年人用户使用资讯类网络服务系统的目的在于打发时间，而没有特定的需求。因此，老年人用户选用平台时会更多考虑其他相关因素，从而感知有用性对于直接决定是否持续进行使用的影响程度并不高。

（4）平台满意度直接对老年人用户持续使用意向产生影响，其影响系数达 0.868，由此可见平台管理者进行产品开发和运营的重要目标是关注老年人用户平台体验感，及时地获取用户需求和建议，从而提高用户满意度。

### 4.6.2　有关间接影响因素的探讨

表 4-36 为利用 AMOS22.0 整合的各变量间接效用结果表，数据结果表明：

（1）感知互动、内容质量、内在动机、感知易用性、期望确认及感知有用性均对用户的持续使用意向产生间接影响，内容质量（β=0.505）和期望确认度（β=0.595）的间接影响程度较高。内容质量主要通过影响感知易用性，期望确认度来间接影响老年人用户持续使用意向，而期望确认度则通过满意度来间接影响用户持续使用意向。

（2）感知互动、内容质量、感知易用性及期望确认通过其他变量间接影响平台的满意度，内容质量的间接影响系数达 0.569；感知互动，内容质量，及感知易用性对用户的感知有用性产生间接影响。

**表 4-36  各变量间标准间接影响效用表**

| 自变量<br>因变量 | 感知<br>互动 | 内容<br>质量 | 内在<br>动机 | 感知<br>易用性 | 期望<br>确认 | 感知<br>有用性 |
|---|---|---|---|---|---|---|
| 感知易用性 | 0.000 | 0.000 | 0.000 | 0.000 | 0.000 | 0.000 |
| 期望确认 | 0.052 | 0.115 | 0.000 | 0.000 | 0.000 | 0.000 |
| 感知有用性 | 0.21 | 0.59 | 0.000 | 0.095 | 0.000 | 0.000 |
| 满意度 | 0.217 | 0.594 | 0.000 | 0.228 | 0.153 | 0.000 |
| 持续使用意向 | 0.195 | 0.53 | 0.202 | 0.216 | 0.62 | 0.257 |

### 4.6.3  中介变量分析

中介效应是指变量通过影响中介变量对目标变量起影响作用，该中介变量对于变量和目标变量具有中介效应，其与间接效应的区别为中介效应一定产生间接效应，而间接效应不一定存在中介效应。实际上，这两个概念是有区别的。一方面，若中介变量个数大于 1 时，中介效应描述时必须确认一个产生中介效应的变量，而间接效应则既可以描述自单个变量产生的中介效应，也可以描述其他部分中介变量或总和的中介效应；另一方面，中介效应和间接效应在中介变量为 1 时是相等的，其所代表含义却不同。产生中介效应的重要前提是自变量与因变量之间存在显著相关性，而间接效应产生并不做两个变量间的相关性要。

关于中介效应的检验，Baron 和 Kenny（1986）提出的因果逐步回归的检验方法应用于模型中关于变量间中介效应的检验，以其清晰简单的逻辑为大部分国内外学术研究学者所借鉴，然近些年，其有效性开始受到其他学者的质疑，Zhao 等（2010）详细探讨了中介效应的检验程序，并推荐采用 Preacher 和 Hayes（2004）提出的信赖区间法（Bootstrap Method），且该观点已然被多数国外所接受并使用于中介效应检验。故依据本文研究模型，提出以下的一阶中介变量假设。

表4-37　中介变量假设

| 假设编号 | 具体假设 |
|---|---|
| 假设1 | 满意度在感知有用性对持续使用意向的中介效应 |
| 假设2 | 感知有用性在期望确认度对满意度的中介效应 |
| 假设3 | 感知易用性在感知互动对期望确认度的中介效应 |
| 假设4 | 感知易用性在内容质量对期望确认度的中介效应 |

利用AMOS22.0的bootstrap功能，设置Numberof bootstrap samples为2000，Percentileconfidenceintervals设置为95%，采用最大似然数估计法。若在显著性条件下，BootstrApping在95%的置信区间内，其估计区间不包含0，则拒绝该效用不存在的假设，即效用存在假设通过。计算整理得以下中介变量报告表4-38。

表4-38　中介变量报告表

| 假设 | 变量 | 效用 | 点估计值 | BootstrApping Bias-Corrected 95%CI | | 显著性（P值） | 是否通过假设 |
|---|---|---|---|---|---|---|---|
| | | | | lower 函数 | upper 函数 | | |
| 假设1 | PU->CI | 总效用 | 0.292 | 0.127 | 0.481 | 0.000 | 是 |
| | | 直接效用 | 0.061 | 0.058 | 0.229 | 0.001 | 是 |
| | | 间接效用 | 0.246 | 0.113 | 0.416 | 0.001 | 是 |
| 假设2 | CF->SA | 总效用 | 0.696 | 0.103 | 0.509 | 0.003 | 是 |
| | | 直接效用 | 0.548 | 0.389 | 0.764 | 0.000 | 是 |
| | | 间接效用 | 0.143 | 0.061 | 0.268 | 0.000 | 是 |
| 假设3 | PI->CF | 总效用 | 0.27 | 0.173 | 0.371 | 0.000 | 是 |
| | | 直接效用 | 0.243 | 0.149 | 0.343 | 0.001 | 是 |
| | | 间接效用 | 0.042 | 0.016 | 0.098 | 0.014 | 是 |
| 假设4 | CQ->CF | 总效用 | 0.763 | 0.649 | 0.847 | 0.001 | 是 |
| | | 直接效用 | 0.673 | 0.528 | 0.819 | 0.0023 | 是 |
| | | 间接效用 | 0.105 | 0.01 | 0.205 | 0.120 | 否 |

　　由中介变量报告表可知假设 1 的感知有用性对持续使用意向的直接效用和间接效用假设均成立，即资讯类网络服务系统的满意度对感知有用性与持续使用意向起部分中介效应。假设 2 中期望确认度对满意度的直接效用与间接效用假设均成立，故感知有用性对期望确认度与满意度起部分中介效应。假设 3 中感知互动对期望确认度的直接效用与间接效用成立假设被接受，因此感知易用性对感知互动对期望确认度起部分中介作用，假设 4 中内容质量对期望确认度的直接效用通过检验，但是其间接效用成立假设被拒绝，故不存在中介效应，整理得以下一阶中介变量假设结果表 4-39。

表 4-39　中介变量假设结果表

| 假设编号 | 具体假设 | 是否成立 | 中介类别 |
|---|---|---|---|
| 假设 1 | 满意度在感知有用性对持续使用意向的中介效应 | 是 | 部分中介 |
| 假设 2 | 感知有用性在期望确认度对满意度的中介效应 | 是 | 部分中介 |
| 假设 3 | 感知易用性在感知互动对期望确认度的中介效应 | 是 | 部分中介 |
| 假设 4 | 感知易用性在内容质量对期望确认度的中介效应 | 否 | N/A |

## 4.7　实践建议

　　通过以上实证分析研究结果表明：在使用资讯类网络应用服务的过程中，老年人用户的满意度和感知有用性对持续使用意向产出直接的积极影响，而期望确认度、内容质量、感知易用性、感知互动性和内在动机则通过其他变量对持续使用意向产生间接影响。

　　（1）老年人用户持续使用意愿的直接因素包括感知有用性和平台满意度，其中平台满意度的影响系数比感知有用性要高。通过效用分析了解到感知有用性主要通过影响平台满意度间接影响用户持续使用意向，因此直接影响用户持续使用意向的核心变量为平台满意度。对于感知有用性直接影响的弱化表明老年人用户使用资讯类网络应用服务时，对使用后的效果和效率的提升关注其实并不大，更多的还是注重网络应用服务使用过程体验的满意程度。因此管理者进行平台运营并非简单地进行知识资源的堆砌，而是从更多方面去考虑提高老年人用户体验，注重用户的反馈，挖掘更多影响老年人用户平台满意度的影响因素，从而有效提升老年人用户持续使用意向。

（2）间接影响因素中，内容质量和期望确认对老年人用户持续使用意愿的间接影响程度系数较高，且内容质量相比其他外部变量对于老年人用户的期望确认度和满意度影响效用均较高，因此内容质量也是核心影响用户持续使用意向的外部因素之一。丰富的信息资源、清晰高质的视频及图片等有助于提升老年人用户获取信息效果和效率的资源是管理者应该关注的焦点。优质的信息资源有助于提高老年人用户使用平台后的效果和效率，因此老年人用户使用后的确认期望值和平台满意度越高，有效提升老年人用户对平台的忠诚性和黏度。

（3）感知互动性，内在动机在本文结果中对于持续使用意向的标准化影响效用系数分别达 0.202 和 0.195 以上，均起到积极影响作用。感知互动通过直接影响老年人用户易用性和期望确认度最终影响用户平台忠诚度，用户平台的互动性需求也是管理者需要关注的层面。内在动机通过直接影响用户满意度来间接影响老年人用户资讯类网络应用服务的黏性，因此管理者一方面在进行资讯内容扩充时可以优先考虑时效性及老年人较为关注的资讯类型，同时通过对老年人用户兴趣调研，增设面向老年人群的感兴趣的资讯板块，这也是不同资讯类网络应用服务差异化竞争策略的重要体现，关注并开发面向老年人用户的资讯板块有利于增强用户对平台的满意度。

（4）感知易用性对于老年人用户持续使用资讯类网络应用服务意向的影响系数为 0.191，与感知互动性与内在动机因影响度相近，且为感知互动对期望确认度的中介变量，由此可以了解到，资讯类网络应用服务的操作简易性也是老年人用户关心的因素之一。管理者在进行功能和模块构建的时候，一定要关注并符合老年人用户的实际需求、心理和生理的特征，使得老年人用户在使用过程中减少烦琐的步骤，简单轻松快捷地获取资讯。

## 4.8 小结

本章主要对设计量表所收集数据进行实证研究分析，检验数据模型的合理有效性及确认各潜变量间的路径关系和影响效用。在前面章节模型数据准备中先通过结合问题研究背景和国内外研究现状构建初步模型及相关构念，然后借鉴前辈研究学者的成熟量表进行量表的开发完善，最后通过多渠道方式进行问卷的收集，整理获取 186 份有效问卷。

实证分析前需先对调研问卷及收集数据的信度和效度进行分析，通过利用 SPSS22.0 统计功能验证测量数据内部一致性较高，调研问卷较好的内容效度，问卷与数据结构效度良好，适用于接下来的结构化方程模型分析。采用 AMOS 的路径分析功能在模型适配度符合标准的前提下对模型的路径系数及显著性进行估算和检验。依据所得结果进行模型提出假设的验证及分析各变量间的效用情况。

由假设检验结果分析可知，除了 h3 假设不成立外，所提出的其他假设均成立。结合变量间的效用情况及中介效应分析结果可知，影响老年人用户持续使用意向的核心内部因素为平台满意度，而核心外部因素为内容质量，其他变量对提高老年人用户对资讯类网络应用服务平台的黏性有积极影响作用。因此，平台运营的重点在于提高老年人用户的满意度，即提升老年人用户使用资讯类网络应用服务的体验。

从提高老年人用户满意度着手进行管理措施的展开，首先重点在于优化资讯类网络应用服务的内容质量，丰富的内容，优质的文本、图片和视频资源是老年人用户关注的核心；其次感知互动性也是老年人用户使用资讯类网络应用的关注点之一，但形式较少，大多数老年人用户只是对相关资讯进行简单评价和点赞；内在动机影响的因素体现在不同资讯类网络应用服务可以依据老年人用户的兴趣、心理和生理特征开发相关兴趣模块，从而吸引更多老年人用户；感知易用性则要求管理者针对老年人用户的特征和需求完善应用服务系统的操作逻辑，简化操作要求，优化操作功能，通过多方面措施使老年人用户在使用资讯类网络应用服务过程中获得更好的体验，达到使用的预期，从而有效加强老年人用户的满意度，最终提高老年人用户持续使用意向和忠诚度。

# 5 老年人购物类网络应用服务使用行为研究

## 5.1 质性研究之深度访谈

在文献分析的基础上，我们采用质性研究中的深度访谈方法，探讨老年人购物类网络应用服务使用的影响因素。

### 5.1.1 深度访谈的目的

深度访谈的主要目的是深入了解老年人购物类网络应用服务的使用状况；更加明确老年人购物类网络应用服务使用的影响因素，从而构建老年人资讯类网络应用服务使用模型。

### 5.1.2 深度访谈准备和程序

采取半结构化访谈的方式，以作者前期研究中的老年人社会化网络应用服务初次采纳和持续使用行为两阶段过程模型为基础拟定访谈大纲。正式访谈受访者时，研究者先向受访者说明访谈的过程，包括研究的目的、访谈所需的时间、研究过程、结果去向、受访者隐私保护等问题，再以生活化的对话方式展开访谈。访谈由研究者亲自进行，每次访谈时间三十分钟左右。访谈的提问方式不限定特定语句，尽量中立和简短，并以口语化的交谈与受访者互动，避免加入个人主观想法诱导受访者，同时也避免使用学术专业名称。受访者围绕访谈大纲，进行轻松愉悦的交谈，根据自身使用网络应用服务的经验表达自己的看法与感受。研究者在访谈过程中尽量让受访者回想并回答过去使用网络服务的状况，描述各种想法、心得，以及期望，以便更广泛获取有利于研究的资料。访谈一般由两个人构成，一人以访谈为主，另一人以记录为主，形成文字稿。访谈完成后，尽量在一两天内完成访谈资料的录入，希望在访谈情境印象仍深刻时，将访谈资料完整正确地逐字记录下来，确保信息的完整性及正确性。访谈资料归整完成后，将超过半数的受访者所提出相似见解和感受归为同一类别，然后与过往学者的研究文献相比较，找出文献中提出的相似变量，从学术的角度去定义这些变量，这样做的好处是可以避免完全由研究者主观意念来归纳整理变量，增强本文后续问卷的专家效度和内容效度。

本次深度访谈于 2021 年的 7 月开始，2022 年 9 月结束。

### 5.1.2.1 访谈样本

深度访谈的对象是要求有网络使用经验的，具有相关网络应用服务使用的经历，所以我们采用的是"目的性抽样"的方法来选择样本对象，有针对性进行挑选，同时尽量兼顾到不同年龄、性别和受教育程度的老年人。我们总共进行了 6 次访谈，每次 1 位老人，每位参加访谈的老年人都能独立使用电脑和网络，能较熟练地使用互联网中的某些服务应用或网络应用服务的某些具体功能。

参与访谈的老年人来自江西省南昌市某些高校和某些社区。表 5-1 是 6 位参加访谈老年人的基本信息。

表 5-1　参与调研的老年人编码

| 编码 | 性别 | 年龄 | 职业 | 居住情况 | 受教育程度 |
|------|------|------|------|----------|------------|
| P.1 | 男 | 65 | 机关人员 | 夫妻同住 | 硕士 |
| P.2 | 男 | 62 | 无业 | 夫妻同住 | 高中 |
| P.3 | 男 | 58 | 企业职员 | 子女同住 | 大学 |
| P.4 | 女 | 60 | 无业 | 夫妻同住 | 高中 |
| P.5 | 女 | 58 | 教师 | 子女同住 | 硕士 |
| P.6 | 女 | 67 | 机关人员 | 子女同住 | 大学 |

### 5.1.2.2 访谈大纲

在前期研究中，我们提出了老年人社会化网络服务初次采纳和持续使用行为两阶段过程模型，其中影响老年人初次采纳网络应用服务的潜在变量包括感知有用性、感知易用性、环境影响、便利条件、感知信任、努力期望等。深度访谈大纲就是参照前期研究的两阶段模型，并充分考虑到购物类网络应用服务的场景及老年人的心理和生理特征而拟定的，访谈大纲的主要问题及在访谈过程中的对话引导都是围绕着两阶段模型中所提及的潜在变量并结合购物类网络应用服务的情境展开的。主要问题如下：

对购物类网络应用服务是否了解？使用的时间有多长？主要购买什么物品？你觉得这些购物类网络应用服务是否有用？开始使用的时候是怎么知道的？是谁教会你使用这些功能的？难不难？使用这些购物类网络应用服务过程中是否有什么顾忌和担心？

### 5.1.2.3 资料整理

访谈结束后，首先对受访者描述的感受和想法进行整理、分析和归纳，将意思相同的概念归类至某一范畴，并赋予该范畴一个概念化的名称，经过范畴化与概念化的过程之后，形成变量因子。然后将这些归纳出来的影响因子与两阶段模型中提及的概念或论点进行比较分析，当受访者所表达的内容与某变量相似时，将进一步确认受访者表达的意思是否与此变量定义相同，并将过半的受访者所提及的想法和感受作为主要的影响因素，同时也结合购物类网络应用服务的情境发掘新的影响因素。这些影响因素作为后续研究模型及研究假设的变量。经过整理分析，提取大家都熟知的因素或概念。经过深度访谈，最后归纳总结得到了内容质量、感知互动性、内在动机、期望确认度、感知有用性，感知易用性、满意度和持续使用意向。

部分访谈实例：

（1）老年人对购物类网络应用服务的了解及使用情况

老年人对购物类网络应用服务的概念有一定的认识，有的老年人对手机的应用服务都有所接触，有的老年人对 QQ、微信、抖音或淘宝等具体的网络应用服务也比较清楚了。受访老年人经常使用淘宝、抖音等购物类网络应用服务来购买生活用品等。

"不清楚什么是购物类网络应用服务……会用手机购买东西。"[P.2]

"我……会用淘宝购买东西,主要买食品,还有一些生活用品。"[P.1]

"我听说过 App 这个名词,我认为就是手机里的各种程序吧。我使用网络有很长时间了,现在主要用手机上网,我会上网看新闻、查数据、看视频,有时候炒股……现在也会用手机购买一些东西,主要是在淘宝、拼多多和抖音。主要买一些生活用品等。"[P.6]

"我上网主要是看看新闻和电视剧等,上微信也比较多些,看看朋友圈和新闻之类的。现在主要是用智能手机,会经常网上购买东西。在拼多多、淘宝和抖音多一些。"[P.5]

"我……购物,主要买生活用品、家居用品,大的电器之类的物件都是孩子们去买,我不会在网上买的。"[P.3]

（2）老年人对于购物类网络应用服务的感知有用性是明显的

总体而言,老年人普遍认为他们所使用的购物类网络应用服务是有用的。

"我比较喜欢在网上购物,我觉得还是挺方便的,现在在网上还可以买菜,送上门,这个很方便,我觉得现在网络的作用非常大。"[P.3]

"我平时用淘宝、拼多多买点小东西挺方便的,有的时候是孩子帮买的,我觉得网上东西比较多,可以有很多选择,挺好的,方便。"[P.4]

"我会用手机上的程序,比如拼多多、淘宝等购买一些小东西,电脑不太用,网上购物的好处是东西比较多,可以挑选,可以送上门,很方便,就是东西的质量良莠不齐。"[P.1]

（3）感知易用性对于老年人最终决定是否使用购物类网络应用服务有一定的影响

"老年人当然喜欢使用起来更方便的,有些功能太复杂了,看得眼花。"[P.5]

（4）互动性影响作用

大多数老年人使用购物类网络应用服务不太会受到互动性的影响。

"我在购买物品的时候，会看看别人的评论，不太会跟客服交流，在抖音里也不会交流，不方便，要打字。"[P.4]

"购买物品的时候，主要是看看别人对商品评论，不会评论，也很少跟客服交流。"[P.5]

（5）感知价值

总体而言，老年人普遍认为他们现在所使用的淘宝等购物类网络服务是有价值的。

"我会经常使用手机上网，会在拼多多或淘宝上买点东西。我觉得现在挺好的，能做许多事情。"[P.3]

"我使用网络已经很长时间了，现在的网络服务比原来好多了，功能强大很多，可以跟外界保持联系，我现在有很多生活上的东西都是在网络上买的，比如拼多多、淘宝等。如果不用网络了，肯定很多事情不方便了。"[P.6]

"还行吧，科技发展，我们也要跟上啊，虽然很多功能不是针对我们老年人的，我也不太用它们，但有些东西还是不错的，比如购物就挺方便的，我觉得这东西还是很有价值的。"[P.2]

（6）感知信任

大多数老年人认为网络购物是否安全，自己不太清楚，因为没遇到什么特殊的问题。

"我不太清楚网络购物的安全问题，我只用很简单的功能，只是有时候支付过程不是很熟练，不太放心，如果购物金额比较大的时候，要付钱的时候，都是女儿帮我弄。不过听说网上骗子还有什么病毒很多。"[P.4]

"我觉得还好吧，只要不转钱，金额不大，我觉得没什么不安全的。"[P.5]

## 5.2 研究模型构建

通过对购物类网络应用服务、信息系统持续使用理论等相关研究内容的回顾和整理，在前期研究的基础上，本部分研究以 ECM-ISC 模型为理论基础。有学者基于 ECM-ISC 模型对移动商务用户持续使用行为进行实证研究，分析表明，用户的感知有用性并不通过中介变量满意度对用户的持续使用意愿产生间接影响，而是对持续使用意愿产生直接影响，所以在本文的 ECM-ISC 模型中舍弃感知有用性与满意度这条路径。考虑到本文的研究对象是老年人用户，他们的生理特征和网络应用的需求不同于普通购物类网络应用服务用户，因此，本文对修改后的 ECM-ISC 模型进行适当的扩展，以提高其对老年人购物类网络应用服务的解释度。

VAM 模型是研究消费者行为的经典理论之一，该模型与 ECM-ISC 模型相互补充，可以扩展模型的应用情景并增强模型的解释力。因此，本文将 VAM 模型和 ECM-IT 模型进行整合，并综合考虑到老年人的生理和行为特征，用感知娱乐性代表感知利益这一变量，用感知风险代表感知付出这一变量。沉浸理论（FT）在用户的使用行为研究中被广泛使用。FT 模型包含"感知娱乐性"和"专注度"两个变量，研究认为感知娱乐性包括专注度变量，是一个影响用户使用后行为的重要因素。而"专注度"表现出来的沉浸状态是一种非常愉快的体验，参与者会感觉到行为的高度控制、快乐与享受。本文结合老年人的实际情况，删除了专注度这一变量。

在 TTF 模型中包含的"任务特点"和"技术特点"共同作用于"任务技术匹配度"这一变量，将老年人网络购物的需求特点定义为任务特点，将购物类网络应用服务具备的功能特点定义为技术特点。

综上所述，本文在 ECM-ISC 模型的基础上引入 TTF 模型的任务技术匹配度、FT 模型的感知娱乐性、VAM 模型的感知风险和感知价值这四个变量，从而构建老年人用户购物类网络应用服务持续使用意愿的研究模型，以期更好地解释和预测老年人群购物类网络应用服务持续使用意愿，具体如图 5-1 所示。

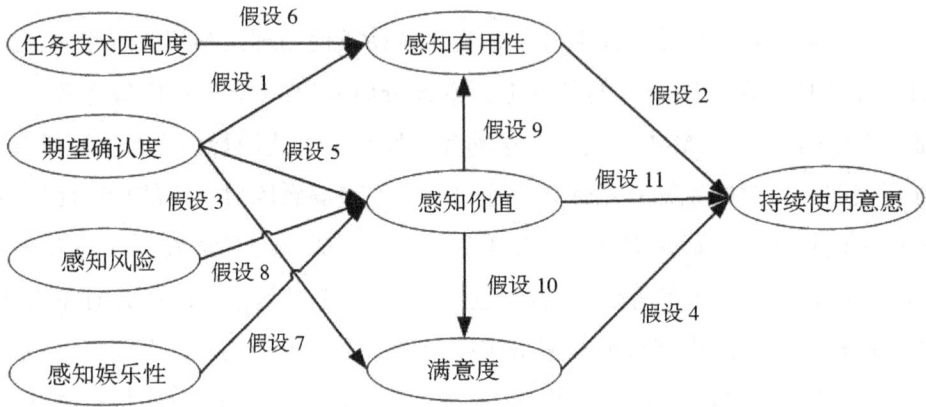

图 5-1　老年人购物类网络应用服务使用行为概念模型

## 5.2.1　模型变量定义

（1）感知有用性

在研究中，感知有用性（Perceived Usefulness）是指老年人用户认为使用购物类网络应用服务能够帮助其购买到所需的物品，可以通过老年人用户感知网络购买物品的效率、购买商品种类等多方面反映。感知有用性作为 TAM 模型的核心变量之一，在技术接纳模型研究中对用户的采纳行为有着直接的正影响关系，同样在信息系统持续使用行为研究中也承担着核心变量的角色。

（2）任务技术匹配度

本文将老年人用户的需求特点定义为任务特点，将购物类网络应用具备的功能特点定义为技术特点，所以本文对任务技术匹配度的定义是：购物类网络应用服务所具备的功能与老年人用户购买需求之间的匹配程度。

（3）期望确认度

本文对老年人期望确认度的定义是：老年人用户在使用购物类网络应用服务后，将实际的绩效水平与之前的心理期望进行比较后所感受到的其期望被确认的程度。

（4）感知娱乐性

Davis（1992）认为，感知娱乐是用户在使用信息系统时所感受到的愉悦程度，是用户与环境进行互动的过程中产生的一种会随着环境发生变化的状态，与信息系统的本身无关。Byoungsoo Kim（2010）认为感知娱乐性是个体内在动机与互联网互动的信念满足程度，当用户处于娱乐状态时，他并不是因为任何外在的报酬进行特定活动，用户的好奇心将会在活动过程中被激发，全身心地投入到活动本身中，因此用户不能察觉到时间的流逝。

本文对老年人用户使用购物类网络应用服务感知娱乐性的定义是：老年人用户在使用购物类网络应用服务过程中的主观心理的愉悦和享受程度。

（5）感知风险

Venkatesh（2000）将感知风险的概念具体化，认为消费者在每一次发生购买行为时，都有一组购买目标，当消费者主观上不能确定是否满足或配合其目标，或者在购买行为发生后，其结果不能达到预期的目标时所可能产生的不利后果，都会产生感知风险。

在移动商务领域的研究中，感知风险已经成为影响消费者心理和行为的重要因素。在移动生活服务类 App 用户持续使用研究中，也有较多学者将感知风险引入行为模型。从目前文献中看，大多学者将互联网购物环境下的感知风险定义为用户在使用网络购物时主观感受到隐私信息被泄露的程度。

本文对感知风险的定义是：老年人用户担心使用购物类网络应用服务后，可能给自己带来的各种损失的主观认知。

（6）感知价值

刘鲁川（2011）从感知价值的功利主义利益和享乐主义利益两个角度出发，将感知价值划分为感知有用性、感知享受性、感知自我实现及感知易用性、感知风险与购买价格六个维度。也有学者从价值感知的角度出发，将其划分感知收益和感知付出两个维度，其中，将感知娱乐性视为感知收益的情感价值，将感知风险视为感知付出的精神付出。

本文对感知价值的定义是：老年人用户在使用购物类网络应用服务后所

感知的利益与其在获取产品或服务时所付出的成本进行权衡之后，对产品或服务效用的整体评价。

（7）满意度

Oliver（2010）对消费者持续使用行为的影响进行分析，将满意度定义为消费者在进行消费相关活动时的愉悦水平；刘鲁川（2011）基于 ECM-ISC 模型对用户持续使用进行研究，指出用户满意度强调的是一种情感或心理状态，它在信息系统持续使用中是保持长期用户忠诚的根本，对持续使用有显著的正向影响。

本文对满意度的定义是：老年人用户使用购物类网络应用服务后，对使用过程和结果是否满意及满意的程度。

（8）持续使用意愿

本文对持续使用意愿的定义是：老年人用户在使用购物类网络应用服务一段时间后，老年人用户继续选择使用该服务的意愿。

## 5.2.2　研究问题与假设

### 5.2.2.1　模型变量对老年人用户持续使用购物类网络应用服务影响的假设

（1）感知有用性相关假设

在研究中，感知有用性（Perceived Usefulness）是指老年人用户认为使用购物类网络应用服务能够帮助其购买到所需的物品，可以通过老年人用户感知网络购买物品的效率、购买商品种类等多方面反映。感知有用性作为 TAM 模型的核心变量之一，在技术接纳模型研究中对用户的满意度和采纳行为均有着直接的正影响关系，同样在信息系统持续使用行为研究中也承担着核心变量的角色。行为研究模型中满意度通常作为一个中介变量对用户的满意度、采纳行为及持续使用意向产生影响。

多数研究表明，感知有用性对于用户持续使用意向不仅产生直接影响还通过影响用户满意度来产生间接影响。若老年人用户在使用购物类网络应用服务时，感知有用性较低，则其对该购物类网络应用服务的满意度则会下降，从而影响其对该购物类网络应用服务的持续使用意向。故据此提出以下假设。

假设 2：老年人用户的感知有用性显著的正向影响持续使用意愿。

假设 3：老年人用户的期望确认度显著的正向影响满意度。

（2）期望确认度相关假设

在 ECT 模型中提出的期望确认度（Confirmation）的 Bhattacherjee（2001）是用于研究用户持续使用意愿的重要变量，该变量是指用户在使用系统前后预期和实际的匹配程度，用户较低的预期和较高的实际体验均会提高用户的期望确认度。老年人用户具有较高的期望确认度时，即老年人用户在使用后对于购物类网络应用服务的期望效率和效果得到提升和满足时，能够积极影响老年人用户对购物类网络应用服务的感知，提高老年人用户购物类网络应用服务体验的满意度。在其他领域的应用中，该影响变量既作为研究模型的核心内部变量，又起着外部变量对满意度和持续使用意向产生影响的中介作用。老年人用户在使用购物类网络应用服务的预期效果与实际获得一致或者更好时，老年人用户对该应用服务所带来绩效提升和预期有效获得感知，进而对网络应用服务的满意度评价更高。故据此提出以下假设。

假设 4：老年人用户的感知有用性积极影响老年人用户使用满意度。

假设 5：老年人用户的期望确认度显著的正向影响感知价值。

（3）任务技术匹配度相关假设

任务技术匹配度变量在研究用户行为中较常使用，如黄涅熹（2012）对 RFID 手机支付用户使用意愿研究，Larsen（2009）对在线学习用户持续使用的研究，舒杰（2010）对政务系统用户持续使用意向的研究，王长林等（2011）对移动政务采纳后用户的持续使用研究及郭晴（2014）对高校移动图书馆用户持续使用意愿的研究。在这些关于任务技术匹配方面的研究结果大多显示任务技术匹配度对用户感知有用性有显著的正向影响，对用户的持续使用意愿也会产生间接影响。Dishaw & Strong（1999）的研究结果也表明任务技术匹配度不仅对行为意愿有显著正向影响，而且会对用户持续使用行为产生影响。据此，本文提出如下假设：

假设6：任务技术匹配度显著的正向影响用户的感知有用性。

（4）感知娱乐性相关假设

在用户网络应用行为的研究中，感知娱乐性经常被作为主要的影响因素，大多实证研究发现，网络用户采纳和使用网络应用服务时，情感因素，如感知娱乐性等因素比信息技术因素的影响要大，情感体验对用户感知价值和网络应用服务持续使用的态度会产生影响。据此，本文提出如下假设：

假设7：老年人用户的感知娱乐性显著的正向影响感知价值。

（5）感知风险相关假设

感知风险变量常常被用于网络购物、移动支付等持续使用意愿的研究模型中，这些研究大多采用实证研究的方法，研究结果大多显示感知风险对用户使用网络购物、移动支付的持续使用意愿有显著的负向影响。

对感知风险的定义也根据应用情景而不相同，如果在网络购物和移动支付过程中，感知风险主要被定义为购物和支付行为的有效性，而在其他网络应用服务的研究中，感知风险还会被加入个人隐私信息泄露或个人财产的保护能力等概念。然而，不同的应用情景下，感知风险大都被验证为网络应用服务用户持续使用的一个负向影响因素。据此，提出如下假设：

假设8：老年人用户的感知风险显著地负向影响感知价值。

（6）感知价值相关假设

大多研究结果显示感知价值对用户持续使用行为和持续使用意愿有显著影响。在用户网络应用服务使用行为的研究中，感知价值对移动购物、移动支付等网络应用服务意愿有显著的正向影响。因此，本文提出如下假设：

假设9：老年人用户的感知价值显著的正向影响感知有用性。

假设10：老年人用户的感知价值显著的正向影响满意度。

假设11：老年人用户的感知价值显著的正向影响持续使用意愿。

## 5.2.2.2　人口统计学变量对老年人群持续使用购物类网络应用服务意愿的干扰作用

人口统计变量是实证研究中重要的考虑因素，人们的决策和行为往往都会受到性别、年龄及受教育程度等人口统计变量的影响。本文中人口统计变量主要包括老年人性别、年龄、受教育程度，职业经历和居住状态。因此，提出假设：

假设 12：人口统计变量对老年人使用购物类网络应用服务具有干扰作用。

假设 12-1：不同年龄对影响因素的干扰作用有显著差异。

假设 12-2：不同性别对影响因素的干扰作用有显著差异。

假设 12-3：不同受教育程度对影响因素的干扰作用有显著差异。

假设 12-4：不同职业对影响因素的干扰作用有显著差异。

假设 12-5：不同居住状态对影响因素的干扰作用有显著差异。

## 5.2.2.3　生活形态外部变量对老年人持续使用意愿影响因素的干扰作用

Bandura 研究指出，人们在使用各种媒介的过程中，生活形态是一个非常重要的中介变量。每个人的成长经历、教育背景和家庭环境等因素都不尽相同，每个人的生活形态也是各不相同的，因此每个人使用媒介的状况也是不同的。Engel、Kollat、Blackwell 指出生活形态就是人们生活、支配时间和金钱的方式，是个人价值观及人格特性经过不断整合所产生的结果。此种结果会影响个人决策行为。综合以往研究，本文将生活形态分为家庭生活型，积极活跃型，孤立保守型 3 个维度，并提出以下假设：

假设 13：不同类型的生活形态对老年人用购物类网络应用服务会产生干扰作用。

表 5-2　研究假设汇总

| 编号 | |
|---|---|
| 假设 1 | 用户的期望确认度显著的正向影响感知有用性 |
| 假设 2 | 老年人用户的感知有用性显著的正向影响持续使用意愿 |
| 假设 3 | 老年人用户的期望确认度显著的正向影响满意度 |
| 假设 4 | 老年人用户的感知有用性积极影响老年人用户使用满意度 |
| 假设 5 | 老年人用户的期望确认度显著的正向影响感知价值 |
| 假设 6 | 任务技术匹配度显著的正向影响用户的感知有用性 |
| 假设 7 | 老年人用户的感知娱乐性显著的正向影响感知价值 |
| 假设 8 | 老年人用户的感知风险显著地负向影响感知价值 |
| 假设 9 | 老年人用户的感知价值显著的正向影响感知有用性 |
| 假设 10 | 老年人用户的感知价值显著的正向影响满意度 |
| 假设 11 | 老年人用户的感知价值显著的正向影响持续使用意愿 |
| 假设 12 | 人口统计变量对老年人使用购物类网络应用服务具有干扰作用 |
| 假设 12-1 | 不同年龄对影响因素的干扰作用有显著差异 |
| 假设 12-2 | 不同性别对影响因素的干扰作用有显著差异 |
| 假设 12-3 | 不同受教育程度对影响因素的干扰作用有显著差异 |
| 假设 12-4 | 不同职业对影响因素的干扰作用有显著差异 |
| 假设 12-5 | 不同居住状态对影响因素的干扰作用有显著差异 |
| 假设 13 | 不同类型的生活形态对老年人用购物类网络应用服务会产生干扰作用 |

## 5.3　实证研究设计

### 5.3.1　研究变量测量

依据社会科学研究的量表编制原则，常用的是李克特量表（Likerttypescale）填答方式，通常使用 4 至 6 点量表法，其中以 5 点量表法的内部一致性较佳。通过小样本的问卷预测试发现，填答者一般都表示乐于接受 5 点量表的选择，3 点过少，7 点又过多。因此，正式问卷沿用预测试问卷的李克特 5 点量表法："1"为非常不同意，"2"为比较不同意，"3"为不确定，"4"为比较同意，"5"为非常同意。

本文采用实证分析的方式进行，而问卷调查是实证分析的核心内容，也是本文最重要的部分之一。为了确保问卷调查部分的科学性和可靠性，就要保证问卷设计的过程科学且合理。问卷设计的过程也就是将变量操作化的过程。在问卷的设计过程中，首先需要将确定研究的变量（构念）进行分解、细化成若干问题项，经过专家的讨论，效度的测试和被测者的与测试，最终形成研究问卷。

结合本文涉及的各研究主题，主要参考国内外文献资料，选择文献中的成熟度量表，并对原始量表进行一定的修改，从测量维度上提出了每个变量的可操作性问卷项。形成的研究变量测量题项如表 5-3 所示。

表 5-3　研究变量测量题项

| 变量 | 编号 | 量表测量题项 | 参考文献 |
|---|---|---|---|
| 感知有用性 | PU1 | 使用购物类网络应用服务能够快速完成交易，提高购物效率 | Davis；Bhattacherjee |
| | PU2 | 使用购物类网络应用服务可以随时随地搜寻商品信息，与卖家沟通，有效降低交易成本 | |
| | PU3 | 总体来说，我认为购物类网络应用服务是很有用的 | |
| 任务技术匹配度 | TTF1 | 在完成购买商品时购物类网络应用服务的功能是足够的 | Venkatesh；Tao Zhou |
| | TTF2 | 在完成购买商品时购物类网络应用服务的功能是合适的 | |
| | TTF3 | 总体来说，购物类网络应用服务的功能很好地满足了购买的需要 | |
| 期望确认度 | CON1 | 购物类网络应用服务的体验比我预想的要好 | Bhattacherjee；刘鲁川 |
| | CON2 | 购物类网络应用服务的服务水平比我预想的高 | |
| | CON3 | 总体来说，我对购物类网络应用服务的期望在使用过程中得到满足 | |

续表 5-3

| 变量 | 编号 | 量表测量题项 | 参考文献 |
|---|---|---|---|
| 感知娱乐性 | FT1 | 我很享受购物类网络应用服务的过程 | Tao Zhou；Yoojung Kim |
| | FT2 | 我认为购物类网络应用服务能够给我的生活增添乐趣 | |
| | FT3 | 总体来说，购物类网络应用服务的体验是愉悦的 | |
| 感知风险 | PR1 | 我担心购物类网络应用服务过程中的个人隐私遭泄露 | Oliver；Morgan |
| | PR2 | 我担心使用购物类网络应用服务会产生不明的经济损失（如乱扣费、乱跑流量、资金账户被盗） | |
| | PR3 | 我担心购物类网络应用服务存在潜在风险 | |
| | PR4 | 购物类网络应用服务所涉及的隐私安全是可以接受的 | |
| 感知价值 | PV1 | 购物类网络应用服务平台的服务带来的益处大于我的预期 | Zeithaml；Oliver |
| | PV2 | 相对于所需承担的风险，我觉得使用购物类网络应用服务是值得的 | |
| | PV3 | 总体来说，购物类网络应用服务对我来说有价值的 | |
| 满意度 | SAT1 | 使用购物类网络应用服务后，我感觉很麻烦 | Bhattacherjee；刘鲁川 |
| | SAT2 | 我对使用购物类网络应用服务感到很满意 | |
| | SAT3 | 我认为使用购物类网络应用服务是个很正确的决定 | |
| | SAT4 | 购物类网络应用服务基本能够满足我的购物需求 | |
| 持续使用意愿 | CI1 | 以后我会继续使用购物类网络应用服务 | Bhattacherjee；Woodruff |
| | CI2 | 以后我还会经常使用购物类网络应用服务 | |
| | CI3 | 我会推荐亲朋好友使用购物类网络应用服务 | |

## 5.3.2 小规模样本前测

问卷修改完成后，将进行小规模样本前测。前测对象的性质与正式问卷的对象性质相同，都为 55 岁以上，有网络服务使用经验的老年人用户。前测的目的是进一步完善问卷的设计，通过信度和效度分析，对量表进行修正以确保正式调查时问卷的质量。

### 5.3.2.1 数据收集

前测问卷的发放对象主要是江西省高校社区及某几个大型社区的老年住户，样本为随机发放。在发放之前，工作人员会与被调查老年人进行简单交流，确认被调查对象年龄在 55 岁以上且有网络服务使用经历。考虑到问卷发放的对象是老年人群，所以每份问卷都是在我们发放人员辅助下填写完成后再收回，因此，共发放问卷 45 份，回收 45 份，回收率为 100%。

### 5.3.2.2 前测数据分析

前测所收集的数据将进行项目分析，问卷信度及效度检验。

（1）项目分析

量表题目的可靠程度通过项目分析来检验，其主要目的是针对预试题目进行试探性评估。项目分析中，我们先计算前测问卷题项的平均值，然后用低分组（27% 以下）和高分组（73% 以上）比较法进行独立样本 T 检验的双尾显著水平检验。进行 T 检验时，通常以 CR 值大于等于 3，Cronbach's α 小于等于 0.05 为判断依据。具有鉴别度的因子，在两个对照组的得分应具有显著差异，T 检验应该达到显著水平。专家建议、独立样本 T 检验的显著水平及 Cronbach's α 值是前测问卷的题项是否被删除的依据。

（2）量表的信度分析

信度就是量表的可靠性、一致性和稳定性。为了解问卷的可靠性或有效性，通常需进行信度分析。信度越高，代表问卷稳定性越高。信度检验的方法有很多种，我们采用量表的 Cronbach's α 值、总体相关系数（CITC）及删除该项目后的 Cronbach's α 值来评估每个测量变量的信度。Cronbach's α 值大于或等于 0.70 及 CITC 大于 0.5 才属于可信度范围。总体相关系数（CITC）的作用是剔除不当问项，从而减少测量项目的多因子现象。严格来说，总体相关系数值小于 0.5 的问项就要被删除。

本文使用 SPSS22.0 统计分析软件进行可靠性分析，研究数据的内部一致性。对总量表与量表各层面（模型中的 8 个变量）的信度检验 Cronbach's α 系数分别如表 5-4 和 5-5 所示。

表 5-4　总量表 Cronbach's 值

| Cronbach's Alpha | 基于标准化项目的 Cronbach's Alpha | 项目个数 |
|---|---|---|
| 0.945 | 0.923 | 24 |

表 5-5　问卷变量 Cronbach's 值

| 变量 | 题项 | CITC 系数 | 删除该项后的 Cronbach's Alpha 系数 | Cronbach's Alpha |
|---|---|---|---|---|
| 感知有用性 | PU1 | 0.679 | 0.739 | 0.816 |
| | PU2 | 0.683 | 0.734 | |
| | PU3 | 0.656 | 0.767 | |
| 任务技术匹配度 | TTF1 | 0.694 | 0.731 | 0.819 |
| | TTF2 | 0.666 | 0.760 | |
| | TTF3 | 0.663 | 0.759 | |
| 期望确认度 | CON1 | 0.710 | 0.741 | 0.829 |
| | CON2 | 0.662 | 0.797 | |
| | CON3 | 0.702 | 0.756 | |
| 感知娱乐性 | FT1 | 0.625 | 0.818 | 0.824 |
| | FT2 | 0.718 | 0.716 | |
| | FT3 | 0.708 | 0.737 | |
| 感知风险 | PR1 | 0.656 | 0.836 | 0.855 |
| | PR2 | 0.732 | 0.792 | |
| | PR3 | 0.798 | 0.730 | |
| 感知价值 | PV1 | 0.570 | 0.729 | 0.743 |
| | PV2 | 0.628 | 0.587 | |
| | PV3 | 0.628 | 0.602 | |

续表 5-5

| 变量 | 题项 | CITC 系数 | 删除该项后的 Cronbach's Alpha 系数 | Cronbach's Alpha |
|---|---|---|---|---|
| 满意度 | SAT1 | 0.699 | 0.865 | 0.871 |
| | SAT2 | 0.792 | 0.780 | |
| | SAT3 | 0.769 | 0.802 | |
| 持续使用意愿 | CI1 | 0.781 | 0.794 | 0.872 |
| | CI2 | 0.710 | 0.861 | |
| | CI3 | 0.773 | 0.802 | |

观察上表可以发现，所有题项的 CITC 系数值均大于 0.5，研究量表中各变量的 Cronbach's α 系数值都在 0.70 以上，且总量表的 α 系数值更是达到了 0.923，说明问卷量表具有较好的稳定性，较高的内部一致性，信度水平较高。

（3）量表的效度分析

问卷的题项是否合适准确需进行效度分析。问卷设计时参考了大量文献并参照了领域专家的建议，从而确保了问卷的表面效度和专家效度。问卷的结构效度，我们将采用探索性因素分析来进行检验。

为确保量表所测量的题项能够代表本文所要测量的因素，我们采用因素分析来检验问卷是否具有构建效度。在进行因素分析前，我们采用 KMO（Kaiser-Meyer-Olkin）样本适当量数及巴式球形检定（Bartlett Test of Sphericity）进行检验，实证结果如表 5-6 所示。Hair 等人（1998）研究指出：当 KMO 值大于 0.6，且巴式球形检验的 P-value 值趋近于 0，即表示样本数据适合进行因素分析。根据表 5-6 可知，每个构面的 KMO 值均在 0.7 以上，并且巴式球形检验也达到显著水平，因此本文样本资料适合进行因素分析。进行因素分析时，采用主成分分析法，经过最大变异（Varimax Rotation）正交转轴，提取特征值大于 1 的因素，并对每个构面进行命名。

从表 5-7 可以看出，研究模型中的变量被分为 8 个构面，分别是感知有用性、任务技术匹配度、期望确认度、感知娱乐性、感知风险、感知价值、满意度和持续使用意愿。量表构建效度的分析结果符合我们构建的模型。本文使用 SPSS22.0 对量表进行 KMO 和 Bartlett 球形检验，经检验发现，样本的 KMO 值为 0.951，大于 0.7 的标准，并且通过了 Bartlett 球形检验（Sig.=0.000）。量表具有较好效度，因此，可以进行因子分析。具体的检验结果如表 5-6 所示。

表 5-6　样本 KMO 和 Bartlett 球形检验

| Kaiser-Meyer-Olkin 取样适当性度量 | | 0.951 |
|---|---|---|
| Bartlett 球形检验 | 近似卡方分布 | 4692.702 |
| | DF | 241 |
| | Sig. | 0.000 |

本文在完成对样本是否适合做因子分析的校验后，采用主成分分析法和最大方差旋转法来对样本数据中的感知有用性、任务技术匹配度、期望确认度、感知娱乐性、感知风险、感知价值、满意度和持续使用意愿这八个变量进行因子分析。当属于同一个变量的各题项因子载荷系数都大于 0.5 时，就可将其结合为一个因子，用于后续的分析。具体因子分析的结果如表 5-7 所示。

表 5-7　量表 KMO 和 Bartlett 球形检验及因子分析结果

| 变量 | 题项 | 因子载荷 | 累积解释总方差 % | KMO | Bartlett 球形检验 | | |
|---|---|---|---|---|---|---|---|
| | | | | | Chi-Square | 自由度 DF | 显著性 sig. |
| 感知有用性 | PU1 | 0.88 | 75.125% | 0.743 | 317.512 | 3 | 0.000 |
| | PU2 | 0.883 | | | | | |
| | PU3 | 0.867 | | | | | |
| 任务技术匹配度 | TTF1 | 0.89 | 74.194% | 0.729 | 320.002 | 3 | 0.000 |
| | TTF2 | 0.872 | | | | | |
| | TTF3 | 0.871 | | | | | |

续表 5-7

| 变量 | 题项 | 因子载荷 | 累积解释总方差 % | KMO | Bartlett 球形检验 | | |
|---|---|---|---|---|---|---|---|
| | | | | | Chi-Square | 自由度 DF | 显著性 sig. |
| 期望确认度 | CON1 | 0.898 | 76.414% | 0.731 | 363.160 | 3 | 0.000 |
| | CON2 | 0.866 | | | | | |
| | CON3 | 0.892 | | | | | |
| 感知娱乐性 | FT1 | 0.843 | 74.303% | 0.716 | 339.611 | 3 | 0.000 |
| | FT2 | 0.906 | | | | | |
| | FT3 | 0.898 | | | | | |
| 感知风险 | PR1 | 0.857 | 76.316% | 0.731 | 412.345 | 3 | 0.000 |
| | PR2 | 0.906 | | | | | |
| | PR3 | 0.938 | | | | | |
| 感知价值 | PV1 | 0.749 | 70.137% | 0.728 | 301.563 | 3 | 0.000 |
| | PV2 | 0.88 | | | | | |
| | PV3 | 0.873 | | | | | |
| 满意度 | SAT1 | 0.88 | 76.359% | 0.732 | 471.251 | 3 | 0.000 |
| | SAT2 | 0.933 | | | | | |
| | SAT3 | 0.921 | | | | | |
| 持续使用意愿 | CI1 | 0.928 | 75.451% | 0.756 | 459.128 | 3 | 0.000 |
| | CI2 | 0.886 | | | | | |
| | CI3 | 0.924 | | | | | |

　　量表的因子分析结果显示，所有测量题项的因子载荷都大于0.7，均符合不小于0.5的最低标准，说明问卷的题项可以对各个变量进行较好的测量。方差累积解释程度都超过68%，且总的方差解释累积69.727%，均符合不小于50%的标准。因此，可以说明本文的问卷量表的建构效度较好。

### 5.3.3　正式问卷发放与回收

#### 5.3.3.1　样本选择与大小

考虑到我国不同区域的网络信息服务普及度及样本的代表性问题，我们发放问卷的对象主要针对一、二线城市的老年人，样本对象的年龄定位在 55 岁到 75 岁之间，样本对象必须有一定的网络使用经历。我们主要以老年人群相对聚集的高校、大型社区和老年大学作为问卷发放的主要地点。高校和老年大学的老年人群文化程度相对高些，为了使得样本对象更具有代表性，弥补样本对象文化程度方面的局限，我们在大型社区的选择上尽可能选择普通的而非高档的社区。同时，也考虑到地域的差异，所以我们分别在南昌、上海、北京、成都和广州五个地方进行了问卷调查。问卷一般都是当场填写并提交，老年大学的老年人也可以把这些问卷拿回家填写，再交给老年大学办公室的老师。对于填写有一定困难的，我们会给予一定的指导说明。同时，还有一部分的问卷是通过亲戚朋友及学生给自己的长辈填写。调查问卷见附录。

#### 5.3.3.2　数据收集

老年人群在问卷填写方式方面的局限性较大，主要体现在他们对问卷调查活动的参与热情不高、对问卷题项的理解程度有限、填写问卷的时间过长等，这些问题都会增加调查问卷收集的难度。综合考虑后，我们采用填写纸质问卷的方式收集数据。比如在老年大学的某个课堂上让老年人进行填写；在下午 3 点左右，天气晴好的条件下去大型社区进行问卷调查。每次进行的时间不宜太长，以免造成负面的影响。在老年人填写过程中尽可能给予填写方面的解释和指导，以确保老年人顺利填写完问卷，同时也能提高有效问卷的比例。

问卷的调查时间为 2021 年 7 月至 2022 年 9 月，为期 14 个月。最终总共发放问卷 200 份，将没有填写完整或者存在明显错误的问卷剔除。最终有效问卷为 186 份，有效回收率为 93%。

### 5.3.3.3 数据分析方法

对回收的问卷进行整理后，将进行描述性统计分析、独立样本 T 检验、单因子方差分析、结构方程模型分析和干扰效果的多群组分析。

采用偏最小二乘法 SmartPLS2.0 软件进行 PLS 结构方程分析。PLS 是一种结构方程模式的分析技术，以回归分析为基础，它的实用性高且优于一般的线性结构关系模型的分析技术，可以同时处理反应性（Reflective）和形成性（Formative）的模型结构，并且不要求变量必须符合常态分配，对样本的随机性和数量也无要求；此外，PLS 能克服多变量共线性问题、有效处理干扰数据及遗失值且具良好的预测及解释能力。老年人群对问卷填写的认知度、参与度等特殊性，使得样本量不会太大，使用 PLS 进行分析可不受样本数的限制及变量分配形态的影响。Chin（1998）指出，为了保证各变量估计值的稳定性，检验程序可以采用 bootstrap 再抽样的方法，抽样的次数为 100 次。

## 5.4 老年人持续使用购物类网络应用服务影响因素分析

本部分将对回收的问卷进行整理，进一步分析验证本文提出的研究问题，并对模型假设进行验证。主要完成的研究目标有两个方面：第一，探讨老年人持续使用购物类网络应用服务的影响因素；第二，通过分析人口统计变量和生活形态、使用状况等外部变量与老年人持续使用购物类网络应用服务的影响因子的相互关系，探讨老年人持续使用购物类网络应用服务的行为状况。

### 5.4.1 样本描述性统计分析

在做数据分析时，为了描述测量样本的特征，要对样本数据进行描述性统计分析。描述统计分析是指对收回的问卷材料进行直接的描述，通过频率分布表、条形图和直方图，以及集中趋势和离散趋势的各种统计量来描述数据的分布特征。本文将在分析调查对象问卷时用到以上分析方法。

### 5.4.1.1 人口统计变量频次分析

表 5-8 性别及年龄的描述性统计

| 变量 | 项目 | 次数（人） | 百分比（%） |
|---|---|---|---|
| 年龄 | 55—65 | 66 | 35.5 |
| | 65—70 | 94 | 50.5 |
| | 70 以上 | 26 | 14.0 |
| 性别 | 男 | 86 | 46.2 |
| | 女 | 100 | 53.8 |
| 受教育程度 | 初高中 | 62 | 33.3 |
| | 大中专 | 104 | 55.9 |
| | 研究生 | 20 | 10.8 |
| 退休前工作性质 | 机关事业单位 | 90 | 48.4 |
| | 企业单位 | 80 | 43.0 |
| | 个体从业 | 16 | 8.6 |
| 居住状态 | 家庭同住 | 76 | 40.9 |
| | 夫妻同住 | 90 | 48.4 |
| | 独居 | 20 | 10.8 |
| 生活形态 | 家庭居住型 | 88 | 47.3 |
| | 积极活跃型 | 66 | 35.5 |
| | 孤立保守型 | 32 | 17.2 |

从表 5-8 中可以看出：在年龄方面，55 至 65 岁共有 66 人，占总样本 35.5%；65 至 70 岁有 94 人，占总样本 50.5%；70 以上有 26 人，占总样本 14%。性别方面来看，男性受访者为 86 人，占总样本 46.2%；女性 100 人，占总样本 53.8%，女性略多于男性。在教育水平方面：大中专学历者 104 人，占总样本的 55.9%；初高中者 62 人，占总样本的 33.3%；研究生 20 人，占总样本的 10.8%。职业方面：机关事业单位工作的有 90 人，占总样本 48.4%；在企业单位工作的有 80 人，占总样本的 43%；个体从业者的 16

人，占总样本的 8.6%。在居住状态方面：家庭同住的有 76 人，占总样本的
40.9%；夫妻同住的有 90 人，占总样本的 48.4%；独居的有 20 人，占总样本
的 10.8%。生活形态方面：表示自己属于家庭居住型的有 88 人，占总样本的
47.3%；属于积极活跃型的有 66 人，占总样本的 35.5%；属于孤立保守型的
有 32 人，占总样本的 17.2%。

### 5.4.1.2 购物类网络应用服务使用情况描述性统计

（1）您使用购物类网络应用服务大概多久？

表 5-9　使用购物类网络应用服务时间频次

| 变量 | 项目 | 人数 | 百分比（%） |
|---|---|---|---|
| 使用购物类网络应用服务多少年？ | 1—2 年 | 38 | 20.7 |
| | 2—3 年 | 52 | 28.2 |
| | 3 年以上 | 94 | 51.1 |

表 5-9 数据显示，参与问卷调查的老年人中，大多数使用购物类网络应
用服务在 3 年以上。虽然，我们在问卷发放对象选择的时候是专门针对持续
使用购物类网络应用服务的老年人，但数据在一定程度上反映了，现在的老
年人或多或少地使用过购物类网络应用服务的某些功能。

（2）您使用购物类网络应用服务时一般用什么工具？

表 5-10　使用网络应用服务的工具

| 工具类别 | 人数 | 百分比（%） |
|---|---|---|
| 智能手机 | 103 | 58.5 |
| 平板 | 43 | 24.5 |
| 电脑 | 30 | 17.0 |

从表 5-10 可以看出，大多数老年人是通过智能手机使用购物类网络应
用服务。

（3）您主要使用哪种购物类网络应用服务平台，频次如何？

表5-11　使用购物类网络应用服务的种类

| 分类 | 类别 | 人数 | 百分比（%） |
|---|---|---|---|
| 淘宝 | 经常 | 102 | 54.8 |
|  | 偶尔 | 84 | 45.2 |
|  | 从不 | 0 | 0.0 |
| 京东 | 经常 | 106 | 57.0 |
|  | 偶尔 | 54 | 29.0 |
|  | 从不 | 26 | 14.0 |
| 拼多多 | 经常 | 95 | 51.0 |
|  | 偶尔 | 67 | 36.0 |
|  | 从不 | 24 | 12.9 |
| 抖音等其他平台 | 经常 | 54 | 29.0 |
|  | 偶尔 | 100 | 53.8 |
|  | 从不 | 32 | 17.2 |

表5-11中数据显示，老年在使用购物类网络应用服务时，淘宝、京东、拼多多、抖音等平台都有涉及，大多老年人较常使用淘宝、京东和拼多多。随着短视频和直播带货商业模式的兴起，也有较多老年人开始接触使用抖音等平台进行网络购物。

（4）您使用购物类网络应用服务时主要购买什么物品？

表5-12　主要购买什么物品

| 分类 | 类别 | 人数 | 百分比（%） |
|---|---|---|---|
| 家居用品 | 经常 | 96 | 51.6 |
|  | 偶尔 | 80 | 43.0 |
|  | 从不 | 10 | 5.4 |
| 食品等 | 经常 | 80 | 43.0 |
|  | 偶尔 | 65 | 34.9 |
|  | 从不 | 41 | 22.1 |
| 个人生活用品 | 经常 | 54 | 29.0 |
|  | 偶尔 | 90 | 48.4 |
|  | 从不 | 42 | 22.6 |
| 其他 | 经常 | 48 | 25.8 |
|  | 偶尔 | 76 | 40.9 |
|  | 从不 | 62 | 33.3 |

从表 5-12 可以看出，老年人较多使用购物类网络应用购买家居用品，其次是食品和个人生活用品。而用于改善生活质量、培养个人兴趣爱好等方面的用品较少通过购物类网络应用服务来购买。数据所反映的结果跟现实中老年人的生活消费习惯是一致的。

（5）购物类网络应用服务使用行为描述

老年人用户使用购物类网络应用服务的行为描述包括：使用购物类网络应用服务的时间，使用购物类网络应用服务的频率，使用购物类网络应用服务时消费金额的多少。具体描述如表 5-13 所示。

表 5-13　购物类网络应用服务使用行为描述

| 基本特征 | 分类 | 样本数 | 百分比（%） |
|---|---|---|---|
| 已使用购物类网络应用服务的时间 | 6 个月以下 | 23 | 12.4 |
| | 6 个月—1 年 | 45 | 24.2 |
| | 1—2 年 | 60 | 32.2 |
| | 2 年以上 | 58 | 31.2 |
| 每周使用购物类网络应用服务的次数 | 2 次以下 | 80 | 43.0 |
| | 3—5 次 | 95 | 51.1 |
| | 6—10 次 | 10 | 5.4 |
| | 10 次以上 | 1 | 0.5 |
| 每次使用购物类网络应用服务的消费金额 | 100 元以内 | 96 | 51.6 |
| | 100—500 元 | 68 | 36.6 |
| | 500—1000 元 | 10 | 5.4 |
| | 1000 元以上 | 12 | 6.4 |

选择购物类网络应用服务的主要原因（此题限定为至多选三项的多选题），详情如表 5-14 所示。

表 5-14　选择购物类网络应用服务的原因

| 使用原因 | 多重响应 | |
| --- | --- | --- |
| | 样本数 | 百分比（%） |
| 移动设备使用方便 | 176 | 34.0 |
| 移动设备更优惠 | 125 | 24.1 |
| 移动支付更安全 | 63 | 12.2 |
| 移动设备更好玩 | 34 | 6.6 |
| 不得不用移动设备 | 85 | 16.4 |
| 其他 | 35 | 6.7 |
| 总计 | 518 | 100 |

购物类网络应用服务还存在哪些不足（此题在问卷中被设定为多选题），详细描述如表 5-15 所示。

表 5-15　购物类网络应用服务不足之处的描述

| 需改进的地方 | 多重响应 | |
| --- | --- | --- |
| | 样本数 | 百分比（%） |
| 广告过多 | 154 | 30.4 |
| 支付安全性低 | 70 | 13.8 |
| 下单过程烦琐 | 145 | 28.7 |
| 流量资费较高 | 40 | 7.9 |
| 搜索准确性低 | 52 | 10.3 |
| 其他 | 45 | 8.9 |
| 总计 | 506 | 100 |

## 5.4.1.3　人口统计变量对购物类网络应用服务使用状况的相关性分析

卡方检验是一种量化资料的假设检验方法，属于非参数检验，主要是对两个分类变量的关联性进行分析，如果卡方值具有显著性，说明这两个分类变量具有相关性。

（1）性别与购物类网络应用服务使用状态的相关性分析

表5-16　使用不同购物类网络应用服务平台的频次

| 变量 | 淘宝 | | | Pearson 卡方值 | 显著性（双尾） |
|---|---|---|---|---|---|
| | 经常 | 偶尔 | 从不 | | |
| 男 | 38（44.2%） | 48（55.8%） | 0 | 3.181 | 0.0721 不显著 |
| 女 | 60（60.0%） | 40（40.0%） | 0 | | |
| 变量 | 京东 | | | Pearson 卡方值 | 显著性（双尾） |
| | 经常 | 偶尔 | 从不 | | |
| 男 | 6（7.0%） | 10（11.6%） | 70（81.4%） | 4.142 | 0.1573 不显著 |
| 女 | 15（13.6%） | 20（18.2%） | 75（68.2%） | | |
| 变量 | 拼多多 | | | Pearson 卡方值 | 显著性（双尾） |
| | 经常 | 偶尔 | 从不 | | |
| 男 | 8（9.3%） | 30（34.9%） | 48（55.8%） | 2.358 | 0.4279 不显著 |
| 女 | 12（12.0%） | 34（34.0%） | 54（54.0%） | | |
| 变量 | 抖音等其他平台 | | | Pearson 卡方值 | 显著性（双尾） |
| | 经常 | 偶尔 | 从不 | | |
| 男 | 8（9.3%） | 37（43.0%） | 41（47.7%） | 4.271 | 0.0021 显著 |
| 女 | 22（22.0%） | 48（48.0%） | 30（30.0%） | | |

　　表5-16数据显示性别与购物类网络应用服务使用状况，在使用拼多多和抖音平台进行网络购物是具有显著性，女性老年人用户明显比男性老年人用户更多使用上述两平台。而男性和女性老年人用户在使用淘宝和京东网络购物平台方面是没有太多明显的差别。

表5-17　主要购买什么物品

| 变量 | 生活用品 | | | Pearson 卡方值 | 显著性（双尾） |
|---|---|---|---|---|---|
| | 经常 | 偶尔 | 从不 | | |
| 男 | 22（25.6%） | 50（58.1%） | 14（16.3%） | 10.721 | 0.000 显著 |
| 女 | 68（68.0%） | 25（25.0%） | 7（7.0%） | | |
| 变量 | 保健用品 | | | Pearson 卡方值 | 显著性（双尾） |
| | 经常 | 偶尔 | 从不 | | |
| 男 | 20（23.3%） | 42（48.8%） | 24（27.9%） | 7.723 | 0.009 显著 |
| 女 | 38（38.0%） | 30（30.0%） | 32（32.0%） | | |

续表 5-17

| 变量 | 家居用品 | | | Pearson 卡方值 | 显著性（双尾） |
|---|---|---|---|---|---|
| | 经常 | 偶尔 | 从不 | | |
| 男 | 6（7.0%） | 58（67.4%） | 22（25.6%） | 3.019 | 0.492 显著 |
| 女 | 20（20.0%） | 68（68.0%） | 12（12.0%） | | |

| 变量 | 食品等 | | | Pearson 卡方值 | 显著性（双尾） |
|---|---|---|---|---|---|
| | 经常 | 偶尔 | 从不 | | |
| 男 | 10（11.6%） | 42（48.8%） | 34（39.6%） | 9.5430 | 0.000 显著 |
| 女 | 45（45.0%） | 52（52.0%） | 3（3.0%） | | |

表 5-17 数据显示性别与老年人使用购物类网络应用服务购买物品方面具有相关性。从数据表中的百分比可以看出，老年女性在使用购物类网络应用服务购买商品方面整体要高于老年男性，也就是说老年女性在购物类网络应用服务上的活跃程度要比老年男性高许多。

（2）年龄与购物类网络应用服务使用状况的相关性分析

表 5-18 使用不同类型购物类网络应用服务的频次

| 变量 | 淘宝网 | | | Pearson 卡方值 | 显著性（双尾） |
|---|---|---|---|---|---|
| | 经常 | 偶尔 | 从不 | | |
| 55—65 | 26（39.4%） | 40（60.6%） | 0 | 2.918 | 0.271 不显著 |
| 65—70 | 36（37.5%） | 39（40.6%） | 21（21.9%） | | |
| 70 以上 | 6（23.0%） | 8（30.8%） | 12（46.2%） | | |

| 变量 | 京东 | | | Pearson 卡方值 | 显著性（双尾） |
|---|---|---|---|---|---|
| | 经常 | 偶尔 | 从不 | | |
| 55—65 | 10（13.9%） | 25（34.7%） | 37（51.4%） | 14.601 | 0.000 显著 |
| 65—70 | 8（8.5%） | 10（10.6%） | 76（79.2%） | | |
| 70 以上 | 0 | 5（19.2%） | 21（80.8%） | | |

| 变量 | 拼多多 | | | Pearson 卡方值 | 显著性（双尾） |
|---|---|---|---|---|---|
| | 经常 | 偶尔 | 从不 | | |
| 55—65 | 15（22.7%） | 30（45.5%） | 21（31.8%） | 19.534 | 0.000 显著 |
| 65—70 | 4（4.3%） | 28（29.8%） | 62（66.0%） | | |
| 70 以上 | 0 | 4（15.4%） | 22（84.6%） | | |

| 变量 | 抖音等其他平台 | | | Pearson 卡方值 | 显著性（双尾） |
|---|---|---|---|---|---|
| | 经常 | 偶尔 | 从不 | | |
| 55—65 | 16（24.2%） | 32（48.5%） | 18（27.3%） | 29.1840 | 0.000 显著 |
| 65—70 | 10（10.9%） | 58（63.0%） | 24（26.1%） | | |
| 70 以上 | 2（7.7%） | 10（38.5%） | 14（53.8%） | | |

表 5-18 是年龄与老年人用户使用购物类网络应用服务的相关性分析结果。表中数据显示年龄在使用淘宝进行购物活动方面没有显著差别，而在其他购物类网络应用服务功能方面有显著差异，从百分比可以看出，年纪更轻的老年人比年纪更大的老年人更多地使用不同类型的购物类网络应用服务。

表 5-19　主要购买什么物品

| 变量 | 生活用品 | | | Pearson 卡 方值 | 显著性（双尾） |
|---|---|---|---|---|---|
| | 经常 | 偶尔 | 从不 | | |
| 55—65 | 10（15.1%） | 38（57.6%） | 18（27.3%） | 12.631 | 0.000 显著 |
| 65—70 | 8（12.1%） | 35（53.0%） | 23（34.9%） | | |
| 70 以上 | 2（7.6%） | 12（46.2%） | 12（46.2%） | | |
| 变量 | 保健用品 | | | Pearson 卡方值 | 显著性（双尾） |
| | 经常 | 偶尔 | 从不 | | |
| 55—65 | 22（33.3%） | 18（27.3%） | 26（39.4%） | 11.027 | 0.005 显著 |
| 65—70 | 20（20.8%） | 32（33.3%） | 44（45.9%） | | |
| 70 以上 | 2（7.6%） | 12（46.2%） | 12（46.2%） | | |
| 变量 | 家居用品 | | | Pearson 卡方值 | 显著性（双尾） |
| | 经常 | 偶尔 | 从不 | | |
| 55—65 | 18（27.3%） | 32（48.5%） | 16（24.2%） | 13.217 | 0.000 显著 |
| 65—70 | 10（10.4%） | 34（35.4%） | 52（54.2%） | | |
| 70 以上 | 2（7.6%） | 12（46.2%） | 12（46.2%） | | |
| 变量 | 食品等 | | | Pearson 卡方值 | 显著性（双尾） |
| | 经常 | 偶尔 | 从不 | | |
| 55—65 | 26（39.4%） | 36（54.5%） | 4（6.1%） | 20.881 | 0.000 显著 |
| 65—70 | 36（37.5%） | 48（50.0%） | 12（12.5%） | | |
| 70 以上 | 4（15.4%） | 12（46.1%） | 10（38.5%） | | |

表 5-19 是年龄与老年人使用购物类网络应用服务购买商品种类的相关性分析结果。表中数据显示年龄在老年人用户使用购物类网络应用服务购买商品方面具有显著差异性。从数据表中的百分比可以看出，年纪更轻的老年人比年纪更大的老年人使用购物类网络应用服务购买商品的频次更高，随着年龄的增长，老年人使用购物类网络应用服务购买商品的频次会逐渐减少。

上述分析结果显示，不同年纪的老年人会选择不同购物类网络应用服务购买商品，只是随着年龄的增长，老年人使用购物类网络应用服务的活跃度不断降低，我们认为主要原因是老年人生理和认知方面的障碍与缺乏面向老年人的网络应用服务内容及人机功能的矛盾。

（3）职业经历与购物类网络应用服务使用状况的相关性分析

表 5-20　使用不同类型购物类网络应用服务的频次

| 变量 | 淘宝 | | | Pearson卡方值 | 显著性（双尾） |
|---|---|---|---|---|---|
| | 经常 | 偶尔 | 从不 | | |
| 机关事业单位 | 28（31.1%） | 38（42.2%） | 24（26.7%） | 4.134 | 0.351 不显著 |
| 企业单位 | 25（31.3%） | 30（37.5%） | 25（31.2%） | | |
| 个体从业者 | 8（50.0%） | 6（37.5%） | 2（12.5%） | | |
| 变量 | 京东 | | | Pearson卡方值 | 显著性（双尾） |
| | 经常 | 偶尔 | 从不 | | |
| 机关事业单位 | 15（16.7%） | 22（24.4%） | 53（58.9%） | 4.581 | 0.253 不显著 |
| 企业单位 | 12（15.0%） | 22（27.5%） | 46（57.5%） | | |
| 个体从业者 | 6（37.5%） | 4（25.0%） | 6（37.5%） | | |
| 变量 | 拼多多 | | | Pearson卡方值 | 显著性（双尾） |
| | 经常 | 偶尔 | 从不 | | |
| 机关事业单位 | 12（13.3%） | 26（28.9%） | 52（57.8%） | 8.249 | 0.043 显著 |
| 企业单位 | 25（31.3%） | 22（27.5%） | 33（41.2%） | | |
| 个体从业者 | 5（31.3%） | 4（25.0%） | 7（43.7%） | | |
| 变量 | 抖音等其他平台 | | | Pearson卡方值 | 显著性（双尾） |
| | 经常 | 偶尔 | 从不 | | |
| 机关事业单位 | 15（16.7%） | 30（33.3%） | 45（50.0%） | 8.347 | 0.094 不显著 |
| 企业单位 | 10（12.5%） | 24（30.0%） | 46（57.5%） | | |
| 个体从业者 | 5（31.2%） | 5（31.2%） | 6（37.5%） | | |

表 5-20 是职业与购物类网络应用服务使用状况的相关性分析结果。表中数据显示不同职业经历在使用拼多多的频次方面有显著差异，而在使用其他购物类网络应用服务的频次方面没有显著差异。

表 5-21  主要购买什么物品

| 变量 | 生活用品 | | | Pearson卡方值 | 显著性（双尾） |
|---|---|---|---|---|---|
| | 经常 | 偶尔 | 从不 | | |
| 机关事业单位 | 30（33.3%） | 42（46.7%） | 18（20.0%） | 10.624 | 0.621不显著 |
| 企业单位 | 28（35.0%） | 35（43.7%） | 17（21.3%） | | |
| 个体从业者 | 8（50.0%） | 4（25.0%） | 4（25.0%） | | |

| 变量 | 保健用品 | | | Pearson卡方值 | 显著性（双尾） |
|---|---|---|---|---|---|
| | 经常 | 偶尔 | 从不 | | |
| 机关事业单位 | 28（35.0%） | 25（31.2%） | 27（33.8%） | 6.928 | 0.096不显著 |
| 企业单位 | 12（15.0%） | 30（37.5%） | 38（47.5%） | | |
| 个体从业者 | 4（25.0%） | 4（25.0%） | 8（50.0%） | | |

| 变量 | 家居用品 | | | Pearson卡方值 | 显著性（双尾） |
|---|---|---|---|---|---|
| | 经常 | 偶尔 | 从不 | | |
| 机关事业单位 | 26（28.9%） | 40（44.4%） | 24（26.7%） | 16.134 | 0.000显著 |
| 企业单位 | 15（18.7%） | 50（62.5%） | 15（18.7%） | | |
| 个体从业者 | 6（37.5%） | 6（37.5%） | 4（25.0%） | | |

| 变量 | 食品等 | | | Pearson卡方值 | 显著性（双尾） |
|---|---|---|---|---|---|
| | 经常 | 偶尔 | 从不 | | |
| 机关事业单位 | 28（31.1%） | 45（50.0%） | 17（18.9%） | 5.205 | 0.098不显著 |
| 企业单位 | 30（37.5%） | 36（45.0%） | 14（17.5%） | | |
| 个体从业者 | 6（37.5%） | 6（37.5%） | 4（25.0%） | | |

表 5-21 数据显示不同职业经历的老年人在使用购物类网络应用服务购买家居用品方面的频次有显著差异，而在使用其他网络应用服务功能频次方面没有显著差异。从表中的百分比可以看出个体从业者老年人在购买家居用品的频次方面比机关事业单位和企业单位工作经历的老年人要多。

（4）教育背景与网络应用服务使用状况的相关性分析

表 5-22　使用不同类型购物类网络应用服务的频次

| 变量 | 淘宝 | | | Pearson 卡方值 | 显著性（双尾） |
|---|---|---|---|---|---|
| | 经常 | 偶尔 | 从不 | | |
| 研究生 | 21（35.0%） | 26（43.3%） | 13（21.7%） | 4.572 | 0.096 不显著 |
| 大中专 | 35（33.7%） | 45（43.3%） | 24（23.0%） | | |
| 初高中 | 8（40.0%） | 8（40.0%） | 4（20.0%） | | |

| 变量 | 京东 | | | Pearson 卡方值 | 显著性（双尾） |
|---|---|---|---|---|---|
| | 经常 | 偶尔 | 从不 | | |
| 研究生 | 17（27.4%） | 18（29.0%） | 27（43.6%） | 3.708 | 0.513 不显著 |
| 大中专 | 25（25.0%） | 30（30.0%） | 45（45.0%） | | |
| 初高中 | 6（30.0%） | 8（40.0%） | 6（30.0%） | | |

| 变量 | 拼多多 | | | Pearson 卡方值 | 显著性（双尾） |
|---|---|---|---|---|---|
| | 经常 | 偶尔 | 从不 | | |
| 研究生 | 14（22.6%） | 16（25.8%） | 32（51.6%） | 6.591 | 0.183 不显著 |
| 大中专 | 22（21.2%） | 26（25.0%） | 56（53.8%） | | |
| 初高中 | 4（20.0%） | 8（40.0%） | 8（40.0%） | | |

| 变量 | 抖音等其他平台 | | | Pearson 卡方值 | 显著性（双尾） |
|---|---|---|---|---|---|
| | 经常 | 偶尔 | 从不 | | |
| 研究生 | 12（19.4%） | 40（64.5%） | 10（16.1%） | 3.183 | 0.536 不显著 |
| 大中专 | 20（19.2%） | 66（63.5%） | 18（17.3%） | | |
| 初高中 | 7（35.0%） | 9（45.0%） | 4（20.0%） | | |

表 5-22 是受教育程度与使用购物类网络应用服务相关性分析的结果。表中数据显示受教育程度在老年人选择使用购物类网络应用服务平台方面没有显著差异。

表 5-23　主要购买什么物品

| 变量 | 生活用品 | | | Pearson卡方值 | 显著性（双尾） |
| --- | --- | --- | --- | --- | --- |
| | 经常 | 偶尔 | 从不 | | |
| 研究生 | 32（51.6%） | 28（45.2%） | 2（3.2%） | 3.0854 | 0.976不显著 |
| 大中专 | 54（51.9%） | 45（43.3%） | 5（4.8%） | | |
| 初高中 | 8（40.0%） | 10（50.0%） | 2（10.0%） | | |

| 变量 | 保健用品 | | | Pearson卡方值 | 显著性（双尾） |
| --- | --- | --- | --- | --- | --- |
| | 经常 | 偶尔 | 从不 | | |
| 研究生 | 10（16.1%） | 22（35.5%） | 30（48.4%） | 10.063 | 0.0211显著 |
| 大中专 | 38（36.5%） | 40（38.5%） | 26（25.0%） | | |
| 初高中 | 7（35.0%） | 7（35.0%） | 6（30.0%） | | |

| 变量 | 家居用品 | | | Pearson卡方值 | 显著性（双尾） |
| --- | --- | --- | --- | --- | --- |
| | 经常 | 偶尔 | 从不 | | |
| 研究生 | 14（22.6%） | 38（61.3%） | 10（16.1%） | 4.519 | 0.382不显著 |
| 大中专 | 12（11.5%） | 68（65.4%） | 24（23.1%） | | |
| 初高中 | 4（20.0%） | 7（35.0%） | 9（45.0%） | | |

| 变量 | 食品等 | | | Pearson卡方值 | 显著性（双尾） |
| --- | --- | --- | --- | --- | --- |
| | 经常 | 偶尔 | 从不 | | |
| 研究生 | 22（35.5%） | 31（50.0%） | 9（14.5%） | 3.153 | 0.924不显著 |
| 大中专 | 35（33.6%） | 53（51.0%） | 16（15.4%） | | |
| 初高中 | 6（30.0%） | 8（40.0%） | 6（30.0%） | | |

表 5-23 是受教育程度与老年人使用不同购物类网络应用服务功能的相关性分析的结果。表中数据显示不同受教育程度的老年人在购买保健用品的频次方面有显著差别，具有研究生学历老年人购买保健用品的频次相对较少。而不同学历老年人在使用购物类网络应用服务购买其他物品方面没有显著差别。

（5）居住状态对购物类网络应用服务使用状态的分析

表 5-24　使用不同类型购物类网络应用服务的频次

| 变量 | 淘宝 | | | Pearson 卡方值 | 显著性（双尾） |
|---|---|---|---|---|---|
| | 经常 | 偶尔 | 从不 | | |
| 家庭同住 | 32（42.1%） | 24（31.6%） | 20（26.3%） | 3.204 | 0.271 不显著 |
| 夫妻同住 | 28（31.1%） | 37（41.1%） | 25（27.8%） | | |
| 独居 | 7（35.0%） | 8（40.0%） | 5（25.0%） | | |
| 变量 | 京东 | | | Pearson 卡方值 | 显著性（双尾） |
| | 经常 | 偶尔 | 从不 | | |
| 家庭同住 | 22（28.9%） | 24（31.6%） | 30（39.5%） | 6.3571 | 0.0827 不显著 |
| 夫妻同住 | 16（20.0%） | 8（10.0%） | 56（70.0%） | | |
| 独居 | 3（15.0%） | 6（30.0%） | 11（55.0%） | | |
| 变量 | 拼多多 | | | Pearson 卡方值 | 显著性（双尾） |
| | 经常 | 偶尔 | 从不 | | |
| 家庭同住 | 24（31.6%） | 22（28.9%） | 30（39.5%） | 2.932 | 0.0937 不显著 |
| 夫妻同住 | 28（31.1%） | 30（33.3%） | 32（39.6%） | | |
| 独居 | 4（20.0%） | 6（30.0%） | 10（50.0%） | | |
| 变量 | 抖音等其他平台 | | | Pearson 卡方值 | 显著性（双尾） |
| | 经常 | 偶尔 | 从不 | | |
| 家庭同住 | 16（21.1%） | 40（52.6%） | 20（26.3%） | 15.109 | 0.000 显著 |
| 夫妻同住 | 20（22.2%） | 56（62.2%） | 14（15.6%） | | |
| 独居 | 4（20.0%） | 7（35.0%） | 9（45.0%） | | |

表 5-24 是居住状态与购物类网络应用服务使用状况的相关性分析结果。表中数据显示居住状态在老年人使用淘宝、京东和拼多多进行购物方面没有显著差别，而在使用抖音的频次方面有显著差异。表中的百分比显示，独居的老年人比家庭同住及夫妻同住的老年人会较少使用抖音进行网络购物。

表 5-25 主要购买什么物品

| 变量 | 生活用品 | | | Pearson 卡方值 | 显著性（双尾） |
| --- | --- | --- | --- | --- | --- |
| | 经常 | 偶尔 | 从不 | | |
| 家庭同住 | 32（42.1%） | 36（47.4%） | 8（10.5%） | 11.633 | 0.001 显著 |
| 夫妻同住 | 42（46.7%） | 38（42.2%） | 10（11.1%） | | |
| 独居 | 5（25.0%） | 8（40.0%） | 7（35.0%） | | |

| 变量 | 保健用品 | | | Pearson 卡方值 | 显著性（双尾） |
| --- | --- | --- | --- | --- | --- |
| | 经常 | 偶尔 | 从不 | | |
| 家庭同住 | 34（44.7%） | 28（36.9%） | 14（18.4%） | 13.174 | 0.001 显著 |
| 夫妻同住 | 25（27.4%） | 38（41.8%） | 28（30.8%） | | |
| 独居 | 6（30.0%） | 8（40.0%） | 6（30.0%） | | |

| 变量 | 家居用品 | | | Pearson 卡方值 | 显著性（双尾） |
| --- | --- | --- | --- | --- | --- |
| | 经常 | 偶尔 | 从不 | | |
| 家庭同住 | 14（19.4%） | 38（52.8%） | 20（27.8%） | 10.407 | 0.020 显著 |
| 夫妻同住 | 15（16.7%） | 54（60.0%） | 21（23.3%） | | |
| 独居 | 5（25.0%） | 8（40.0%） | 7（35.0%） | | |

| 变量 | 食品等 | | | Pearson 卡方值 | 显著性（双尾） |
| --- | --- | --- | --- | --- | --- |
| | 经常 | 偶尔 | 从不 | | |
| 家庭同住 | 26（34.2%） | 38（50.0%） | 12（15.8%） | 9.276 | 0.000 显著 |
| 夫妻同住 | 32（35.6%） | 44（48.9%） | 14（15.5%） | | |
| 独居 | 4（20.0%） | 12（60.0%） | 4（20.0%） | | |

表 5-25 是居住状态与老年人使用不同购物类网络应用服务购买商品的相关性分析结果。表中数据显示不同居住状态的老年人在使用购物类网络应用服务购买不同商品方面有显著差别。表中的百分比显示，家庭同住及夫妻同住的老年人会比独居的老年人更多地使用购物类网络平台购买商品。

（6）生活形态与购物类网络应用服务使用状况的相关性分析

表5-26　使用不同类型购物类网络应用服务的频次

| 变量 | 淘宝 | | | Pearson 卡方值 | 显著性（双尾） |
|---|---|---|---|---|---|
| | 经常 | 偶尔 | 从不 | | |
| 家庭居住型 | 38（43.2%） | 30（34.1%） | 20（22.7%） | 4.816 | 0.090 不显著 |
| 积极活跃型 | 27（40.9%） | 24（36.4%） | 15（22.7%） | | |
| 孤立保守型 | 8（25.0%） | 10（31.2%） | 14（43.8%） | | |
| 变量 | 京东 | | | Pearson 卡方值 | 显著性（双尾） |
| | 经常 | 偶尔 | 从不 | | |
| 家庭居住型 | 14（15.9%） | 18（20.5%） | 56（63.6%） | 2.712 | 0.354 不显著 |
| 积极活跃型 | 10（15.2%） | 16（24.2%） | 40（60.6%） | | |
| 孤立保守型 | 4（12.5%） | 5（15.6%） | 23（71.9%） | | |
| 变量 | 拼多多 | | | Pearson 卡方值 | 显著性（双尾） |
| | 经常 | 偶尔 | 从不 | | |
| 家庭居住型 | 10（11.4%） | 26（29.5%） | 52（59.1%） | 10.327 | 0.002 显著 |
| 积极活跃型 | 15（22.7%） | 28（42.4%） | 23（34.9%） | | |
| 孤立保守型 | 5（15.6%） | 5（15.6%） | 22（68.8%） | | |
| 变量 | 抖音等其他平台 | | | Pearson 卡方值 | 显著性（双尾） |
| | 经常 | 偶尔 | 从不 | | |
| 家庭居住型 | 35（35.7%） | 32（32.7%） | 31（31.6%） | 13.142 | 0.005 显著 |
| 积极活跃型 | 25（37.9%） | 30（45.5%） | 11（16.6%） | | |
| 孤立保守型 | 2（6.3%） | 13（40.6%） | 17（53.1%） | | |

表5-26是生活形态与购物类网络应用服务平台使用状况的相关性分析的结果。表中数据显示不同生活形态的老年人在使用淘宝和京东方面没有显著差别，而在使用拼多多和抖音平台方面有显著差异。表中的百分比显示，家庭生活型和积极活跃型的老年人比孤立保守型的老年人会更多地使用各种不同的购物类网络应用服务。

表 5-27　主要购买什么物品

| 变量 | 生活用品 | | | Pearson 卡方值 | 显著性（双尾） |
|---|---|---|---|---|---|
| | 经常 | 偶尔 | 从不 | | |
| 家庭居住型 | 24（27.3%） | 40（45.4%） | 24（27.3%） | 13.372 | 0.000 显著 |
| 积极活跃型 | 30（45.5%） | 32（48.5%） | 4（6.0%） | | |
| 孤立保守型 | 5（15.6%） | 12（37.5%） | 15（46.9%） | | |
| 变量 | 保健用品 | | | Pearson 卡方值 | 显著性（双尾） |
| | 经常 | 偶尔 | 从不 | | |
| 家庭居住型 | 28（31.8%） | 30（34.1%） | 30（34.1%） | 6.0279 | 0.090 不显著 |
| 积极活跃型 | 24（36.4%） | 26（39.4%） | 16（24.2%） | | |
| 孤立保守型 | 4（12.5%） | 12（37.5%） | 16（50.0%） | | |
| 变量 | 家居用品 | | | Pearson 卡方值 | 显著性（双尾） |
| | 经常 | 偶尔 | 从不 | | |
| 家庭居住型 | 25（28.4%） | 40（45.5%） | 23（26.1%） | 4.327 | 0.215 不显著 |
| 积极活跃型 | 15（23.8%） | 35（55.6%） | 13（20.6%） | | |
| 孤立保守型 | 5（15.6%） | 15（46.9%） | 12（37.5%） | | |
| 变量 | 食品 | | | Pearson 卡方值 | 显著性（双尾） |
| | 经常 | 偶尔 | 从不 | | |
| 家庭居住型 | 28（31.8%） | 50（56.8%） | 10（11.4%） | 2.830 | 0.716 不显著 |
| 积极活跃型 | 32（48.5%） | 28（42.4%） | 6（9.1%） | | |
| 孤立保守型 | 8（25.0%） | 12（37.5%） | 12（37.5%） | | |

表 5-27 是不同生活形态的老年人使用主要购物类网络服务功能频次的相关性分析的结果。表中数据显示不同生活形态的老年人在使用购物类网络服务购买生活用品方面有显著差别，而在购买保健用品等的频次方面没有显著差别。表中的百分比显示，积极活跃型和家庭居住型老年人比孤立保守型老年人会更多地使用购物类网络应用服务购买不同商品。

## 5.4.2　变量的描述性分析

老年人购物类网络应用服务持续使用模型包括期望确认、感知价值、感知易用性、满意度、任务技术匹配度、感知风险及感知娱乐性 7 个自变量，持续使用意愿1个因变量。问卷题项共21题。采用李克特五级量表，将每位老人的选项得分加起来，算出均值（Mean）和标准差（Std.）。通过描述性统计分析样本数据的集中趋势和离散趋势，反映样本数据在研究变量上的一般水平。描述性统计如表5-28所示：

表5-28 各变量的描述性分析结果

| 因子 | 测度项 | 平均数 | 标准差 | 因子平均数 | 因子标准差 |
|---|---|---|---|---|---|
| 期望确认（CON） | 购物类网络应用服务的体验比我预想的要好 | 3.5339 | 0.736 | 3.525 | 0.753 |
| | 购物类网络应用服务的服务水平比我预想的高 | 3.5231 | 0.705 | | |
| | 总体来说，我对购物类网络应用服务的期望在使用过程中得到满足 | 3.4909 | 0.749 | | |
| 满意度（SAT） | 使用购物类网络应用服务后，我感觉很麻烦 | 3.9102 | 0.655 | 3.916 | 0.693 |
| | 我对使用购物类网络应用服务感到很满意 | 3.9064 | 0.682 | | |
| | 我认为使用购物类网络应用服务是个很正确的决定 | 3.8995 | 0.661 | | |
| | 购物类网络应用服务基本能够满足我的购物需求 | 3.9102 | 0.655 | | |
| 任务技术匹配度（TTF） | 在完成购买商品时购物类网络应用服务的功能是足够的 | 3.8887 | 0.65 | 3.913 | 0.674 |
| | 在完成购买商品时购物类网络应用服务的功能是合适的 | 3.9102 | 0.655 | | |
| | 总体来说，购物类网络应用服务的功能很好地满足了购买的需要 | 3.9102 | 0.638 | | |
| 感知娱乐性（FT） | 我很享受购物类网络应用服务的过程注意力集中（专注度高） | 3.8349 | 0.66 | 3.690 | 0.5376 |
| | 我认为购物类网络应用服务能够给我的生活增添乐趣 | 3.8134 | 0.685 | | |
| | 总体来说，购物类网络应用服务的体验是愉悦的 | 3.8565 | 0.715 | | |

续表 5-28

| 因子 | 测度项 | 平均数 | 标准差 | 因子平均数 | 因子标准差 |
|---|---|---|---|---|---|
| 感知有用性（PU） | 使用购物类网络应用服务能够快速完成交易，提高购物效率 | 4.2651 | 0.625 | 4.2034 | 0.65871 |
| | 使用购物类网络应用服务可以随时随地搜寻商品信息，与卖家沟通，有效降低交易成本 | 4.2651 | 0.606 | | |
| | 总体来说，我认为购物类网络应用服务是很有用的 | 4.2328 | 0.608 | | |
| 感知价值（PV） | 购物类网络应用服务平台的服务带来的益处大于我的预期 | 4.2005 | 0.626 | 4.264 | 0.6204 |
| | 相对于所需承担的风险，我觉得使用购物类网络应用服务是值得的 | 4.179 | 0.631 | | |
| | 总体来说，购物类网络应用服务对我来说有价值的 | 4.2005 | 0.644 | | |
| 感知风险（PR） | 我担心购物类网络应用服务过程中的个人隐私遭泄露 | 4.2113 | 0.684 | 3.844 | 0.6867 |
| | 我担心使用购物类网络应用服务会产生不明的经济损失（如乱扣费、资金账户被盗） | 4.1575 | 0.703 | | |
| | 我担心购物类网络应用服务存在潜在风险 | 3.5451 | 0.726 | | |
| | 购物类网络应用服务所涉及的隐私安全是可以接受的 | 3.9253 | 0.666 | | |
| | 在使用时不会感觉到有什么危害 | 3.6737 | 0.549 | | |
| 持续使用意愿（CI） | 我觉得我在未来会继续使用购物类网络应用服务 | 4.1683 | 0.625 | 4.178 | 0.663 |
| | 我在未来不会轻易放弃使用购物类网络应用服务 | 4.1683 | 0.625 | | |
| | 我会向朋友推荐购物类网络应用服务 | 4.1683 | 0.642 | | |

变量描述性统计分析结果如下：

（1）期望确认

期望确认的题项及因素的平均数都低于 4，分值不高，但差异不大。数据结果显示：老年人对购物类网络应用服务的认同度基本是一致的。数据结果显示，在初次采纳购物类网络应用服务后，大多数老年人认为使用购物类网络应用服务的经历比预期的要好，但仍然还有一部分老年人认为未达到期望，这种情况应该是属于正常的，因为老年人生理和心理上的原因使得这一群体有特殊的需求和认知。综上，可以看出，面向老年人的购物类网络应用服务不管是数量还是质量上都还是欠缺的。

（2）满意度

满意度的题项及因素的平均数都低于4，分值不高，但差异不大。数据结果显示：老年人对购物类网络应用服务的满意度的认同度基本是一致的。在初次采纳购物类网络应用服务后，大多数老年人满意购物类网络应用的各项功能和服务，但仍然还有一部分老年人持不同态度。

（3）任务技术匹配度

任务技术匹配度的题项及因素的平均数都低于4，分值不高，但差异不大。数据结果显示：老年人对购物类网络应用服务的认同度基本是一致的。在初次采纳购物类网络应用服务后，大多数老年人认为购物类网络应用服务可以帮助解决生活中的日常事务，但仍然还有一部分老年人持不同态度。

（4）感知价值性

感知价值性的题项及因素的平均数都高于4，分值较高，且差异不大。数据结果显示：老年人对购物类网络应用服务的感知价值性有较高的认同度。在初次采纳购物类网络应用服务后，绝大多数老年人认为购物类网络应用服务能帮助他们完成在线购物、支付等活动。

（5）感知有用性

感知有用性的题项及因素的平均数都高于4，分值较高，且差异不大。数据结果显示：老年人对购物类网络应用服务有较高的认同度。大多数老年人在使用购物类网络应用服务提供的各项功能和服务后，都有较愉快的经历，对购物类网络应用服务有情感上的认同。

（6）感知娱乐性

感知易用性的题项及因素的平均数都低于4，分值不高，但差异不大。

数据结果显示：老年人对感知易用性的认同度基本是一致的。在初次采纳购物类网络应用服务后，大多数老年人认为使用和学习购物类网络应用服务是一件比较复杂的事情，需要花费一些精力。这种状况是由于老年人生理和心理上的老化所造成的。

（7）感知风险

感知风险的题项平均数都低于4，分值不高，但差异不大，因素的平均数高于4，数据结果显示：老年人对购物类网络应用服务的感知风险认同度基本是一致的。大多数老年人对使用购物类网络应用服务可能带来的风险持中立态度。

（8）持续使用意愿

持续使用意愿的题项及因素的平均数都高于4，分值较高，且差异不大，数据结果显示：老年人对购物类网络应用服务的持续使用意愿认同度基本是一致的。在初次采纳购物类网络应用服务后，大多数老年人都认为他们会继续使用并会向朋友推荐购物类网络应用服务。

## 5.4.3　人口统计学变量对各因子的影响分析

采用 T 检验或者单因子方差分析的方法来探讨外部变量对老年人持续使用购物类网络应用服务模型中各因子的影响程度是否具有显著差异。单因子方差分析时，显著水平若达 0.05，则进一步以 Scheffe's 法进行多重事后检验。

### 5.4.3.1　不同性别与各变量的 T 检验

性别为两元变量，因此用 T 检验的方法来检验不同性别的老年人持续使用购物类网络应用服务的意愿是否有显著差异。如表 5-29。

T 检验的分析结果显示，性别对各变量都具有显著差异。从平均数可以看出，除了感知信任变量，女性在其他各变量的平均值皆高于男性，这种结果显示，相对老年男性而言，老年女性的活跃程度更强些，对持续使用购物类网络应用服务影响变量的认同度更高，而老年男性对购物类网络应用服务的信任度更高。

表 5-29　不同性别与各变量的 T 检验

| 变量 | 性别 | | | | |
|---|---|---|---|---|---|
| | 男（N=86），女（N=100） | | | | |
| | 男（平均数） | 女（平均数） | T 值 | P 值 | 显著性 |
| 期望确认（CON） | 3.1283 | 3.6633 | −5.634 | 0.000 | 显著差异 |
| 满意度（SAT） | 3.4771 | 4.09 | −7.466 | 0.000 | 显著差异 |
| 任务技术匹配度（TTF） | 3.4926 | 4.07 | −7.191 | 0.001 | 显著差异 |
| 感知娱乐性（FT） | 3.4926 | 3.9433 | −5.188 | 0.000 | 显著差异 |
| 感知有用性（PU） | 3.9733 | 4.31 | −4.114 | 0.001 | 显著差异 |
| 感知价值（PV） | 3.8105 | 4.3367 | −6.499 | 0.000 | 显著差异 |
| 感知风险（PR） | 3.4694 | 3.6767 | −2.972 | 0.001 | 显著差异 |
| 持续使用意愿（CI） | 4.1826 | 3.9633 | 2.524 | 0.027 | 显著差异 |

### 5.4.3.2　年龄对各变量的方差分析

用单因子变异量来分析年龄对各变量是否存在差异（如表 5-30）。数据结果显示，年龄对各变量都具有显著差异。Scheffe 事后检验结果显示：55—65 岁的老年人群对于期望确认、满意度、任务技术匹配度、感知有用性、感知价值及感知风险的认同程度显著高于 65—70 岁和 70 岁以上的老年人群，且 65—70 岁老年人群对这些变量的认同度也高于 70 岁以上的老年人群。从认同的平均数来看，年龄越轻的老年人越认为购物类网络应用服务是比较容易使用的，而且更容易受到身边人和周围环境的影响，而且他们对购物类网络应用服务的满意度、感知有用性、感知价值、感知娱乐和任务技术匹配度都有较高的认可。

表 5-30 年龄对变量的方差分析

| 变量 | 年龄 | | | | | |
|---|---|---|---|---|---|---|
| | 1.55—65（N=66），2.65—70（N=94），3.70 以上（N=26） | | | | | |
| | 55—65（平均数） | 65—70（平均数） | 70 以上（平均数） | F 值 | 显著性（双尾）P 值 | Scheffe 检定 |
| 期望确认（CON） | 3.687 | 3.377 | 3.086 | 7.241 | 0.000 显著差异 | 1>2 1>3 |
| 满意度（SAT） | 4.162 | 3.802 | 3.138 | 32.246 | 0.000 显著差异 | 1>2 1>3 2>3 |
| 任务技术匹配度（TTF） | 4.113 | 3.714 | 3.313 | 18.346 | 0.000 显著差异 | 1>2 1>3 2>3 |
| 感知娱乐性（FT） | 3.990 | 3.743 | 3.159 | 18.329 | 0.000 显著差异 | 1>3 2>3 |
| 感知有用性（PU） | 4.345 | 4.1502 | 3.673 | 20.117 | 0.000 显著差异 | 1>2 1>3 2>3 |
| 感知价值（PV） | 4.363 | 4.121 | 3.5185 | 21.667 | 0.000 显著差异 | 1>2 1>3 2>3 |
| 感知风险（PR） | 3.828 | 3.589 | 3.1338 | 23.738 | 0.000 显著差异 | 1>2 1>3 2>3 |
| 持续使用意愿（CI） | 4.305 | 4.008 | 4.5697 | 8.158 | 0.000 显著差异 | 1>3 2>3 |

### 5.4.3.3 受教育程度对各变量的方差分析

用单因子方差分析来探讨受教育程度在各变量上是否存在差异（如表 5-31）。数据结果显示：

期望确认（F=4.44，p=0.023）和任务技术匹配度（F=5.784，p=0.003）的数据结果显示受教育程度在期望确认和任务技术匹配度方面有显著差异。Scheffe 事后检验显示，具有大中专以上学历的老年人对于期望确认和任务技术匹配度的认同程度显著高于具有初高中学历的老年人。

感知价值性（F=4.936，p=0.001）的数据结果表明受教育程度在感知价值性方面有显著差异。Scheffe 事后检验显示，对于感知价值性的认同程度随学历提高而不断提高，受教育程度越高的老年人越认为购物类网络应用服务是容易使用的。

数据结果表明受教育程度在满意度、感知娱乐性、感知有用性、感知风险和持续使用意愿方面不具有显著差异。

表 5-31　受教育程度对变量的方差分析

| 变量 | 受教育程度 | | | | | |
|---|---|---|---|---|---|---|
| | 1. 研究生（N=62），2. 大中专（N=104），3. 初高中（N=20） | | | | | |
| | 研究生（平均数） | 大中专（平均数） | 初高中（平均数） | F 值 | 显著性(双尾)P 值 | Scheff |
| 期望确认（CON） | 3.294 | 3.4115 | 3.8167 | 4.44 | 0.023 显著 | 1>3 2>3 |
| 满意度（SAT） | 3.67 | 3.831 | 3.883 | 2.138 | 0.106 不显著 | |
| 任务技术匹配度（TTF） | 3.606 | 3.930 | 3.75 | 5.784 | 0.003 显著 | 1>3 2>3 |
| 感知娱乐性（FT） | 3.627 | 3.7897 | 3.783 | 1.329 | 0.725 不显著 | |
| 感知有用性（PU） | 4.058 | 4.2192 | 4.117 | 1.648 | 0.328 不显著 | |
| 感知价值（PV） | 3.929 | 4.128 | 3.983 | 4.936 | 0.001 显著 | 1>3 2>3 |
| 感知风险（PR） | 3.627 | 3.513 | 3.85 | 5.114 | 0.092 不显著 | |
| 持续使用意愿（CI） | 4.015 | 4.091 | 4.083 | 0.251 | 0.804 不显著 | |

### 5.4.3.4　职业经历对各变量的方差分析

用单因子方差分析来探讨工作经历对各变量是否存在差异（如表 5-32）。结果显示：

期望确认（F=5.523，p=0.000）的数据结果显示，不同的职业经历在期望确认方面有显著差异。Scheffe 事后检验显示，个体从业者对购物类网络应用服务的期望确认程度比机关事业单位和企业单位工作经历的老年人更高。

除期望确认外，职业经历在其他各变量方面都没有显著差异性。

表 5-32　职业经历对变量的方差分析

| 变量 | 职业经历 | | | | | |
|---|---|---|---|---|---|---|
| | 1. 机关事业单位（N=90），2. 企业单位（N=80），3. 个体从业（N=16） | | | | | |
| | 机关事业单位（平均数） | 企业单位（平均数） | 个人从业（平均数） | F 值 | 显著性（双尾）P 值 | Scheffe 检定 |
| 期望确认（CON） | 3.387 | 3.347 | 3.95 | 5.523 | 0.000 显著 | 3>1 3>2 |
| 满意度（SAT） | 3.837 | 3.775 | 3.7 | 0.523 | 0.697 不显著 | |
| 任务技术匹配度（TTF） | 3.75 | 3.9 | 3.616 | 2.052 | 0.372 不显著 | |
| 感知娱乐性（FT） | 3.722 | 3.7 | 3.7 | 0.261 | 0.203 不显著 | |
| 感知有用性（PU） | 4.085 | 4.267 | 4.325 | 2.281 | 0.216 不显著 | |
| 感知价值（PV） | 4.079 | 4.167 | 4.075 | 0.056 | 0.801 不显著 | |
| 感知风险（PR） | 3.609 | 3.583 | 3.575 | 0.126 | 0.091 不显著 | |
| 持续使用意愿（CI） | 4.057 | 4.133 | 3.825 | 1.767 | 0.2530 不显著 | |

### 5.4.3.5　居住状态对各变量的方差分析

用单因子方差分析来探讨居住状态对各变量是否存在差异（如表 5-33）。数据结果显示：

居住状态在期望确认（F=8.043，p=0.001）、满意度（F=10.723，p=0.000）、感知价值（F=3.832，p=0.023）、感知风险（F=9.268，p=0.000）和持续使用意愿（F=3.182，p=0.002）方面有显著差异。Scheffe 事后检验显示，家庭同住和夫妻同住在期望确认、满意度、感知价值、感知风险和持续使用意愿方面的认同度比独居老年人高。

居住状态在感知娱乐（F=3.899，p=0.031）和感知有用性（F=5.461，p=0.004）方面有显著差异。Scheffe 事后检验发现，家庭同住的老年人在感知娱乐、感知有用性方面的认同度比独居老人高。

居住状态对于任务技术匹配度方面没有显著差异。

表 5-33 居住状态对各变量的方差分析

| 变量 | 居住状态 | | | | | |
|---|---|---|---|---|---|---|
| | 1. 家庭同住（N=76），2. 夫妻同住（N=90），3. 独居（N=20） | | | | | |
| | 家庭同住（平均数） | 夫妻同住（平均数） | 独居（平均数） | F 值 | 显著性（双尾）P 值 | Scheffe 检定 |
| 期望确认（CON） | 3.4763 | 3.4907 | 2.85 | 8.043 | 0.001 显著 | 1>3 2>3 |
| 满意度（SAT） | 3.95 | 3.8093 | 3.25 | 9.673 | 0.000 显著 | 1>3 2>3 |
| 任务技术匹配度（TTF） | 3.9061 | 3.7722 | 3.55 | 2.897 | 0.0715 不显著 | |
| 感知娱乐性（FT） | 3.8447 | 3.713 | 3.4167 | 3.899 | 0.0031 显著 | 1>3 |
| 感知有用性（PU） | 4.2746 | 4.1278 | 3.8167 | 5.461 | 0.004 显著 | 1>3 |
| 感知价值（PV） | 4.143 | 4.1278 | 3.75 | 3.782 | 0.001 显著 | 1>3 2>3 |
| 感知风险（PR） | 3.6079 | 3.6537 | 3.15 | 10.218 | 0.000 显著 | 1>3 2>3 |
| 持续使用意愿（CI） | 4.1167 | 4.0981 | 3.75 | 3.182 | 0.002 显著 | 1>3 2>3 |

### 5.4.3.6 生活形态对各变量的方差分析

用单因子方差分析来探讨生活形态对各变量是否存在差异（如表 5-34）。数据结果显示：

生活形态在满意度（F=15.215，p=0.000）、任务技术匹配度（F=9.713，p=0.000）、感知娱乐性（F=19.532，p=0.000）、感知有用性（F=9.313，p=0.000）、感知价值（F=10.174，p=0.000）和持续使用意愿（F=11.927，p=0.000）方面有显著差异。Scheffe 事后检验显示，家庭居住型和积极活跃型老年人在满意度、任务技术匹配度、感知娱乐性、感知有用性、感知价值和持续使用意愿（F=11.927，p=0.000）和持续使用意愿方面的认同度明显高于孤立保守型老年人，同时积极活跃型老年人对这些变量的认同度也显著高于家庭居住型老年人。

在期望确认（F=4.393，p=0.002）方面，积极活跃型老年人的认同度显著高于孤立保守型老年人。

不同生活形态在感知风险（F=2.346，p=0.142）方面没有显著差异。

表5-34　生活形态对各变量的方差分析

| 变量 | 生活形态 | | | | | |
|------|------|------|------|------|------|------|
| | 1. 家庭居住型（N=88），2. 积极活跃型（N=62），3. 孤立保守型（N=32） | | | | | |
| | 家庭居住型（平均数） | 积极活跃型（平均数） | 孤立保守型（平均数） | F值 | 显著性（双尾）P值 | Scheffe检定 |
| 期望确认（CON） | 3.2482 | 3.5765 | 3.43 | 4.393 | 0.002 显著 | 2>1 |
| 满意度（SAT） | 3.7255 | 4.0916 | 3.3258 | 15.215 | 0.000 显著 | 1>3 2>3 2>1 |
| 任务技术匹配度（TTF） | 3.6952 | 4.0916 | 3.3883 | 9.713 | 0.000 显著 | 1>3 2>3 2>1 |
| 感知娱乐性（FT） | 3.5664 | 4.1926 | 3.1383 | 19.532 | 0.000 显著 | 1>3 2>3 2>1 |
| 感知有用性（PU） | 4.1194 | 4.334 | 3.7633 | 9.313 | 0.000 显著 | 1>3 2>3 2>1 |
| 感知价值（PV） | 4.0436 | 4.334 | 3.6175 | 10.174 | 0.000 显著 | 1>3 2>3 2>1 |
| 感知风险（PR） | 4.0436 | 3.9502 | 4.2425 | 2.346 | 0.142 不显著 | |
| 持续使用意愿（CI） | 4.0285 | 4.4047 | 3.3675 | 11.927 | 0.000 显著 | 1>3 2>3 2>1 |

## 5.5 持续使用意愿结构方程模型假设检验分析

结构方程模型（Structural Equation Modeling，简称"SEM"）是用来检验关于观测变量与潜变量，潜变量与潜变量之间假设关系的一种多重变量统计分析方法，多用于对理论模型进行检验，即以所收集数据来检验基于理论所建立的假设模型。结构方程模型被广泛应用在各个方面的研究中，如市场学、教育学、心理学、社会科学、管理学等，近年来，也逐渐被应用于信息系统领域的研究中。

而本文是针对购物类网络应用服务持续使用模型中潜变量之间的因果关系进行探讨，涉及二因子中介，所以决定用结构方程模型对文中构建的购物类网络应用服务用户持续使用意愿的概念模型和所提出的研究假设进行检验。结构方程模型是多元数据分析的重要工具，主要用于对潜变量间的假设关系进行分析。它可以把多个观测变量与潜变量联系起来分析潜变量之间的结构关系，可以对调查数据与整个模型的拟合程度进行检测，可以对模型内的各个标准误差和因果效应进行分析。

### 5.5.1 结构方程模型检验

结构方程模型检验主要包括模型拟合度分析和模型路径分析两部分。首先检验调查数据与假设模型的拟合度，只有拟合度指标满足相应的评价标准，计算的模型的路径系数及推断的变量之间的关系才是有效。之后，计算出每条路径的路径系数和显著性。具体实施步骤如下：

#### 5.5.1.1 模型构建

本文基于前面的理论分析基础，确立研究中自变量、中介变量和因变量之间的因果关系，运用 AMOS 将提出的研究假设转变为结构方程模型，并对购物类网络应用服务用户持续使用的理论模型进行结构方程建模分析。本文通过 AMOS22.0 建立的结构方程模型如图 5-2 所示。

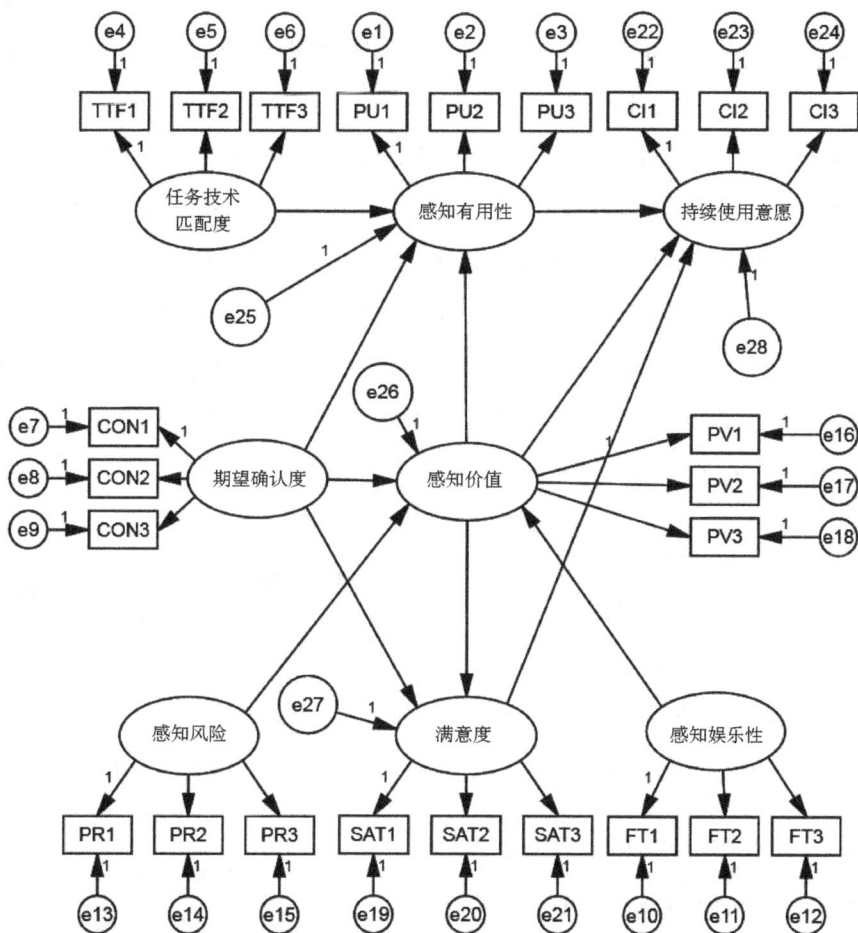

图 5-2　老年人用户持续使用购物类网络应用服务的结构方程模型

### 5.5.1.2　模型拟合度评价

其一，参数估计方法的选择，模型运算是使用软件进行模型参数估计的过程，对模型进行求解其中主要是模型参数的估计，求得参数使模型隐含的协方差矩阵与样本协方差矩阵的"差距"最小。本文综合考虑 AMOS 软件的多种模型运算方法，采用最大似然估计（Maximum Likelihood）进行模型运算。

其二，标准化系数，用以度量变量间的相对变化水平，因此不同变量间的标准化路径系数（或标准化载荷系数）可以直接比较。

　　模型拟合度的评价是对结构方程模型进行检验，判断各参数与预设模型的关系是否合理、各拟合指数是否通过等。模型拟合度评价是考察理论模型对数据拟合程度的统计指标。不同类别的模型拟合度评价可以从模型复杂性、样本大小、相对性与绝对性等方面对理论模型进行度量。在对模型的评价指标中，常用语评价理论模型与数据之间的适配程度指标包括 GFI、$\chi 2$、IFI、NFI、AGFI、CFI 和 RMSEA 等指标。一般情况下认为 $\chi 2/DF$ 小于 3，RMSEA 小于 0.08，IFI 和 CFI 大于 0.90 的拟合模型是可以接受的。

　　本文通过 AMOS22.0 对模型进行拟合度分析，参照模型拟合度评价标准，发现研究模型拟合度较好，各评价指标都达到了接受标准，理论模型可以接受。具体获得的各项指标如表 5-35 所示。

表 5-35　模型拟合度评价

| 指标类型 | 评价指标 | 评价标准 | | 本模型值 | 评价结果 |
|---|---|---|---|---|---|
| | | 可以接受 | 好 | | |
| 绝对拟合指标 | 卡方自由度比<br>（Chi-square/DF） | <3.0 | | 1.716 | 好 |
| | 残差均方根<br>（Root mean square residual，RMR） | <0.08 | <0.05 | 0.061 | 好 |
| | 近似残差均方和平方根<br>（Root mean square error of Approximation，RMSEA） | <0.08 | <0.05 | 0.043 | 接受 |
| | 适配度指数<br>（Goodness-of-fit index，GFI） | [0.8，0.9] | >0.9 | 0.897 | 接受 |
| | 调整后适配度指数<br>（Adjust goodness-of-fit index，AGFI） | [0.8，0.9] | >0.9 | 0.872 | 接受 |
| 相对拟合指标 | 比较拟合指数<br>（Comparative fit index，CFI） | [0.8，0.9] | >0.9 | 0.904 | 好 |
| | 增值拟合指数<br>（Incremental fit index，IFI） | [0.8，0.9] | >0.9 | 0.933 | 好 |
| | 规范拟合指数<br>（Normed fit index，NFI） | [0.8，0.9] | >0.9 | 0.918 | 好 |
| | 非正态拟合指数<br>（Tucker-Lewis，TLI） | [0.8，0.9] | >0.9 | 0.963 | 好 |

由于 Chi-Square（$\chi 2$）和 GFI 的值与样本数有很大的关系，很多时候样本数愈大，它们反而更不理想，相对而言，RMR、RMSEA. TLI 和 CFI 作为判定指标更为重要。由上图模型拟合度评价指标可知，本文模型的各项拟合指标均在阈值范围内。其中，CFI、IFI、NFI 和 TLI 指数均大于 0.9，模型整体与数据的适配度较好，达到了"好"的水平，可以接受该模型，亦说明该研究模型能够很好地解释购物类网络应用服务用户持续使用意愿。

### 5.5.1.3 路径分析

拟合指标的作用是考察理论模型与数据的适配程度，不能作为判断模型是否成立的唯一依据。继续使用 AMOS22.0 对该结构方程模型进行路径分析，主要路径系数结果如表 5-36 所示。

表 5-36　模型路径系数估计结果

| 研究路径与假设 | | | 非标准化回归系数估计 | S.E. | C.R. | P | 标准化路径系数估计 |
|---|---|---|---|---|---|---|---|
| 感知价值 | ← | 期望确认度 | 0.356 | 0.193 | 3.361 | 0.002 | 0.455 |
| 感知价值 | ← | 感知风险 | 0.181 | 0.156 | 1.831 | 0.068 | 0.204 |
| 感知价值 | ← | 感知娱乐性 | 0.467 | 0.198 | 4.539 | 0.000 | 0.596 |
| 感知有用性 | ← | 任务技术匹配度 | 0.892 | 0.286 | 4.76 | 0.000 | 0.844 |
| 感知有用性 | ← | 感知价值 | 0.687 | 0.255 | 4.322 | 0.000 | 0.521 |
| 感知有用性 | ← | 期望确认度 | 0.157 | 0.177 | 0.771 | 0.621 | 0.164 |
| 满意度 | ← | 期望确认度 | 0.422 | 0.179 | 5.264 | 0.000 | 0.487 |
| 满意度 | ← | 感知价值 | 0.862 | 0.226 | 7.147 | 0.000 | 0.756 |
| 持续使用意愿 | ← | 感知有用性 | 0.349 | 0.178 | 4.049 | 0.000 | 0.356 |
| 持续使用意愿 | ← | 感知价值 | 0.539 | 0.307 | 2.357 | 0.016 | 0.425 |
| 持续使用意愿 | ← | 满意度 | 0.651 | 0.273 | 3.583 | 0.000 | 0.572 |

由表可以看出，期望确认度与感知价值的路径系数是 0.455，且通过显著性验证，说明期望确认度对感知价值有显著的正向影响；感知价值与持续使用意愿的路径系数是 0.425，且通过显著性验证，说明感知价值对持续使用意愿有显著的正向影响；期望确认度与满意度的路径系数是 0.487，且通过显著性验证，说明期望确认度对满意度有显著的正向影响；满意度与持续使用意愿的路径系数是 0.572，且通过显著性验证，说明满意度对持续使用意愿有显著的正向影响。而期望确认度与感知有用性的路径系数是 0.164，且没有通过显著性验证，说明购物类网络应用服务用户的期望确认度并不通过中介变量感知有用性对持续使用意愿产生影响，而是通过感知价值和满意度这两个中介变量对其产生影响。

感知价值与满意度的路径系数是 0.756，且通过显著性验证，说明感知价值对满意度有显著的正向影响；感知风险与感知价值的路径系数是 0.204，且没有通过显著性验证，说明感知风险对感知价值有显著的负向影响的假设不成立，拒绝接受假设"购物类网络应用服务用户的感知风险显著地负向影响感知价值"。

任务技术匹配度对感知有用性的路径系数是 0.844，且通过显著性验证，说明任务技术匹配度对感知有用性有显著的正向影响；感知娱乐性与感知价值的路径系数是 0.596，且通过显著性验证，说明感知娱乐性对感知价值有显著的正向影响。感知有用性与持续使用意愿的路径系数是 0.356，且通过显著性验证，说明感知有用性对持续使用意愿有显著的正向影响；而感知价值与感知有用性的路径系数是 0.521，且通过显著性验证，说明感知价值对感知有用性有显著的正向影响；亦说明购物类网络应用服务用户的感知价值不仅直接对持续使用意愿产生影响，而且通过感知有用性这一中介变量对其产生影响。

除了感知风险与感知价值的路径系数和期望确认度与感知有用性的路径系数没有通过显著性验证外，其他购物类网络应用服务持续使用结构方程模型中的主要路径系数都在 p 值为 0.001、0.05 或 0.01 的水平下是显著的。

对购物类网络应用服务用户持续使用研究模型的验证情况如图 5-3 所示。

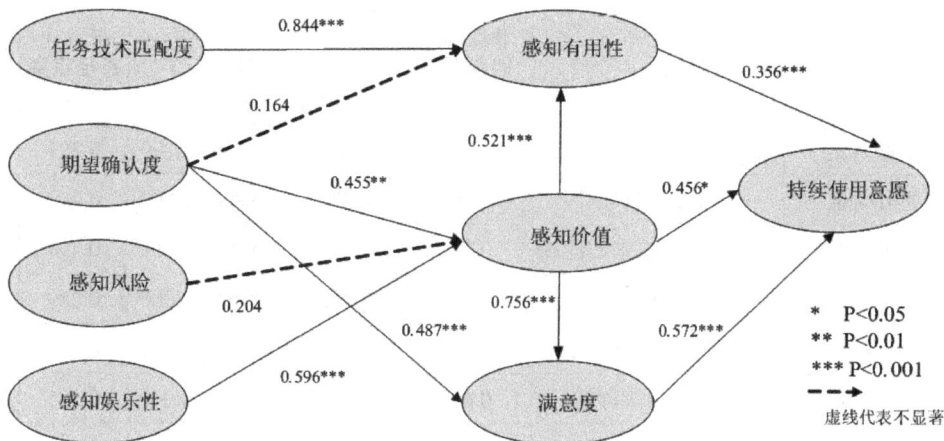

图 5-3　模型路径分析结果

## 5.5.2　持续使用意愿模型修正

在进行模型修正时主要考虑修正后的模型结果是否具有现实意义或理论价值，当模型效果很差时可以参考模型修正指标对模型进行调整。首先要考察模型结果中估计出的参数是否具有统计意义，需要对路径系数或载荷系数进行统计显著性检验，这类似于回归分析中的参数显著性检验。根据初始模型的参数显著性结果和 AMOS 提供的模型修正指标进行模型扩展（Model Building）或模型限制（Model Trimming）。模型扩展是指通过释放部分限制路径或添加新路径，使模型结构更加合理，通常在提高模型拟合程度时使用；模型限制是指通过删除或限制部分路径，使模型结构更加简洁，通常在提高模型可识别性时使用。

AMOS 提供了两种模型修正指标，其中修正指数（Modification Index）用于模型扩展，临界比率（Critical Ratio）用于模型限制。

### 5.5.2.1 修正后路径分析

表 5-37 修正后的模型路径系数估计结果

| 研究路径与假设 | | | 非标准化回归系数估计 | S.E. | C.R. | P | 标准化路径系数估计 |
|---|---|---|---|---|---|---|---|
| 感知价值 | ← | 期望确认度 | 0.186 | 0.023 | 3.309 | 0.000 | 0.297 |
| 感知价值 | ← | 感知娱乐性 | 0.297 | 0.029 | 4.353 | 0.000 | 0.429 |
| 感知有用性 | ← | 任务技术匹配度 | 0.722 | 0.037 | 6.571 | 0.000 | 0.494 |
| 感知有用性 | ← | 感知价值 | 0.517 | 0.062 | 4.246 | 0.000 | 0.289 |
| 满意度 | ← | 期望确认度 | 0.252 | 0.009 | 5.143 | 0.000 | 0.319 |
| 满意度 | ← | 感知价值 | 0.692 | 0.056 | 6.968 | 0.000 | 0.585 |
| 持续使用意愿 | ← | 感知有用性 | 0.179 | 0.008 | 4.016 | 0.000 | 0.194 |
| 持续使用意愿 | ← | 感知价值 | 0.369 | 0.135 | 2.155 | 0.016 | 0.246 |
| 持续使用意愿 | ← | 满意度 | 0.481 | 0.105 | 3.397 | 0.000 | 0.405 |

模型验证结果显示，修正后的持续使用意愿模型能够更好地解释老年人用户持续使用购物类网络应用服务的意愿。修正后的模型路径分析结果如图5-4所示。

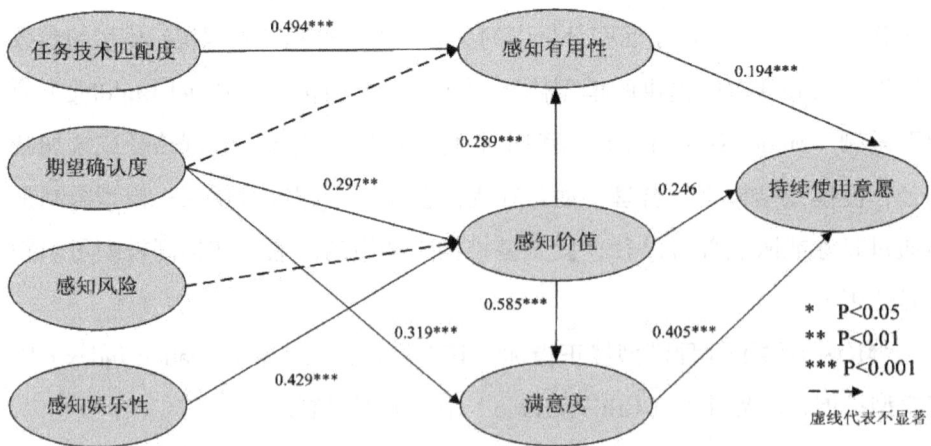

图 5-4 修正后的模型路径分析结果

### 5.5.2.2 假设检验

根据结构方程处理过程，对模型所提出的老年人用户购物类网络应用服务持续使用影响因素的研究假设进行验证，结果如表 5–38 所示。

表 5–38 购物类网络应用服务用户持续使用意愿模型假设验证结果

| 假设 | 老年人用户购物类网络应用服务持续使用意愿模型的相关假设 | 验证结果 |
|---|---|---|
| 假设 1 | 老年人用户购物类网络应用服务的期望确认度正向地影响感知有用性 | 不成立 |
| 假设 2 | 老年人用户购物类网络应用服务的感知有用性正向地影响持续使用意愿 | 成立 |
| 假设 3 | 老年人用户购物类网络应用服务的期望确认度正向地影响满意度 | 成立 |
| 假设 4 | 老年人用户购物类网络应用服务的满意度正向地影响持续使用意愿 | 成立 |
| 假设 5 | 老年人用户购物类网络应用服务的期望确认度正向地影响感知价值 | 成立 |
| 假设 6 | 老年人用户购物类网络应用服务的任务技术匹配度正向地影响用户的感知有用性 | 成立 |
| 假设 7 | 老年人用户购物类网络应用服务的感知娱乐性正向地影响感知价值 | 成立 |
| 假设 8 | 老年人用户购物类网络应用服务的感知风险负向地影响感知价值 | 不成立 |
| 假设 9 | 老年人用户购物类网络应用服务的感知价值正向地影响感知有用性 | 成立 |
| 假设 10 | 老年人用户购物类网络应用服务的感知价值正向地影响满意度 | 成立 |
| 假设 11 | 老年人用户购物类网络应用服务的感知价值正向地影响持续使用意愿 | 成立 |

## 5.5.3 结果讨论

通过对研究模型的拟合，得到因素之间的影响效果，包括直接效应、间接效应和总效应。总效应等于直接效应加上间接效应，间接效应为路径系数的乘积。购物类网络应用服务用户持续使用意愿影响因素重要程度由大到小依次是感知价值（0.667）、满意度（0.455）、期望确认程度（0.399）、感知娱乐性（0.320）、感知有用性（0.244）和任务技术匹配度（0.132）。

从结构方程模型各因素间影响效果分析的角度对修正后购物类网络应用服务用户持续使用意愿模型进行解释，模型各因素间的影响效应具体如表 5–39 所示。

表 5-39　结构方程模型各因素间的影响效应

| 因素关系 | | | 直接效应 | 间接效应 | 总效应 |
|---|---|---|---|---|---|
| 感知价值 | ← | 期望确认度 | 0.227 | 0 | 0.227 |
| 感知价值 | ← | 感知娱乐性 | 0.359 | 0 | 0.359 |
| 感知有用性 | ← | 任务技术匹配度 | 0.424 | 0 | 0.424 |
| 感知有用性 | ← | 感知价值 | 0.219 | 0 | 0.219 |
| 满意度 | ← | 期望确认度 | 0.249 | 0.219 | 0.469 |
| 满意度 | ← | 感知价值 | 0.515 | 0 | 0.515 |
| 持续使用意愿 | ← | 感知有用性 | 0.124 | 0 | 0.124 |
| 持续使用意愿 | ← | 感知价值 | 0.176 | 0.286 | 0.547 |
| 持续使用意愿 | ← | 满意度 | 0.335 | 0 | 0.335 |
| 持续使用意愿 | ← | 感知娱乐性 | 0 | 0.201 | 0.214 |
| 持续使用意愿 | ← | 期望确认度 | 0 | 0.279 | 0.279 |
| 持续使用意愿 | ← | 任务技术匹配度 | 0 | 0.112 | 0.012 |
| 感知有用性 | ← | 感知娱乐性 | 0 | 0.142 | 0.042 |
| 感知有用性 | ← | 期望确认度 | 0 | 0.102 | 0.126 |
| 满意度 | ← | 感知娱乐性 | 0 | 0.184 | 0.184 |

本部分是在期望确认理论的信息系统持续使用模型的基础上，整合任务技术匹配理论、沉浸理论和价值接受模型，将任务技术匹配度、感知娱乐性、感知风险和感知价值引入模型，探索性地提出了老年人用户购物类网络应用服务持续使用意愿影响因素的研究模型，并从实证角度验证了模型的有效性。通过 SPSS22.0 对有效问卷整理出的样本数据进行了信度和效度检验。通过 AMOS22.0 构建老年人用户购物类网络应用服务持续使用意愿的结构方程模型，并对研究模型进行拟合度评价、路径分析及假设检验。结果显示，在 11 个研究假设中，除了假设 1 和假设 8 没有通过验证外，其余 9 个假设均成立。除了感知风险外，感知价值、满意度、期望确认程度、感知娱乐性、感知有用性和任务技术匹配度均对移动购物用户持续使用意愿产生

影响。

假设 1（老年人用户购物类网络应用服务的期望确认度正向地影响感知有用性）未通过验证。而假设 3、4、5 和 11 均成立，结果说明感知有用性并不会对老年人用户的期望确认产生影响，而感知价值和满意度具有显著正向影响，并且会对老年人用户持续使用意愿产生间接影响。假设 8（老年人用户购物类网络应用服务的感知风险负向地影响感知价值）未通过验证，可以解释为普遍年轻化有移动购物体验的用户因为对使用过程存在的隐患认知较到位，所以对风险的感知并不强烈。移动购物属于功能型信息系统，现有移动购物体验的用户大部分个人创新性接受能力高，勇于冒险，并且有较好的结果。随着目前移动终端的防盗设置更加全面，移动购物支付趋于安全，就不难理解为什么感知风险对移动购物用户持续使用意愿影响不显著了。

## 5.6　实践建议

随着智能手机功能的提升和软件开发的不断成熟，移动端的功能和用户体验都达到了新的高度，但移动端的购物类网络应用服务与电脑端网络购物的体验感与应用场景有所不同，加之老年人用户的需求和生理特征等因素，因此需要深入探索老年人用户购物类网络应用服务的运营模式。本文基于老年人用户的视角，构建老年人用户购物类网络应用服务的持续使用意愿的影响因素模型，并对持续使用意愿的影响因素及各因素对老年人用户持续使用意愿的影响方式进行分析。以下针对老年人用户购物类网络应用服务的现状及发展，运用假设模型，对老年人用户购物类网络应用服务平台（服务提供商）提出以下几点建议。

第一，满足老年人用户多重需求，提升用户体验，提高老年人用户对购物类网络应用服务的正向体验，持续挖掘老年人用户需求。

用户体验是指 App 的界面美观程度，用户流程的一体化及便捷程度等使用过程中的整体感受。老年人用户在使用购物类网络应用服务过程中对 App

界面的感受主要体现在便利性方面，提升用户体验就是帮助老年人用户从选择信息，下单到支付整个过程更加便捷，使各功能一目了然，便于操作。

体验差距会影响老年人用户对网络应用服务满意度等因素。老年人用户采纳购物类网络应用服务的初始期望是基本确定的，而老年人用户在使用购物类网络应用服务的过程中，感知有用性、感知娱乐性等因素可能发生变化，这就要求购物类网络应用服务运营商要以老年人用户为中心，重视用户体验，并通过改善自身的服务质量来提高老年人用户的正向体验，从而提高老年人用户的持续使用意愿；

第二，提高老年人用户任务与技术匹配度的合理性，保持购物类网络应用服务的适当娱乐性，增强老年人用户对购物类网络应用服务的依赖性。购物类网络应用服务运营商需要改进现有的服务系统，节省老年人用户购物全流程的时间，针对老年人用户的需求和心理特征，提高购物类网络应用服务的感知有用性和感知娱乐性；

第三，购物类网络应用服务运营商需要提高老年人用户对购物类网络应用服务平台的感知价值，提高老年人用户转换成本的感知性，增强老年人用户对购物类网络应用服务平台的黏性。例如可以通过向老年人用户提供会员优惠政策等来提升老年人用户对购物类网络应用服务平台的感知收益。

第四，加强正面口碑及知名度宣传，提升老年人用户对购物类网络应用平台的认知度。

## 5.7 小结

本章主要对老年人用户购物类网络应用服务的设计量表所收集的数据进行实证研究分析，检验数据模型的合理有效性及确认各潜变量间的路径关系和影响效用。在前面章节模型数据准备中，先通过结合问题研究背景和国内外研究现状构建初步模型及相关构念，然后借鉴前辈研究学者的成熟量表进行量表的开发完善，最后通过多渠道方式进行问卷的收集，整理获取 186 份有效问卷。

实证分析前需先对调研问卷及收集数据的信度和效度进行分析，通过利用 SPSS22.0 统计功能验证测量数据内部一致性较高，调研问卷具有较好的内容效度，问卷与数据结构效度良好，适用于接下来的结构化方程模型分析。采用 AMOS 的路径分析功能在模型适配度符合标准的前提下对模型的路径系数及显著性进行估算和检验。依据所得结果进行模型提出假设的验证及分析各变量间的效用情况。

本部分内容基于 ECM–ISC 模型，结合 TTF 模型、VAM 模型和沉浸理论构建了老年人用户购物类网络应用服务持续使用意愿模型。研究假设检验结果显示，在 11 个研究假设中，只有假设 1 和假设 8 不成立，另外 9 个假设均成立。除了感知风险外，感知价值、满意度、期望确认程度、感知娱乐性、感知有用性和任务技术匹配度均对老年人用户持续使用购物类网络应用服务意愿产生影响。其中影响最大的是老年人用户的感知价值，感知价值不但对老年人用户持续使用购物类网络应用服务意愿有直接效应，而且分别通过感知有用性和满意度对其有间接效应。其他因素对老年人用户持续使用购物类网络应用服务意愿影响程度由大到小依次是满意度、期望确认程度、感知娱乐性、感知有用性、任务技术匹配度。

# 6 老年人金融类网络应用服务使用行为研究

本部分以老年人使用金融类网络应用服务为研究对象，通过阅读金融类网络应用服务领域及信息系统用户采纳领域的相关文献，对文献进行分析和梳理，并根据文献的分析、金融类网络应用服务及老年人的生理和心理特征等构建老年人金融类网络应用服务使用意愿的影响因素模型，采用问卷调查的方法获取样本数据，通过结构方程模型的方法对问卷收集的数据进行分析。本文构建的研究模型是在期望确认模型（ECM）的基本框架上，根据金融类网络应用服务的特点，引入情境因素、社会影响、感知风险、任务技术匹配度四个变量，通过量表的开发和问卷的设计与发放进行数据的收集，应用 SPSS 及 AMOS 等软件对问卷收集的数据进行信度和效度的分析，通过结构方程模型进行路径分析、假设验证和变量之间中介效应检验等进行实证分析，为金融类网络应用服务运营商及老龄社会治理等机构提供可行性的意见和建议，帮助其做出合理的决策。

## 6.1 探索性因素研究

老年人金融类网络应用服务产品的持续使用意愿将影响用户的最终使用行为，而影响老年人持续使用金融类网络应用服务的因素也能够从老年人用户的持续使用行为中得到反馈。本部分研究的内容是在前期研究的基础上，对期望确认模型、情境理论、感知风险理论和任务技术匹配理论等进行梳理，结合金融类网络应用服务产品的特点，提炼出影响老年人用户持续使用意愿的 9 个因素，包括感知有用性、期望确认、感知易用性、用户满意度、感知风险、情境因素、任务技术匹配度、社会影响及持续使用意愿。为了更加全面准确地得出影响老年人用户持续使用金融类网络应用服务意愿的因素，本文采用深度访谈法，通过与部分使用过金融类网络应用服务的老年人用户进行访谈，对本文所提出的9个因素的合理性进行探讨。

### 6.1.1 深度访谈的目的

深度访谈的主要目的是深入了解老年人金融类网络应用服务的使用状况；更加明确老年人金融类网络应用服务使用的影响因素，从而构建老年人金融类网络应用服务使用模型。

### 6.1.2 深度访谈准备和程序

采取半结构化访谈的方式，以作者前期研究中的老年人社会化网络应用服务初次采纳和持续使用行为两阶段过程模型为基础拟定访谈大纲。正式访谈受访者时，研究者先向受访者说明访谈的过程，包括研究的目的、访谈所需的时间、研究过程、结果去向、受访者隐私保护等问题，再以生活化的对话方式展开访谈。访谈由研究者亲自进行，每次访谈时间为30分钟左右。访谈的提问方式不限定特定语句，尽量中立和简短，并以口语化的交谈与受访者互动，避免加入个人主观想法诱导受访者，同时也避免使用学术专业名称。受访者围绕访谈大纲，进行轻松愉悦的交谈，根据自身使用网络应用服务的经验表达自己的看法与感受。研究者在访谈过程中尽量让受访者回想并回答过去使用网络服务的状况，描述各种想法和心得，甚至期望，以便更广泛获取有利于研究的资料。访谈一般由两个人构成，一人以访谈为主，另一人以记录为主，形成文字稿。访谈完成后，尽量在一两天内完成访谈资料的录入，希望在访谈情境印象仍深刻时，将访谈资料完整正确地逐字记录下来，确保信息的完整性及正确性。访谈资料归整完成后，将超过半数的受访者所提出相似见解和感受归为同一类别，然后与过往学者的研究文献相比较，找出文献中提出的相似变量，从学术的角度去定义这些变量，这样做的好处是可以避免完全由研究者主观意念来归纳整理变量，增强本文后续问卷的专家效度和内容效度。

本次深度访谈于 2021 年的 7 月开始，2022 年 9 月结束。

### 6.1.2.1　访谈样本

深度访谈的对象要求有网络使用经验，且具有某种网络应用服务使用的经历，所以我们采用"目的性抽样"的方法来选择样本对象，有针对性进行挑选，同时尽量兼顾到不同年龄、性别和受教育程度的老年人。我们总共进行了6 次访谈，每次 1 位老人，每位参加访谈的老年人都能独立使用电脑和网络，能较熟练地使用互联网中的某些服务应用或网络应用服务的某些具体功能。

参与访谈的老年人来自江西省南昌市某些高校和某些社区。表 6-1 是 6 位参加访谈老年人的基本信息。

表 6-1　参与调研的老年人编码

| 编码 | 性别 | 年龄 | 职业 | 居住情况 | 受教育程度 |
| --- | --- | --- | --- | --- | --- |
| P.1 | 男 | 65 | 机关人员 | 夫妻同住 | 硕士 |
| P.2 | 男 | 62 | 无业 | 夫妻同住 | 高中 |
| P.3 | 男 | 58 | 企业职员 | 子女同住 | 大中专 |
| P.4 | 女 | 60 | 无业 | 夫妻同住 | 高中 |
| P.5 | 女 | 58 | 教师 | 子女同住 | 硕士 |
| P.6 | 女 | 67 | 机关人员 | 子女同住 | 大中专 |

### 6.1.2.2　访谈大纲

在前期研究中，我们提出了老年人社会化网络服务初次采纳和持续使用行为两阶段过程模型，其中影响老年人初次采纳社会化网络服务的潜在变量包括感知有用性、感知易用性、环境影响、便利条件、感知信任、努力期望等。本次研究的深度访谈大纲就是参照前期研究的两阶段模型而拟定的，访谈大纲的主要问题及在访谈过程中的对话引导都是围绕两阶段模型中提及的潜在变量，并结合金融类网络应用服务的具体情况扩展部分变量而展开的。部分主要问题如下：

对金融类网络应用服务是否了解？使用的时间有多长？主要获取什么资

讯？你觉得这些金融类网络应用服务是否有用？开始使用的时候是怎么知道的？是谁教会你使用这些功能的？难不难？使用这些金融类网络应用服务过程中是否有什么顾忌和担心？

### 6.1.2.3　资料整理

访谈结束后，首先对受访者描述的感受和想法进行整理、分析和归纳，将意思相同的概念归类至某一范畴，并赋予该范畴一个概念化的名称，经过范畴化与概念化的过程之后，形成变量因子。然后将这些归纳出来的影响因子与两阶段模型中提及的概念或论点进行比较分析，当受访者所表达的内容与某变量相似时，将进一步确认受访者表达的意思是否与此变量定义相同，并将过半的受访者所提及的想法和感受作为主要的影响因素，同时也结合金融类网络应用服务的情境发掘新的影响因素。这些影响因素作为后续研究模型及研究假设的变量。经过整理分析，提取大家都熟知的因素或概念。最后归纳总结得到了感知有用性（Perceived Usefulness）、感知易用性（Perceivedease of Use）、期望确认（Confirmation）、用户满意度（Satisfaction）、情境因素（Situation）、感知风险（Perceived Risk）、任务技术匹配度（Task-Technology Fit）、社会影响（Social Influence）。

部分访谈实例：

（1）老年人对金融类网络应用服务的了解及使用情况

老年人对金融类网络应用服务的概念有一定的认识，大多老年人对手机中的网络应用服务都有所接触，有的老年人对 QQ、微信或淘宝等具体的应用服务也比较清楚了。受访老年人大都会使用金融类网络应用服务来支付网络购物及生活缴费等。

"我……会用银行的 App 来查看余额之类的，淘宝上买东西也会用支付宝支付。"[P.1]

"我……有时候也会用支付宝、微信等进行理财，也会炒股。现在买菜之类的也是用微信支付。"[P.6]

"我……一般用微信支付，也会用银行的 App 理财。"[P.5]

（2）老年人对于金融类网络应用服务的感知有用性是明显的

总体而言，老年人普遍认为他们所使用的金融类网络应用服务是有用的。

"我经常用手机进行支付，很方便，超市买菜、买东西都会用手机支付，会在淘宝上购物，进行支付。有的时候也会用手机理财。"[P.3]

"我平时付款主要用手机上的支付宝和微信，很方便。买菜、淘宝购物都会用，也会用银行的 App 之类的进行理财，也会查看手机余额等。还有社保、医保等也会用手机查看。"[P.4]

"移动网络应用服务是很好的，很方便，我会在网上炒股，最常用的就是微信和支付宝来进行支付。"[P.6]

"我会用手机看各种信息啊，电脑不太用，也会用手机查看我的银行信息，医保、社保信息等。还是很方便的，扫码就能完成。"[P.1]

（3）感知易用性对于老年人最终决定是否使用网络应用服务有一定的影响

"我觉得现在手机支付还是比较容易使用的，扫码就行了，但更复杂的功能就玩不好了，比如理财我就不太会在手机上用，大多数功能用不上，当然希望以后能多考虑考虑老年人，字体大一点，操作不要太复杂了，否则我以后就不一定会用了。"[P.4]

"老年人当然喜欢使用起来更方便的，有些功能太复杂了，看得眼花。"[P.5]

（4）风险性影响

大多数老年人使用金融类网络应用服务不太会受感知风险性的影响。

"简单的支付，我觉得风险不大，因为卡上也没有很多钱。"[P.4]

"风险还好吧，我主要用手机做支付，不要捆绑太多银行卡就行。"[P.5]

（5）社会因素影响

大多数老年人使用金融类网络应用服务会受到社会因素的影响。

"现在不用手机支付就感觉不方便啊，刚开始是子女教的，后来用习惯了也不会觉得太难。"[P.4]

"人家都用，自己不用就不方便啊。"[P.5]

（6）任务技术匹配的影响

大多数老年人在使用金融类网络应用服务过程中会受到任务技术匹配度的影响。

"我一般就是用手机进行支付，所以我觉得现在二维码扫码还是很方便的。一些新的技术，我也不需要用。"[P.4]

"大部分新技术对老年人来说就是辅助性的，我使用手机主要就是用二维码扫码，其他很多功能都不太用。"[P.5]

## 6.2　研究模型构建

在访谈的基础上，确定影响老年人金融类网络应用服务持续使用意愿的8个主要影响因素，分别为感知有用性（Perceived Usefulness）、感知易用性（Perceivedease of Use）、期望确认（Confirmation）、用户满意度（Satisfaction）、情境因素（Situation）、感知风险（Perceived Risk）、任务技术匹配度（Task-Technology Fit）、社会影响（Social Influence）。因此，本文以期望确认模型为研究框架，结合情境理论、感知风险理论、任务技术匹配理论，在模型中引入了感知易用性、感知风险、情境因素、任务技术匹配度及社会影响等变量，最终提出了老年人用户持续使用金融类网络应用服务的影响因素模型，如图6-1所示。

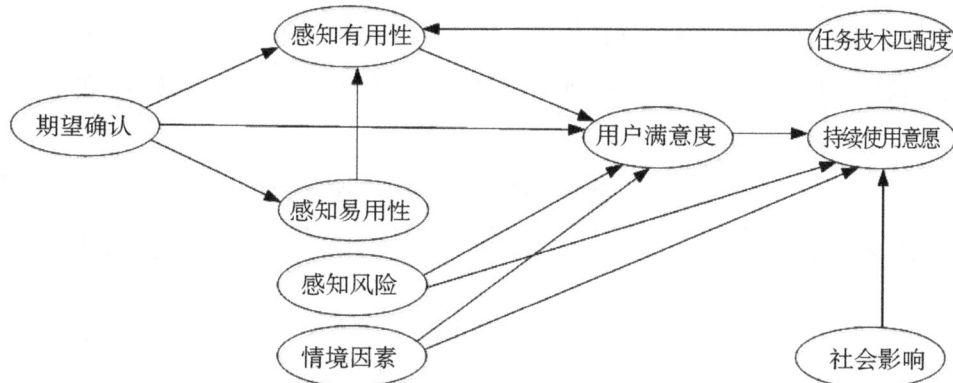

图6-1　老年人用户持续使用金融类网络应用服务的影响因素模型

## 6.2.1 模型变量解释

（1）感知有用性

感知有用性是指老年人用户在使用金融类网络应用服务产品后得到的需求满足程度，包括帮助老年人用户解决日常生活需求，给老年人提供便利和增值服务，等等。金融类网络应用服务产品能否满足老年人用户的消费需求是决定老年人用户是否采纳和持续使用该种金融类网络应用服务的关键因素。金融类网络应用服务能够满足老年人用户的需求，同时老年人用户在使用过程中能够得到良好的体验，获得轻松愉悦的感受，这样才能促使老年人用户再次使用该产品。感知有用性的界定及理论支持如表 6-2 所示。

表 6-2　感知有用性变量解释及理论支持

| 变量名称 | 变量解释 | 理论支持 |
| --- | --- | --- |
| 感知有用性 | 老年人用户在使用金融类网络应用服务后所得到的满足其消费需求的程度。包括帮助老年人用户解决日常生活需求及给老年人提供便利和增值服务等 | Davis（1989） |

（2）感知易用性

信息系统使用的容易程度是用户能否采纳和持续使用该系统的重要影响因素。通过文献阅读和访谈发现，老年人在使用金融类网络应用服务的过程中，感觉在线支付的功能相对容易，理财等功能略为复杂。本文中的金融类网络应用服务的感知易用性指的是老年人用户通过金融类网络应用服务，能够解决其日常生活需求及获得便利和增值服务的便捷性。感知易用性的界定及理论支持如表 6-3 所示。

表 6-3　感知易用性变量解释及理论支持

| 变量名称 | 变量解释 | 理论支持 |
| --- | --- | --- |
| 感知易用性 | 老年人用户通过金融类网络应用服务，能够解决其日常生活需求及获得便利和增值服务的便捷性 | Davis（1989） |

（3）满意度

满意度指的是用户在使用产品后的满意程度，是用户在使用产品前的心理期望与使用后的实际体验产生的心理状态的总和。在本文中，金融类网络应用服务的满意度指的是老年人用户在使用金融类网络应用服务的过程中或使用过后所感受到的愉悦和满足的心理程度。当用户使用金融类网络应用服务产品时获得了良好的体验状态，用户将表现较高的满意状态，若金融类网络应用服务产品不能满足老年人用户的消费需求，那么用户将会表现失望情绪，影响老年人用户的再次使用。用户满意度的界定及理论支持如表 6-4 所示。

表 6-4　用户满意度变量解释及理论支持

| 变量名称 | 变量解释 | 理论支持 |
|---|---|---|
| 用户满意度 | 老年人用户在使用金融类网络应用服务的过程中或使用过后所感受到的愉悦和满足的心理程度 | Bhattacherjee |

（4）期望确认

在期望确认理论中，期望确认被认为是消费者对产品购买前的期望与购买后的实际绩效，是消费者在购买前对该产品的效果与购买年后该产品形成的实际效果之间的匹配程度。在本文中，老年人用户使用金融类网络应用服务的期望确认是指老年人用户在使用金融类网络应用服务前期望该服务能够满足的消费需求与使用该服务后的实际绩效之间的匹配程度。老年人用户在使用前对该服务较低的期望和使用后较高的实际绩效都会提高老年人用户的期望确认，刺激老年人用户重复使用金融类网络应用服务的意愿。期望确认的界定及理论支持如表 6-5 所示。

表 6-5　期望确认变量解释及理论支持

| 变量名称 | 变量解释 | 理论支持 |
|---|---|---|
| 期望确认 | 老年人用户在使用金融类网络应用服务前期望该服务能够满足的消费需求与使用该服务后的实际绩效之间的匹配程度 | Bhattacherjee |

（5）感知风险

感知风险主要来源于用户由于客观条件的限制无法拥有足够的认知能力对产品进行了解从而需要承担做错决定的风险。在金融类网络应用服务领域，老年人用户的感知风险主要来源于在使用金融类网络应用服务时由于该网络应用服务产品质量或老年人用户个人操作失误造成的个人信息泄露、金钱损失等风险，包括财产风险、信誉风险、隐私风险等。本文所指的感知风险是老年人用户对于使用金融类网络应用服务可能带来的一系列财产、隐私和信誉损失的判断。感知风险的界定及理论支持如表6-6所示。

表6-6　感知风险变量解释及理论支持

| 变量名称 | 变量解释 | 理论支持 |
|---|---|---|
| 感知风险 | 老年人用户对于使用金融类网络应用服务可能带来的一系列财产、隐私和信誉损失的判断 | Oliver Morgan |

（6）情境因素

Belk从物理情境、社会情境、时间、任务、现行状态五个方面对情境进行了解释，李璐（2017）则将情境分为物质情境和社会情境，从购物网站的外观、布局和网站评论等方面对网络购物情境进行了详述。在本文中，金融类网络应用服务的使用情境指的是老年人用户在使用金融类网络应用服务过程中所涉及的物质情境和社会情境构成的整体氛围，包括消费场景、金融类网络应用服务中的商业促销优惠活动等，也包括消费者使用金融类网络应用服务产品的体验及服务商的服务水平等。情境因素的界定及理论支持如表6-7所示。

表6-7　情境因素变量解释及理论支持

| 变量名称 | 变量解释 | 理论支持 |
|---|---|---|
| 情境因素 | 老年人用户在使用金融类网络应用服务过程中所涉及的物质情境和社会情境构成的整体氛围 | Lean 刘人境 |

（7）任务技术匹配度

任务技术匹配度是指消费者的任务特性与信息系统的技术特性相匹配或者匹配程度较高时，用户才有可能使用或持续使用该信息系统。在本文中，老年人用户使用金融类网络应用服务的消费需求特性是任务特性，金融类网络应用服务的产品功能特点是技术特性，老年人用户的消费需求与金融类网络应用服务产品的功能特点之间的匹配程度就是任务技术匹配度。金融类网络应用服务产品的功能对于老年人用户来说是足够和适合的，这样才能满足老年人用户的超前消费需求，促使老年人用户采纳和持续使用金融类网络应用服务产品。任务技术匹配度的界定及理论支持如表 6-8 所示。

表 6-8 任务技术匹配度变量解释及理论支持

| 变量名称 | 变量解释 | 理论支持 |
| --- | --- | --- |
| 任务技术匹配度 | 老年人用户的消费需求与金融类网络应用服务产品的功能特点之间的匹配程度 | Venkatesh<br>Tao Zhou |

（8）社会影响

Venkatesh 等认为社会影响是个体收到周围与之关系密切的人或环境的影响程度。众多学者的研究表明用户在使用金融类网络应用服务产品时很大程度上会受到周围的亲戚、朋友及关系密切的人的影响，周围亲密关系的人对于消费者的使用金融类网络应用服务产品的态度将对消费者的持续使用意愿产生重要影响。本文所涉及的社会影响指的是老年人用户对其周围亲密的亲人或朋友对其持续使用金融类网络应用服务产品的态度和意见的感知。社会影响的界定及理论支持如表 6-9 所示。

表 6-9 社会影响变量解释及理论支持

| 变量名称 | 变量解释 | 理论支持 |
| --- | --- | --- |
| 社会影响 | 老年人用户对其周围亲密的亲人或朋友对其持续使用金融类网络应用服务产品的态度和意见的感知 | Venkatesh |

（9）持续使用意愿

Bhattacherjee（2001）认为持续使用意愿是用户愿意再次使用或重复使用同一信息系统的主观意愿。在本文中，老年人用户的持续使用意愿是指老年人用户愿意再次使用或重复使用金融类网络应用服务的主观意愿程度，本文通过老年人用户使用金融类网络应用服务的频率，以及老年人用户是否愿意尝试金融类网络应用服务的新功能和新产品的意愿等来度量老年人用户持续使用金融类网络应用服务产品的意愿。持续使用意愿的界定及理论支持如表 6-10 所示。

表 6-10　持续使用意愿变量解释及理论支持

| 变量名称 | 变量解释 | 理论支持 |
| --- | --- | --- |
| 持续使用意愿 | 老年人用户的持续使用意愿是指老年人用户愿意再次使用或重复使用金融类网络应用服务的主观意愿程度 | Bhattacherjee |

## 6.2.2　研究问题及假设

### 6.2.2.1　模型变量对老年人持续使用金融类网络服务影响的假设

（1）满意度的相关假设

满意度是用户的一种心理状态，当用户的需求通过购买或使用某种产品或服务后得到了满足，那么用户就会产生某种心理上的满足或愉悦感，将这种满足或愉悦感量化后就形成了满意度。

满意度是影响持续使用意愿的重要因素。Anderson and Sullivan（1993）指出消费者对于先前体验产品或服务所感受的满意程度，将会影响其下次是否再购买产品或持续使用服务的意愿。同样的道理，信息系统能否被用户长期持续使用，也是与用户使用信息系统之后的满意情况密切相关的。Bhattacherjee（2001）在构建信息系统持续使用模型（ECM-ISC）时，就发现用户的满意度是决定其是否持续使用网络银行系统的关键因素。其研究认为用户对信息技术的满意度会显著正向地影响用户持续使用信息技术的意愿。

其后许多实证研究都显示满意度是用户持续使用信息技术的关键影响因子。基于以上，本文提出以下研究假设：

假设1：老年人用户使用金融类网络应用服务的满意度对使用意愿具有积极影响。

假设2：老年人用户使用金融类网络应用服务的感知有用性对老年人用户满意度具有积极影响。

假设3：老年人用户使用金融类网络应用服务的期望确认对感知有用性具有积极影响。

假设4：老年人用户使用金融类网络应用服务的期望确认对老年人用户满意度具有积极影响。

（2）感知易用性的相关假设

研究表明当新的技术不需要花费太多精力去学习的话，人们大多都会积极地去接纳新的技术。Venkatesh指出信息技术的设计和主要功能是否可以让用户容易使用是技术（系统）被采纳的关键因素之一。特别对老年人而言，由于他们在生理和认知能力方面的衰退，使得他们对系统使用的便利性有更高的期望，如果他们感觉到新的技术更有效且更容易使用，那么他们就有采纳该技术的意愿，或者说能够促进老年人使用社会化网络服务。所以我们认为当老年人用户感觉金融类网络应用服务容易使用或很容易学会，且不需要付出太多的努力，那么他们也会比较愿意采纳金融类网络应用服务，否则就会放弃。基于以上，本文提出以下研究假设：

假设5：老年人用户使用金融类网络应用服务的期望确认对感知易用性具有积极影响。

假设6：老年人用户使用金融类网络应用服务的感知易用性对感知有用性具有积极影响。

（3）感知风险的相关假设

老年人用户在使用金融类网络应用服务时需要注册个人的基本信息，包括身份证号、手机号及银行卡号等信息，在使用过程中，由于金融类网络应用服务系统的漏洞、老年人用户操作失误或者老年人用户个人防范意识较弱等原因，可能会遭受个人基本信息的泄露和财产损失的风险。若老年人用户对于使用金融类网络应用服务将要面临的风险评估程度较高，则有可能产生厌恶、排斥和不满意的情绪，从而影响他们的使用情绪和使用意愿。众多学者的研究表明用户的感知风险将对用户再次使用或重复使用意愿会产生重要的阻碍影响。基于以上，本文提出以下研究假设：

假设 7：老年人用户使用金融类网络应用服务的感知风险对用户满意度具有消极影响。

假设 8：老年人用户使用金融类网络应用服务的感知风险对持续使用意愿具有消极影响。

（4）情境因素的相关假设

研究表明消费者周围的情境因素将对用户的采纳和使用行为产生重要影响，Yang 等人（2012）发现用户的采纳行为依赖情境；Smith 等人（2000）发现当商店的商品进行打折或降价优惠时，消费者往往会因此产生强烈的购物欲望，购买更多的商品；李璐（2017）在研究消费者的冲动购买行为时证实商品的特征、促销活动等情境能够刺激消费者的购买意愿，购买降价商品能够为消费者带来更大的满足感。当消费者所需购买的商品或所需支付的服务支持其使用金融类网络应用服务产品进行结算，且使用金融类网络应用服务产品进行结算能够获得一定的减免金额时，用户往往更容易倾向于使用该产品，并获得更多的心理满足。基于以上，本文提出以下研究假设：

假设 9：情境因素对老年人用户使用金融类网络应用服务的满意度具有积极影响。

假设 10：情境因素对老年人用户使用金融类网络应用服务的持续使用意愿具有积极影响。

（5）任务技术匹配度的相关假设

周涛等发现任务技术匹配度对用户的感知有用性和持续使用行为都具有重要的正向影响，有学者在研究手机银行用户的采纳意愿时也发现任务技术匹配度会影响用户的绩效期望和采纳意愿。金融类网络应用服务只需用户安装相关软件，注册成功后，就能便捷地进行支付、查询、理财、转账等活动，只要这些金融类网络应用服务的功能与用户的消费需求相匹配，用户就更愿意使用该服务。基于以上，本文提出以下研究假设：

假设 11：任务技术匹配度对老年人用户使用金融类网络应用服务的感知有用性具有积极影响。

（6）社会影响的相关假设

当一个人在决定是否使用新技术时，往往要受到其他人的影响。人们的从众心理和羊群效应都能解释社会环境因素对个体采纳信息技术的影响。社会影响在 Davis 最初提出 TAM 模型中并没有出现，但在后续的扩展研究中，该变量的重要性不断地被证实，特别是对通信类信息技术采纳意愿的影响。例如，在电子邮件和移动电话采纳行为方面的研究显示，当用户发现周围使用电子邮件和移动电话的人数越多，那么他们使用这些通信工具的意愿也就越强。关于社会影响对于老年人采纳信息技术的影响作用研究并不多，但它对老年人初次采纳信息技术的影响作用是显而易见的。研究发现家中年轻一代对老年人使用信息技术进行鼓励，会对老年人采纳信息技术有显著的正向影响。因此，当老年人群在决定是否采纳网络应用服务时，往往也会受到诸如老年人用户的朋友、亲戚是否也在使用网络应用服务，对老年人用户采纳网络应用服务所持有的态度，社会环境使用网络应用服务的氛围等因素的影响。基于以上，本文提出以下研究假设：

假设 12：社会影响对老年人用户使用金融类网络应用服务的持续使用意愿具有积极影响。

6.2.2.2 人口统计学变量对老年人群持续使用金融类网络应用服务意愿的干扰作用

人口统计变量是实证研究中重要的考虑因素，人们的决策和行为往往会受到性别、年龄及受教育程度等人口统计变量的影响。本文中人口统计变量主要包括老年人性别、年龄、受教育程度，职业经历和居住状态。因此，提出假设：

假设 13：人口统计变量对老年人持续使用金融类网络应用服务的影响因素具有干扰作用。

假设 13-1：不同年龄对影响因素的干扰作用有显著差异。

假设 13-2：不同性别对影响因素的干扰作用有显著差异。

假设 13-3：不同受教育程度对影响因素的干扰作用有显著差异。

假设 13-4：不同职业对影响因素的干扰作用有显著差异。

假设 13-5：不同居住状态对影响因素的干扰作用有显著差异。

### 6.2.2.3 生活形态外部变量对老年人持续使用意愿影响因素的干扰作用

Kline（1971）研究指出，人们在使用各种媒介的过程中，生活形态是一个非常重要的中介变量。每个人的成长经历、教育背景、家庭环境等因素都不尽相同，每个人的生活形态各不相同，因此每个人使用媒介的状况也是不同的。Engel、Kollat、Blackwell（2003）指出生活形态就是人们生活、支配时间和金钱的方式，是个人价值观及人格特性经过不断整合所产生的结果。此种结果会影响个人决策行为。综合以往研究，本文将生活形态分为家庭生活型，积极活跃型，孤立保守型 3 个维度，并提出以下假设：

假设 14：不同类型的生活形态对老年人持续使用金融类网络应用服务的影响因素会产生干扰作用。

## 6.3 实证研究设计

本文采用问卷调研的方法对老年人用户持续使用金融类网络应用服务的意愿影响因素进行研究，对问卷所收集的数据采用 SPSS22.0 和 AMOS22.0 进行分析。为了得到表述合理和测量可行的量表收集数据对本文的假设模型进行检验，本文采用以下几个步骤进行问卷的设计：

第一，在前期研究的基础上，参考国内外众多学者的研究成果和成熟量表，结合老年人用户的需求和生理特征及金融类网络应用服务的特点进行改进，使之更为适合老年人用户使用金融类网络应用服务的体验。对于涉及部分英文文献的量表内容，则根据中文读者阅读习惯进行翻译，尽量保证变量测量项目的准确性。

第二，为了使整体量表更适合老年人用户填写，通过对部分金融类网络应用服务的老年人用户进行访谈，对问卷中造成用户理解困难的题项及相关表述进行修改，进一步修饰量表。

第三，整体量表初步完成后，邀请部分使用过金融类网络应用服务产品或是互联网研究领域的年长专家学者进行问卷的填写，认真听取他们的指导和修改意见。最后在金融类网络应用服务老年人用户中小规模地发放问卷，对问卷的信度和效度进行前测，调整部分测量题项，保证最终问卷的有效性。

第四，采用线下纸质问卷的发放收集调查数据，完成数据收集。

## 6.3.1 变量量表设计

最终的问卷结构包含两部分，第一部分为用户的基本情况调查，包括对受访者的性别、年龄、学历、职业、月收入、使用过的金融类网络应用服务产品的种类、使用金融类网络应用服务产品的年限及每月使用金融类网络应用服务产品的频率等情况进行调查，通过用户的基本情况调查可以清楚地了解用户的分布情况。第二部分为测量题项，包括各变量的测量问项。本文的量表采用 Likert 5 点式衡量指标，将用户对测量题项的感受程度分为"非常不同意、不同意、一般、同意、非常同意"五类。本文的量表在借鉴前辈学者的基础上，针对老年人用户的需求、生理特征及金融类网络应用服务的特点进行了修改，更加符合老年人金融类网络应用服务使用的体验，同时通过部分专家学者的评估和部分用户前测，最终形成了本次研究的量表。模型变量、测量题项及其理论来源如表 6-11 所示。

表 6-11 老年人用户金融类网络应用服务持续使用意愿变量题项

| 变量 | 测量题项 | 理论来源 |
|---|---|---|
| 感知有用性（PU） | PU1：使用金融类网络应用服务能够快速完成交易，节省时间 | Davis（1989）刘震宇 |
| | PU2：使用金融类网络应用服务产品能够便捷地进行转账和发放红包 | |
| | PU3：使用金融类网络应用服务产品能够便捷地进行金融理财 | |
| | PU4：总而言之，金融类网络应用服务产品对我来说是有用的 | |
| 感知易用性（PE） | PE1：我认为金融类网络应用服务产品的使用操作对我来说并不复杂 | Davis Bhattacherjee |
| | PE2：我认为学习使用金融类网络应用服务产品对我来说很容易 | |
| | PE3：我认为使用金融类网络应用服务产品方便快捷 | |
| | PE4：总而言之，使用金融类网络应用服务过程中我觉得很轻松 | |
| 期望确认（CON） | CON1：使用金融类网络应用服务的体验比我预期的要好 | Bhattacherjee Venkatesh |
| | CON2：金融类网络应用服务的功能作用比我预期的要好 | |
| | CON3：金融类网络应用服务供应商的服务水平比我预期的要好 | |
| | CON4：总体来说，我对金融类网络应用服务的期望基本上能在使用过程中得到满足 | |

续表 6-11

| 变量 | 测量题项 | 理论来源 |
|---|---|---|
| 任务技术匹配度（TTF） | TTF1：对于我的消费需求来说，金融类网络应用服务的功能是足够的 | Kim Tao Zhou |
| | TTF2：对于我的消费需求来说，金融类网络应用服务的功能是合适的 | |
| | TTF3：总体来说，金融类网络应用服务的功能能够满足我的消费需要 | |
| 感知风险（PR） | PR1：使用金融类网络应用服务时，我担心我的个人信息被泄露 | Oliver Morgan |
| | PR2：使用金融类网络应用服务时，我担心操作失误 | |
| | PR3：总体来说，我认为使用金融类网络应用服务存在风险 | |
| 用户满意度（SAT） | SAT1：我认为使用金融类网络应用服务的决策是明智的 | Bhattacherjee |
| | SAT2：我认为使用金融类网络应用服务的过程是愉快的 | |
| | SAT3：金融类网络应用服务基本能够满足我的消费需求 | |
| | SAT4：总体来说，我对金融类网络应用服务的体验感到满意 | |
| 情境因素（SIT） | SIT1：我日常购买的产品都支持使用微信支付等金融类网络应用服务进行结算 | Lean 刘人境 |
| | SIT2：使用金融类网络应用服务进行理财等能够获得更多的选择 | |
| | SIT3：使用金融类网络应用服务给我的日常生活带来了很大的便利，让人愉悦 | |
| | SIT4：金融类网络应用服务的后台工作人员能够及时为我提供必要的帮助 | |

续表 6-11

| 变量 | 测量题项 | 理论来源 |
|------|----------|----------|
| 社会影响（SI） | SI1：我身边的亲戚、朋友和同学都认为我应该继续使用金融类网络应用服务 | Venkatesh |
| | SI2：使用金融类网络应用服务产品能够让我适应社会现状，得到周围人的认可 | |
| | SI3：金融类网络应用服务的广告宣传促使我持续使用该产品 | |
| 持续使用意愿（CI） | CI1：未来我会继续使用金融类网络应用服务 | Bhattacherjee Venkatesh |
| | CI2：在同等支付或理财需求下，我会优先选择金融类网络应用服务而不是传统的柜台业务 | |
| | CI3：我会不断尝试金融类网络应用服务的新功能 | |
| | CI4：我愿意向身边朋友推荐使用金融类网络应用服务 | |

## 6.3.2　小规模样本前测

问卷修改完成后，将进行小规模样本前测。前测对象的性质与正式问卷的对象性质相同，都为 55 岁以上，有网络服务使用经验的老年人用户。前测的目的是进一步完善问卷的设计，通过信度和效度分析，对量表进行修正，以确保正式调查时问卷的质量。

### 6.3.2.1　数据收集

前测问卷的发放对象主要是江西省高校社区及某几个大型社区的老年住户，样本为随机发放。在发放之前，工作人员会与被调查老年人进行简单交流，确认被调查对象年龄在 55 岁以上且有网络服务使用经历。考虑到问卷发放的对象是老年人群，所以每份问卷都是在我们发放人员辅助下填写完成后再收回，因此，共发放问卷 50 份，回收 50 份，回收率为 100%。

### 6.3.2.2 前测数据分析

前测所收集的数据将进行项目分析，并对测量量表和收集的数据进行信度和效度的分析，从而保证数据模型适用于进行该统计方法。

量表的开发对于潜变量的定义及相关题项的设计主要在前辈学者成熟量表的基础上进行改编，且部分变量首次应用于该领域研究。故在进行实证研究前需先对收集的问卷数据进行信度检验，并为所构建模型的效度进行分析。

信度（Reliability）用于衡量所收集数据的可靠程度，即指所收集数据用于模型验证时所得结果是否稳定和一致，信度检验主要使用的分析方法有重测信度、折半信度、内部一致性信度等方法。实际问卷调研时，同一项目对相同的调查对象进行再次调查的实施程度困难度很高，因而重测信度方法被采用的较少。学者们对于模型验证结果的测试信度高低一般由数据的内部一致性进行表示，故本文的信度分析也将采用内部一致性信度分析方法。利用克朗巴哈系数法的 Cronbach's α 信度系数衡量所收集的测量数据信度，其信度系数越高则测量数据的可信度越高，测量数据的内部一致性也越高。

效度（Validity）是指所采用的测量题项和模型能够准确反映所研究结果的有效程度，一般包括内容效度、结构效度、准者效度和相关效度等。研究模型所构建的无法直接测量的潜变量由可测量的题项进行反映，而这些题项对潜变量的解释能力高低则采用模型的内容效度和结构效度进行反映。内容效度是指题项是否适合和恰当地反映所要测量的潜变量，本文中各项潜变量的题项开发均借鉴于实证研究和相关领域较为成熟的测量量表，并结合本文研究情境在专家小组的讨论下进行调整改编，确定测量题项能够准确充分地阐释潜变量，各潜变量间存在假设关系，最终完成了本文研究模型的测量量表。基于此可认为文章量表题项内容和构建模型具有一定的科学性和有效性，保证了研究的问卷和测量模型的内容效度。而结构效度反映模型构造结构的有效性，其衡量则主要采用特征效度进行问卷模型的效度分析，而收敛效度和判别效度进行结果检验。

（1）项目分析

量表题目的可靠程度通过项目分析来检验，其主要目的是针对预试题目进行试探性评估。项目分析中，我们先计算前测问卷题项的平均值，然后用低分组（28% 以下）和高分组（72% 以上）比较法进行独立样本 T 检验的双尾显著水平检验。进行 T 检验时，通常以 CR 值大于等于 3，Cronbach's α 小于等于 0.05 为判断依据。具有鉴别度的因子，在两个对照组的得分应具有显著差异，T 检验应该达到显著水平。专家建议、独立样本 T 检验的显著水平及 Cronbach's α 值是前测问卷的题项是否被删除的依据。

（2）量表的信度分析

信度检验是对测量量表的可靠性、一致性和稳定性进行测评，量表信度越高，在进行测算时所产生的标准误差越低，数据结果则更具有稳定性。检验通过使用 SPSS22.0 工具的"可靠性分析"功能中用于检测数据内部一致性的 Cronbach's α 信度系数来衡量问卷的信度。对于系统指标的衡量标准，Nunnally（1978）认为，Cronbach's α 系数在 0.7 以上时，表明问卷具有良好的内部一致性；另一位学者 DeVellis 则指出 α 系数低于 0.65 的不予接受，0.65—0.70 为最低接受范围，0.7—0.8 为较好，0.8—0.9 则为优秀。

信度检验的方法有很多种，我们采用量表的 Cronbach's α 值、总体相关系数（CITC）及删除该项目后的 Cronbach's α 值来评估每个测量变量的信度。Cronbach's α 值大于或等于 0.70 及 CITC 大于 0.5 才属于可信度范围。总体相关系数（CITC）的作用是剔除不当问项，从而减少测量项目的多因子现象。严格来说，总体相关系数值小于 0.5 的问项就要被删除。

表 6-12 为本文研究的各潜变量及总体的 Cronbach's α 信度系数测算结果，由表可知 9 个潜变量的克朗巴哈系数最低为 0.733，最高为 0.864，结合 Cronbach's α 信度系数大于 0.7 的标准，可以认为本文数据中的 9 个构建具有较好的内部一致性。同时对各个题项进行删除该项后 Cronbach's α 系数的变化了解到，各个题项的删除会降低改所反映的潜变量的 Cronbach's α 系数，故对各题项均做保留处理。

表 6-12　总量表的 Cronbach's α 值

| Cronbach's α 值 | 基于标准化项目的 Cronbach's α 值 | 项数 |
|---|---|---|
| 0.962 | 0.961 | 33 |

表 6-13　各变量的 Cronbach's α 值

| 变量 | 题项 | CITC 系数 | 项目删除后的 Cronbach's α 值 | Cronbach's α 值 |
|---|---|---|---|---|
| 感知有用性（PU） | PU1 | 0.551 | 0.706 | 0.792 |
| | PU2 | 0.633 | 0.666 | |
| | PU3 | 0.574 | 0.695 | |
| | PU4 | 0.507 | 0.726 | |
| 感知易用性（PE） | PE1 | 0.638 | 0.742 | 0.842 |
| | PE2 | 0.661 | 0.726 | |
| | PE3 | 0.634 | 0.74 | |
| | PE4 | 0.583 | 0.773 | |
| 期望确认（CON） | CON1 | 0.674 | 0.743 | 0.861 |
| | CON2 | 0.583 | 0.78 | |
| | CON3 | 0.678 | 0.741 | |
| | CON4 | 0.623 | 0.764 | |
| 任务技术匹配度（TTF） | TTF1 | 0.641 | 0.718 | 0.819 |
| | TTF2 | 0.618 | 0.74 | |
| | TTF3 | 0.667 | 0.692 | |
| 感知风险（PR） | PR1 | 0.622 | 0.81 | 0.849 |
| | PR2 | 0.694 | 0.753 | |
| | PR3 | 0.757 | 0.694 | |
| 用户满意度（SAT） | SAT1 | 0.684 | 0.758 | 0.883 |
| | SAT2 | 0.671 | 0.764 | |
| | SAT3 | 0.657 | 0.771 | |
| | SAT4 | 0.625 | 0.782 | |

续表 6-13

| 变量 | 题项 | CITC 系数 | 项目删除后的<br>Cronbach's α 值 | Cronbach's α 值 |
|---|---|---|---|---|
| 情境因素<br>（SIT） | SIT1 | 0.422 | 0.667 | 0.792 |
| | SIT2 | 0.596 | 0.479 | |
| | SIT3 | 0.52 | 0.577 | |
| 社会影响<br>（SI） | SI1 | 0.695 | 0.752 | 0.871 |
| | SI2 | 0.525 | 0.82 | |
| | SI3 | 0.743 | 0.732 | |
| | SI4 | 0.686 | 0.756 | |
| 持续使用<br>意愿<br>（CI） | CI1 | 0.591 | 0.734 | 0.812 |
| | CI2 | 0.553 | 0.748 | |
| | CI3 | 0.632 | 0.71 | |
| | CI4 | 0.629 | 0.713 | |

由表 6-12 及表 6-13 可知，整体量表的 Cronbach's α 值为 0.962，说明证体量表的信度良好。此外，各变量的量表 Cronbach's α 值均大于 0.7，说明各变量量表的内部一致性较好。

（3）量表的效度分析

效度主要用于度量所设计的测量量表是否能够准确地反映被调查者的心理和特质即所要表达的结果，量表具有较高效度则表示量表结果更好地贴近所进行测试的目的。量表的效度分别从内容、准则和结构三方面展开。

内容效度主要体现量表题项的代表性及对构念的反映程度，其主要采用的方法有专家判定法、复本法和再测法。本文所研究的老年人用户金融类网络应用服务持续使用意向影响因素问卷题项的开发是基于对国内外文献、经典理论和较为成熟的量表题项的研究，并结合所研究领域进行了改进；另一方面，在问卷前期的预测试环节中，与相关领域研究学者进行了探讨，并分析了预测试数据，最终确认量表在内容上能较好地反映被调查者的心理特质，故可认为本文的调查问卷题项具有较好的内容效度。

结构效度分析是对所收集测量量表的数据进行因子分析，结构效度越高则所提取的因子结果与模型潜变量构念划分越匹配。问卷的结构效度衡量采用特征效度，而收敛效度和判别效度进行结果检验。研究中通常使用探索性因子分析法检验问卷的特征效度，该分析方法将多个关系复杂的变量聚类为某几个核心因子变量，各核心因子间存在本质的区别，从而达到降维的效果。若对收集数据进行探索性因子分析，获得的因子划分情况与潜变量和题项相一致，则代表研究问卷具有高特征效度。

为确保量表所测量的题项能够代表本文所要测量的因素，我们采用因素分析来检验问卷是否具有构建效度。在进行因素分析前，我们采用 KMO（Kaiser-Meyer-Olkin）样本适当量数及巴式球形检定（Bartlett Test of Sphericity）进行检验，实证结果如表 4–5 所示。Hair 等人（1998）研究指出：当 KMO 值大于 0.6，且巴式球形检验的 P–value 值趋近于 0，即表示样本数据适合进行因素分析。根据表 4–5 可知，每个构面的 KMO 值均在 0.7 以上，并且巴式球形检验也达到显著水平，因此本文样本资料适合进行因素分析。进行因素分析时，采用主成分分析法，经过最大变异（Varimax Rotation）正交转轴，提取特征值大于1 的因素，并对每个构面进行命名。

效度分析用于检测问卷及各变量测量问项的准确性，反映测量工具与调研目的的匹配程度。各变量量表的效度高低决定了变量的测量项目与调查意图的符合程度。效度分为内容效度和结构效度。本文的量表是在前辈学者现有的研究上结合金融类网络应用服务领域的特点进行改进，在正式投放前经过专家学者及受访者的前测，反复修改后才正式发放，测量题项能够合适和恰当地解释潜变量，因此可以认为问卷具有一定的内容效度。问卷的结构效度也是评判问卷质量的重要标准，本文采用 SPSS22.0 中的因子分析法对问卷的结构效度进行检验，在进行因子分析前，首先需要检验各变量的 KMO 值和 Bartlett 球形检验来判别该数据是否适合做因子分析。当 KMO 值大于 0.5 且 Bartlett 球形检验显著性小于 0.01 时，说明该变量适合做因子分析。利用 SPSS22.0 检验各变量的 KMO 值和 Bartlett 球形检验结果如表 6–13 所示。

表 6-14　各变量的 KMO 值和 Bartlett 球形检验结果

| 变量名称 | KMO | Bartlett 球形检验显著性水平 Sig. |
|---|---|---|
| 感知有用性 | 0.719 | 0.000 |
| 感知易用性 | 0.758 | 0.000 |
| 期望确认 | 0.766 | 0.000 |
| 任务技术匹配度 | 0.669 | 0.000 |
| 感知风险 | 0.653 | 0.000 |
| 满意度 | 0.771 | 0.000 |
| 情境因素 | 0.601 | 0.000 |
| 社会影响 | 0.755 | 0.000 |
| 持续使用意愿 | 0.746 | 0.000 |

由表 6-14 可知，各变量的 KMO 值均大于 0.6，且 Bartlett 球形检验显著，说明各变量均适合做因子分析，故利用 SPSS22.0 做因子分析，结果如表 6-15 所示。

表 6-15　各变量的因子分析结果

| 变量名称 | 特征值 | 解释方差 |
|---|---|---|
| 感知有用性 | 2.433 | 69.18% |
| 感知易用性 | 2.639 | 70.06% |
| 期望确认 | 2.175 | 68.42% |
| 任务技术匹配度 | 2.918 | 78.43% |
| 感知风险 | 2.812 | 76.35% |
| 满意度 | 2.223 | 72.29% |
| 情境因素 | 1.827 | 70.30% |
| 社会影响 | 2.742 | 69.27% |
| 持续使用意愿 | 2.856 | 66.25% |

如表 6-15 所示，各变量数据利用 SPSS22.0 采用主成分分析法做因子分析，均能提取一个特征值大于 1 的主成分，且所有变量的主成分累计解释方

差均超过 60%，说明各变量的数据具有良好的结构效度。为了进一步判别各变量的收敛效度，本文采用 AMOS22.0 进行验证性因子分析（CFA），并对各变量的组成信度（C.R）和平均方差萃取量（AVE）做了进一步的检验，结果如表 6-16 所示。

表 6-16　各变量的组成信度和平均方差萃取量

| 变量名称 | 题项 | 因子载荷 | 组成信度（CR） | 平均方差萃取量（AVE） |
|---|---|---|---|---|
| 感知有用性 | PU1 | 0.634 | 0.793 | 0.527 |
| | PU2 | 0.787 | | |
| | PU3 | 0.703 | | |
| | PU4 | 0.643 | | |
| 感知易用性 | PE1 | 0.759 | 0.824 | 0.579 |
| | PE2 | 0.792 | | |
| | PE3 | 0.712 | | |
| | PE4 | 0.657 | | |
| 期望确认 | CON1 | 0.778 | 0.872 | 0.602 |
| | CON2 | 0.661 | | |
| | CON3 | 0.786 | | |
| | CON4 | 0.716 | | |
| 任务技术匹配度 | TTF1 | 0.756 | 0.871 | 0.658 |
| | TTF2 | 0.721 | | |
| | TTF3 | 0.811 | | |
| 感知风险 | PR1 | 0.692 | 0.813 | 0.682 |
| | PR2 | 0.793 | | |
| | PR3 | 0.921 | | |
| 满意度 | SAT1 | 0.782 | 0.858 | 0.643 |
| | SAT2 | 0.767 | | |
| | SAT3 | 0.744 | | |
| | SAT4 | 0.708 | | |
| 情境因素 | SIT1 | 0.608 | 0.791 | 0.608 |
| | SIT2 | 0.846 | | |
| | SIT3 | 0.642 | | |

续表 6-16

| 变量名称 | 题项 | 因子载荷 | 组成信度（CR） | 平均方差萃取量（AVE） |
|---|---|---|---|---|
| | SIT2 | 0.846 | | |
| | SIT3 | 0.642 | | |
| 社会影响 | SI1 | 0.781 | 0.871 | 0.652 |
| | SI2 | 0.627 | | |
| | SI3 | 0.859 | | |
| | SI4 | 0.771 | | |
| 持续使用意愿 | CI1 | 0.684 | 0.832 | 0.581 |
| | CI2 | 0.638 | | |
| | CI3 | 0.758 | | |
| | CI4 | 0.747 | | |

根据学者 Larcker（1981）的研究，变量的组成信度需超过 0.7，且变量的平均方差萃取量（AVE）不得低于 0.5。从表 6-16 可知，所有变量的问项因子载荷介于 0.634—0.921 之间，均大于 0.6，组成信度的范围在 0.791—0.872 之间，均大于 0.7，平均方差萃取量在 0.527—0.682 之间，均大于 0.5，说明问卷的收敛效度较好。

综上所述，本文的研究问卷通过了信度和效度的检验，说明问卷具有良好的可信程度，可进行进一步的实证分析。

## 6.3.3　正式问卷发放

### 6.3.3.1　样本选择

样本选择的对象是 55 岁到 75 岁之间的老年人群，样本对象必须有一段时间的网络使用经历和经验，特别是使用过某些网络应用服务。

我们主要是以老年人群相对聚集的高校、大型社区及老年大学作为问卷发放的主要地点。高校和老年大学的老年人群文化程度相对高些，为了使得样本对象具有代表性，弥补样本对象文化程度方面的局限，我们在大型社区的选择上尽可能选择普通的而非高档的社区。同时，也考虑到地域的差异，所以我们分别在南昌、上海、广州、北京和成都五个地方进行了问卷调查。有些问卷是通过学生向其父母、亲人和朋友圈发放的。

### 6.3.3.2　数据收集

老年人群在问卷填写方面的局限性较大，主要体现在他们对问卷调查活动的认同度不高、对问卷题项的理解程度有限、填写问卷的时间太长等，这些问题都会增加调查问卷收集的难度，影响问卷数据的准确性。综合考虑后，我们采用填写纸质问卷的方式收集数据。比如在老年大学的某个课堂上让老年人进行填写；在下午 3 点左右，天气晴好的条件下去大型社区进行问卷调查。每次进行的时间不宜太长，以免造成负面的影响。在老年人填写过程中尽可能给予填写方面的解释和指导，以确保老年人顺利填写完问卷，同时也能提高有效问卷的比例。

问卷的调查时间为 2021 年 8 月至 2022 年 10 月，共为期 14 个月。最终总共发放问卷 200 份，将没有填写完整或者存在明显错误的问卷剔除。最终有效问卷为 186 份，有效回收率为 93%。

### 6.3.3.3　分析方法

对回收的问卷进行整理后，将进行描述性统计分析、独立样本 T 检验、单因子方差分析、结构方程分析及干扰效果的多群组分析。

采用偏最小二乘法 SmartPLS2.0 软件进行 PLS 结构方程分析。PLS 是一种结构方程模式的分析技术，以回归分析为基础。PLS 的实用性高且优于一般的线性结构关系模型的分析技术，它可以同时处理反应性（reflective）和形成性（formative）的模型结构，并且不要求变量必须符合常态分配，对样本的随机性和数量也无要求；此外，PLS 能克服多变量共线性问题、有效处理干扰数据及遗失值且具良好的预测及解释能力。老年人群对问卷填写的认知度、参与度等特殊性，使得样本量不会太大，使用 PLS 进行分析可不受样本数的限制及变量分配形态的影响。为保证各变量估计值的稳定性，Chin（1998）建议检验程序 bootstrap 再抽样的方法，抽样的次数为 100 次。

## 6.4 老年人用户金融类网络应用服务持续使用模型实证研究

### 6.4.1 样本数据描述性分析

进行数据实证分析首先应对数据进行描述性分析，了解数据的分布情况，从而依据实际情况保证数据样本的代表性和科学性。本文所研究的老年人用户样本将从性别、年龄、学历、职业、可支配收入、所选用的资讯类网络应用服务及主要获取的信息内容展开。

#### 6.4.1.1 人口统计变量频次分析

表 6-17 性别及年龄的描述性统计

| 变量 | 项目 | 次数（人） | 百分比（%） |
|------|------|------------|-------------|
| 年龄 | 55—65 | 66 | 35.5 |
|      | 65—70 | 94 | 50.5 |
|      | 70 以上 | 26 | 14 |
| 性别 | 男 | 86 | 46.2 |
|      | 女 | 100 | 53.8 |
| 受教育程度 | 初高中 | 62 | 33.3 |
|      | 大中专 | 104 | 55.9 |
|      | 本科以上 | 20 | 10.8 |
| 退休前工作性质 | 机关事业单位 | 90 | 48.4 |
|      | 企业单位 | 80 | 43 |
|      | 个体从业 | 16 | 8.6 |
| 居住状态 | 家庭同住 | 76 | 40.9 |
|      | 夫妻同住 | 90 | 48.4 |
|      | 独居 | 20 | 10.8 |
| 生活形态 | 家庭居住型 | 88 | 47.3 |
|      | 积极活跃型 | 66 | 35.5 |
|      | 孤立保守型 | 32 | 17.2 |

### 6.4.1.2　金融类网络应用服务使用情况描述性统计

（1）您使用金融类网络应用服务大概多久？

表6-18　使用金融类网络应用服务的时间频次

| 变量 | 项目 | 次数（人） | 百分比（%） |
| --- | --- | --- | --- |
| 使用金融类网络应用服务多少年？ | 1—2年 | 45 | 24.2 |
| | 2—3年 | 56 | 30.1 |
| | 3年以上 | 85 | 45.7 |

表6-18数据显示，参与问卷调查的老年人大多使用过金融类网络应用服务的某些功能，且有较长使用经历的老年人占了近半。

（2）您使用金融类网络应用服务时一般用什么工具？

表6-19　使用金融类网络应用服务的工具

| 工具类别 | 人数（n=186） | 百分比（%） |
| --- | --- | --- |
| 智能手机 | 90 | 48.4 |
| 平板 | 42 | 22.6 |
| 电脑 | 54 | 29.0 |

从表6-19可以看出，大多数老年人是通过智能手机使用金融类网络应用服务。

（3）您主要使用哪种类型的金融类网络应用服务平台，频次如何？

表6-20　使用主要金融类网络应用服务平台的频次

| 分类 | 类别 | 人数 | 百分比（%） |
| --- | --- | --- | --- |
| 微信平台 | 经常 | 102 | 54.8 |
| | 偶尔 | 74 | 39.8 |
| | 从不 | 10 | 5.4 |
| 支付宝平台 | 经常 | 56 | 30.1 |
| | 偶尔 | 64 | 34.4 |
| | 从不 | 66 | 35.5 |
| 银行类App | 经常 | 50 | 26.9 |
| | 偶尔 | 62 | 33.3 |
| | 从不 | 74 | 39.8 |

续表 6-20

| 分类 | 类别 | 人数 | 百分比（%） |
|---|---|---|---|
| 其他 App | 经常 | 26 | 14.0 |
| | 偶尔 | 30 | 16.1 |
| | 从不 | 130 | 69.9 |

表 6-20 中数据显示，老年人大多使用微信平台的金融类网络应用服务功能，选择支付宝的老年人也比较多。这可能与老年人更倾向于使用他们常用的、比较熟悉的网络应用服务平台，以及主要进行支付和转账的需求有关系。

（4）您使用金融类网络应用服务时经常做哪些事情？

表 6-21　使用金融类网络应用服务时经常做哪些事情

| 分类 | 类别 | 人数 | 百分比（%） |
|---|---|---|---|
| 支付 | 经常 | 100 | 53.7 |
| | 偶尔 | 82 | 44.1 |
| | 从不 | 4 | 2.2 |
| 理财 | 经常 | 58 | 31.2 |
| | 偶尔 | 76 | 40.9 |
| | 从不 | 52 | 27.9 |
| 查看财务信息 | 经常 | 30 | 16.1 |
| | 偶尔 | 98 | 52.7 |
| | 从不 | 58 | 31.2 |
| 炒股 | 经常 | 56 | 30.1 |
| | 偶尔 | 92 | 49.5 |
| | 从不 | 38 | 20.4 |

从表 6-21 可以看出，使用金融类网络应用服务进行支付活动是老年人经常性的活动，其次是查看财务信息和理财。

### 6.4.1.3　人口统计变量对金融类网络应用服务使用状况的相关性分析

卡方检验是一种量化资料的假设检验方法，属于非参数检验，主要是对两个分类变量的关联性进行分析，如果卡方值具有显著性，说明这两个分类变量具有相关性。

（1）性别与金融类网络应用服务使用状态的相关性分析

表 6-22  使用不同类型金融类网络应用服务的频次

| 变量 | 移动支付 | | | Pearson 卡方值 | 显著性（双尾） |
|---|---|---|---|---|---|
| | 经常 | 偶尔 | 从不 | | |
| 男 | 48（55.8%） | 32（37.2.0%） | 6（7.0%） | 2.712 | 0.091 不显著 |
| 女 | 60（60.0%） | 30（30.0%） | 10（10.0%） | | |
| 变量 | 理财 | | | Pearson 卡方值 | 显著性（双尾） |
| | 经常 | 偶尔 | 从不 | | |
| 男 | 20（23.3%） | 16（18.6%） | 50（58.1%） | 6.054 | 0.408 不显著 |
| 女 | 22（22.0%） | 25（25.0%） | 53（53.0%） | | |
| 变量 | 查看财务信息 | | | Pearson 卡方值 | 显著性（双尾） |
| | 经常 | 偶尔 | 从不 | | |
| 男 | 15（17.4%） | 30（34.9%） | 41（47.70%） | 1.825 | 0.427 不显著 |
| 女 | 18（18.0%） | 25（25.0%） | 57（57.0%） | | |
| 变量 | 炒股 | | | Pearson 卡方值 | 显著性（双尾） |
| | 经常 | 偶尔 | 从不 | | |
| 男 | 28（32.6%） | 32（37.2%） | 26（30.2%） | 6.519 | 0.005 显著 |
| 女 | 30（30.0%） | 38（38.0%） | 32（32.0%） | | |

表 6-22 数据显示性别与金融类网络应用服务使用状况，在使用炒股功能方面具有显著性，其他服务并无相关性。

数据显示性别与老年人使用不同金融类网络应用服务功能的频次具有显著相关性。从数据表中的百分比可以看出，老年女性在使用金融类网络应用服务功能的频次方面整体要高于老年男性，也就是说老年女性在使用不同金融类网络应用服务功能方面的活跃程度要比老年男性高许多。

（2）年龄与金融类网络应用服务功能使用状况的相关性分析

表 6-23　使用不同类型金融类网络应用服务功能的频次

| 变量 | 移动支付 | | | Pearson 卡方值 | 显著性（双尾） |
|---|---|---|---|---|---|
| | 经常 | 偶尔 | 从不 | | |
| 55—65 | 40（60.6%） | 26（39.4%） | 0（0.0%） | 2.578 | 0.090 不显著 |
| 65—70 | 46（48.9%） | 34（36.2%） | 14（14.9%） | | |
| 70以上 | 6（23.0%） | 10（38.5%） | 10（38.5%） | | |

| 变量 | 理财 | | | Pearson 卡方值 | 显著性（双尾） |
|---|---|---|---|---|---|
| | 经常 | 偶尔 | 从不 | | |
| 55—65 | 10（15.2%） | 22（33.3%） | 34（51.5%） | 12.462 | 0.000 显著 |
| 65—70 | 15（16.0%） | 18（19.1%） | 61（64.9%） | | |
| 70以上 | 4（15.4%） | 8（30.8%） | 14（53.8%） | | |

| 变量 | 查看财务信息 | | | Pearson 卡方值 | 显著性（双尾） |
|---|---|---|---|---|---|
| | 经常 | 偶尔 | 从不 | | |
| 55—65 | 18（27.3%） | 30（45.4%） | 18（27.3%） | 18.104 | 0.000 显著 |
| 65—70 | 10（10.6%） | 35（37.2%） | 49（52.2%） | | |
| 70以上 | 4（15.4%） | 6（23.1%） | 16（61.5%） | | |

| 变量 | 炒股 | | | Pearson 卡方值 | 显著性（双尾） |
|---|---|---|---|---|---|
| | 经常 | 偶尔 | 从不 | | |
| 55—65 | 18（27.3%） | 36（54.5%） | 12（18.2%） | 27.384 | 0.000 显著 |
| 65—70 | 12（12.8%） | 68（72.3%） | 14（14.9%） | | |
| 70以上 | 4（15.4%） | 8（30.8%） | 14（53.8%） | | |

　　表 6-23 是年龄与金融类网络应用服务功能使用状况的相关性分析结果。表中数据显示年龄在使用支付功能时没有显著差别，而在其他金融类网络应用服务功能方面有显著差异，从百分比可以看出，年纪更轻的老年人比年纪更大的老年人更多地使用金融类网络应用服务的各种功能，随着年龄的增长，老年人在金融类网络应用服务功能使用方面会逐渐减少。

（3）职业经历与金融类网络应用服务功能使用状况的相关性分析

表6-24 使用不同类型金融类网络应用服务功能的频次

| 变量 | 移动支付 | | | Pearson 卡方值 | 显著性（双尾） |
|---|---|---|---|---|---|
| | 经常 | 偶尔 | 从不 | | |
| 机关事业单位 | 48（53.3%） | 34（37.8%） | 8（8.9%） | 7.159 | 0.202 不显著 |
| 企业单位 | 32（40.0%） | 35（43.8%） | 13（16.2%） | | |
| 个体从业者 | 8（50.0%） | 6（37.5%） | 2（12.5%） | | |

| 变量 | 理财 | | | Pearson 卡方值 | 显著性（双尾） |
|---|---|---|---|---|---|
| | 经常 | 偶尔 | 从不 | | |
| 机关事业单位 | 32（35.6%） | 38（42.2%） | 20（22.2%） | 4.193 | 0.091 不显著 |
| 企业单位 | 30（37.5%） | 35（43.8%） | 15（18.7%） | | |
| 个体从业者 | 6（37.5%） | 6（37.5%） | 4（25.0%） | | |

| 变量 | 查看财务信息 | | | Pearson 卡方值 | 显著性（双尾） |
|---|---|---|---|---|---|
| | 经常 | 偶尔 | 从不 | | |
| 机关事业单位 | 35（38.9%） | 40（44.4%） | 15（16.7%） | 9.524 | 0.003 显著 |
| 企业单位 | 32（40.0%） | 38（47.5%） | 10（12.5%） | | |
| 个体从业者 | 6（37.5%） | 6（37.5%） | 4（25.0%） | | |

| 变量 | 炒股 | | | Pearson 卡方值 | 显著性（双尾） |
|---|---|---|---|---|---|
| | 经常 | 偶尔 | 从不 | | |
| 机关事业单位 | 30（33.3%） | 40（44.5%） | 20（22.2%） | 3.147 | 0.702 不显著 |
| 企业单位 | 32（35.6%） | 40（44.4%） | 18（20.0%） | | |
| 个体从业者 | 6（37.5%） | 8（50.0%） | 2（12.5%） | | |

表6-24是职业与金融类网络应用服务功能使用状况的相关性分析结果。表中数据显示不同职业经历在使用理财和查看财务信息等功能方面有显著差异，在使用其他功能方面没有显著差异。从表中的百分比可以看出，在行政机关和企事业单位工作过的老年人使用金融类网络应用服务各种功能的频次相对较高。

表 6-25 使用不同金融类网络应用服务功能的频次

| 变量 | 移动支付 | | | Pearson 卡方值 | 显著性（双尾） |
| --- | --- | --- | --- | --- | --- |
| | 经常 | 偶尔 | 从不 | | |
| 机关事业单位 | 43（47.8%） | 40（44.4%） | 7（7.8%） | 11.533 | 0.201 不显著 |
| 企业单位 | 38（47.5%） | 30（37.5%） | 12（15.0%） | | |
| 个体从业者 | 6（37.5%） | 7（43.8%） | 3（18.7%） | | |
| 变量 | 理财 | | | Pearson 卡方值 | 显著性（双尾） |
| | 经常 | 偶尔 | 从不 | | |
| 机关事业单位 | 30（33.3%） | 38（42.2%） | 22（24.5%） | 6.631 | 0.085 不显著 |
| 企业单位 | 28（35.0%） | 32（40.0%） | 20（25.0%） | | |
| 个体从业者 | 5（31.2%） | 7（43.8%） | 4（25.0%） | | |
| 变量 | 查看财务信息 | | | Pearson 卡方值 | 显著性（双尾） |
| | 经常 | 偶尔 | 从不 | | |
| 机关事业单位 | 36（40.0%） | 40（44.4%） | 14（15.6%） | 11.267 | 0.000 显著 |
| 企业单位 | 32（40.0%） | 34（42.5%） | 14（17.5%） | | |
| 个体从业者 | 5（31.2%） | 7（43.8%） | 4（25.0%） | | |
| 变量 | 炒股 | | | Pearson 卡方值 | 显著性（双尾） |
| | 经常 | 偶尔 | 从不 | | |
| 机关事业单位 | 35（38.9%） | 40（44.4%） | 15（16.7%） | 5.627 | 0.831 不显著 |
| 企业单位 | 32（40.0%） | 35（43.8%） | 13（16.2%） | | |
| 个体从业者 | 6（37.5%） | 6（37.5%） | 4（25.0%） | | |

表 6-25 数据显示不同职业的老年人在使用查看财务信息功能频次方面有显著差异，而在使用其他服务功能频次方面没有显著差异。从表中的百分比可以看出个体从业者在使用移动支付的功能频次比机关事业单位和企业单位工作经历的老年人要多。

（4）教育背景与使用金融类网络应用服务状况的相关性分析

表6-26 使用不同金融类网络应用服务功能的频次

| 变量 | 移动支付 | | | Pearson卡方值 | 显著性（双尾） |
|---|---|---|---|---|---|
| | 经常 | 偶尔 | 从不 | | |
| 研究生 | 28（45.2%） | 32（51.6%） | 2（3.2%） | 6.193 | 0.085 不显著 |
| 大中专 | 58（55.8%） | 40（38.5%） | 6（5.7%） | | |
| 初高中 | 8（40.0%） | 6（30.0%） | 6（30.0%） | | |

| 变量 | 理财 | | | Pearson卡方值 | 显著性（双尾） |
|---|---|---|---|---|---|
| | 经常 | 偶尔 | 从不 | | |
| 研究生 | 22（35.5%） | 24（38.7%） | 16（25.8%） | 3.629 | 0.128 不显著 |
| 大中专 | 30（28.8%） | 55（52.9%） | 19（18.3%） | | |
| 初高中 | 6（30.0%） | 8（40.0%） | 6（30.0%） | | |

| 变量 | 查看财务信息 | | | Pearson卡方值 | 显著性（双尾） |
|---|---|---|---|---|---|
| | 经常 | 偶尔 | 从不 | | |
| 研究生 | 25（40.3%） | 25（40.3%） | 12（19.4%） | 6.305 | 0.103 不显著 |
| 大中专 | 38（36.5%） | 56（53.9%） | 10（9.6%） | | |
| 初高中 | 7（35.0%） | 8（40.0%） | 5（25.0%） | | |

| 变量 | 炒股 | | | Pearson卡方值 | 显著性（双尾） |
|---|---|---|---|---|---|
| | 经常 | 偶尔 | 从不 | | |
| 研究生 | 12（19.4%） | 40（64.5%） | 10（16.1%） | 3.382 | 0.542 不显著 |
| 大中专 | 30（28.8%） | 52（50.0%） | 22（21.2%） | | |
| 初高中 | 6（30.0%） | 10（50.0%） | 4（20.0%） | | |

表6-26是老年人受教育程度与金融类网络应用服务功能的相关性分析结果。表中数据显示受教育程度在老年人选择使用金融类网络应用服务功能方面没有显著差异。

（5）居住状态对金融类网络应用服务功能的相关性分析

表 6-27　使用不同金融类网络应用服务功能的频次

| 变量 | 移动支付 | | | Pearson 卡方值 | 显著性（双尾） |
|---|---|---|---|---|---|
| | 经常 | 偶尔 | 从不 | | |
| 家庭同住 | 40（52.6%） | 32（42.1%） | 4（5.3%） | 9.384 | 0.002 显著 |
| 夫妻同住 | 38（42.2%） | 52（57.8%） | 0（0.0%） | | |
| 独居 | 6（30.0%） | 14（70.0%） | 0（0.0%） | | |

| 变量 | 理财 | | | Pearson 卡方值 | 显著性（双尾） |
|---|---|---|---|---|---|
| | 经常 | 偶尔 | 从不 | | |
| 家庭同住 | 30（39.5%） | 32（42.1%） | 14（18.4%） | 12.408 | 0.000 显著 |
| 夫妻同住 | 25（27.8%） | 40（44.4%） | 25（27.8%） | | |
| 独居 | 6（30.0%） | 10（50.0%） | 4（20.0%） | | |

| 变量 | 查看财务信息 | | | Pearson 卡方值 | 显著性（双尾） |
|---|---|---|---|---|---|
| | 经常 | 偶尔 | 从不 | | |
| 家庭同住 | 22（28.9%） | 44（57.9%） | 10（13.2%） | 12.537 | 0.001 显著 |
| 夫妻同住 | 28（31.1%） | 48（53.3%） | 14（15.6%） | | |
| 独居 | 6（30.0%） | 10（50.0%） | 4（20.0%） | | |

| 变量 | 炒股 | | | Pearson 卡方值 | 显著性（双尾） |
|---|---|---|---|---|---|
| | 经常 | 偶尔 | 从不 | | |
| 家庭同住 | 28（36.8%） | 38（50.0%） | 10（13.2%） | 13.527 | 0.000 显著 |
| 夫妻同住 | 32（35.6%） | 44（48.9%） | 14（15.5%） | | |
| 独居 | 4（20.0%） | 8（40.0%） | 8（40.0%） | | |

表 6-27 是居住状态与老年人使用不同金融类网络应用服务功能的相关性分析结果。表中数据显示不同居住状态的老年人在使用不同金融类网络应用服务功能方面有显著差别。表中的百分比显示，家庭同住及夫妻同住的老年人会比独居的老年人更多地使用金融类网络应用服务的某些功能。

（6）生活形态与金融类网络应用服务使用状况的相关性分析

表 6-28　使用金融类网络应用服务功能的频次

| 变量 | 移动支付 | | | Pearson卡方值 | 显著性（双尾） |
|---|---|---|---|---|---|
| | 经常 | 偶尔 | 从不 | | |
| 家庭居住型 | 48（54.5%） | 38（43.2%） | 2（2.3%） | 5.734 | 0.153 不显著 |
| 积极活跃型 | 44（66.7%） | 22（33.3%） | 0（0.0%） | | |
| 孤立保守型 | 10（31.2%） | 14（43.8%） | 8（25.0%） | | |

| 变量 | 理财 | | | Pearson卡方值 | 显著性（双尾） |
|---|---|---|---|---|---|
| | 经常 | 偶尔 | 从不 | | |
| 家庭居住型 | 32（36.4%） | 40（45.4%） | 16（18.2%） | 8.427 | 0.184 不显著 |
| 积极活跃型 | 26（39.4%） | 30（45.5%） | 10（15.1%） | | |
| 孤立保守型 | 4（12.5%） | 12（37.5%） | 16（50.0%） | | |

| 变量 | 查看财务信息 | | | Pearson卡方值 | 显著性（双尾） |
|---|---|---|---|---|---|
| | 经常 | 偶尔 | 从不 | | |
| 家庭居住型 | 30（34.1%） | 42（47.7%） | 16（18.2%） | 11.428 | 0.000 显著 |
| 积极活跃型 | 26（39.4%） | 34（51.5%） | 6（9.1%） | | |
| 孤立保守型 | 6（18.75%） | 16（43.75%） | 12（37.5%） | | |

| 变量 | 炒股 | | | Pearson卡方值 | 显著性（双尾） |
|---|---|---|---|---|---|
| | 经常 | 偶尔 | 从不 | | |
| 家庭居住型 | 28（31.8%） | 38（43.2%） | 22（25.0%） | 8.924 | 0.006 显著 |
| 积极活跃型 | 30（45.4%） | 25（37.9%） | 11（16.7%） | | |
| 孤立保守型 | 2（6.25%） | 8（25.0%） | 22（68.75%） | | |

表 6-28 是老年人生活形态与金融类网络应用服务功能的相关性分析结果。表中数据显示不同生活形态的老年人使用移动支付和理财方面没有显著差别，而在使用查看财务信息和炒股方面有显著差异。表中的百分比显示，家庭生活型和积极活跃型的老年人比孤立保守型的老年人会更多地使用金融类网络应用服务功能。

## 6.4.2　变量的描述性分析

老年人金融类网络应用服务持续使用模型包括期望确认、感知有用性、感知易用性、满意度、任务技术匹配度、感知风险及社会规范等8个自变量，持续使用意愿1个因变量。问卷题项共23题。采用李克特五级量表，将每位老人的选项得分加起来，算出均值（Mean）和标准差（Std.）。通过描述性统计分析样本数据的集中趋势和离散趋势，反映样本数据在研究变量上的一般水平。描述性统计如表6-29所示：

表6-29　各变量的描述性分析结果

| 因子 | 测度项 | 平均数 | 标准差 | 因子平均数 | 因子标准差 |
|---|---|---|---|---|---|
| 持续使用意向（CI） | 未来我会继续使用金融类网络应用服务 | 4.339 | 0.536 | 4.251 | 0.7026 |
| | 在同等支付或理财需求下，我会优先选择金融类网络应用服务而不是传统的柜台业务 | 4.289 | 0.558 | | |
| | 我会不断尝试金融类网络应用服务的新功能 | 4.180 | 0.569 | | |
| | 我愿意向身边朋友推荐使用金融类网络应用服务 | 4.165 | 0.578 | | |
| 满意度（SA） | 我认为使用金融类网络应用服务的决策是明智的 | 3.828 | 0.603 | 3.9210 | 0.6812 |
| | 我认为使用金融类网络应用服务的过程是愉快的 | 3.817 | 0.609 | | |
| | 金融类网络应用服务基本能够满足我的消费需求 | 3.860 | 0.635 | | |
| | 总体来说，我对金融类网络应用服务的体验感到满意 | 3.828 | 0.603 | | |
| 感知有用性（PU） | 使用金融类网络应用服务能够快速完成交易，节省时间 | 4.118 | 0.574 | 4.237 | 0.6521 |
| | 使用金融类网络应用服务产品能够便捷地进行转账和发放红包 | 4.185 | 0.615 | | |
| | 使用金融类网络应用服务产品能够便捷地进行金融理财 | 4.097 | 0.579 | | |
| | 总而言之，金融类网络应用服务产品对我来说是有用的 | 4.118 | 0.592 | | |

续表 6-29

| 因子 | 测度项 | 平均数 | 标准差 | 因子平均数 | 因子标准差 |
|---|---|---|---|---|---|
| 感知易用性（PEU） | 我认为金融类网络应用服务产品的使用操作对我来说并不复杂 | 3.815 | 0.6 | 3.725 | 0.6023 |
| | 我认为学习使用金融类网络应用服务产品对我来说很容易 | 3.785 | 0.589 | | |
| | 我认为使用金融类网络应用服务产品方便快捷 | 3.828 | 0.603 | | |
| | 总而言之，使用金融类网络应用服务过程中我觉得很轻松 | 3.830 | 0.587 | | |
| 任务技术匹配度（TTF） | 对于我的消费需求来说，金融类网络应用服务的功能是足够的 | 4.183 | 0.573 | 4.227 | 0.5712 |
| | 对于我的消费需求来说，金融类网络应用服务的功能是合适的 | 4.183 | 0.619 | | |
| | 总体来说，金融类网络应用服务的功能能够满足我的消费需要 | 4.150 | 0.656 | | |
| 感知风险（PR） | 使用金融类网络应用服务时，我担心我的个人信息被泄露 | 3.752 | 0.608 | 3.809 | 0.6712 |
| | 使用金融类网络应用服务时，我担心操作失误 | 3.731 | 0.633 | | |
| | 总体来说，我认为使用金融类网络应用服务存在风险 | 3.774 | 0.663 | | |
| 情景因素（SIT） | 我日常购买的产品都支持使用微信支付等金融类网络应用服务进行结算 | 4.129 | 0.632 | 4.2513 | 0.6520 |
| | 使用金融类网络应用服务进行理财等活动能够获得更多的选择 | 4.287 | 0.626 | | |
| | 使用金融类网络应用服务给我的日常生活带来了很大的便利，让人愉悦 | 4.259 | 0.647 | | |
| | 金融类网络应用服务的后台工作人员能够及时为我提供必要的帮助 | 4.075 | 0.651 | | |
| 社会影响（SI） | 我身边的亲戚、朋友和同学都认为我应该继续使用金融类网络应用服务 | 4.186 | 0.671 | 4.037 | 0.6153 |
| | 使用金融类网络应用服务产品能够让我适应社会现状，得到周围人的认可 | 4.239 | 0.665 | | |
| | 金融类网络应用服务的广告宣传促使我持续使用该产品 | 4.269 | 0.651 | | |

续表 6-29

| 因子 | 测度项 | 平均数 | 标准差 | 因子平均数 | 因子标准差 |
|------|--------|--------|--------|-----------|-----------|
| 期望确认（CON） | 使用金融类网络应用服务的体验比我预期的要好 | 3.602 | 0.452 | 3.902 | 0.6172 |
| | 金融类网络应用服务的功能作用比我预期的要好 | 3.680 | 0.422 | | |
| | 金融类网络应用服务供应商的服务水平比我预期的要好 | 3.602 | 0.474 | | |
| | 总体来说，我对金融类网络应用服务的期望基本上能在使用过程中得到满足 | 3.591 | 0.497 | | |

变量描述性统计分析结果如下：

（1）期望确认

期望确认的题项及因素的平均数都低于 4，分值不高，但差异不大。数据结果显示：老年人对使用金融类网络应用服务的期望确认认同度基本是一致的。数据结果显示，大多数老年人认为使用金融类网络应用服务的经历比预期的要好，但仍然还有一部分老年人认为未达到期望。这种情况应该是正常的，因为生理和心理上的原因造成了老年群体有特殊的需求和认知，而且他们是少数群体，因此，面向老年人的金融类网络应用服务不管是数量还是质量上都还是欠缺的。

（2）满意度

满意度的题项及因素的平均数都低于 4，分值不高，但差异不大。数据结果显示：在对金融类网络应用服务的满意度方面，老年人的认同度基本是一致的。在初次采纳金融类网络应用服务后，大多数老年人满意金融类网络应用服务提供的各项功能和服务，但仍然还有一部分老年人持不同态度。

（3）感知风险

感知风险的题项因素的平均数都低于 4，分值不高，但差异不大。数据结果显示：老年人对金融类网络应用服务的感知风险认同度基本是一致的。

在初次采纳金融类网络应用服务后，大多数老年人认为金融类网络应用服务可以给他们带来诸多的便利，帮助他们解决生活中一些日常的支付事务，但仍然还有一部分老年人持不同态度。

（4）社会影响

社会影响的题项及因素的平均数都高于4，分值较高，但差异不大。数据结果显示：老年人使用金融类网络应用服务会受到周边亲友和社会因素的影响。在初次和持续采纳金融类网络应用服务的过程中，绝大多数老年人都会受子女、亲朋好友和社会环境因素的影响。

（5）感知有用性

感知有用性的题项及因素的平均数都高于4，分值较高，且差异不大。数据结果显示：老年人对金融类网络应用服务的有用性价值有较高的认同度。在初次和持续采纳金融类网络应用服务过程中，大多数老年人认为金融类网络应用服务提供的各项功能和服务对他们是有用的，对他们购物、支付等日常生活会带来便利。

（6）感知易用性

感知易用性的题项及因素的平均数都低于4，分值不高，但差异不大。数据结果显示：老年人对感知易用性的认同度基本是一致的。在初次和持续采纳金融类网络应用服务过程中，大多数老年人会认为使用和学习金融类网络应用服务是一个比较复杂的事情，需要花费一些精力。这种状况是老年人生理和心理上的老化所造成的。

（7）任务技术匹配度

任务技术匹配度的题项及因素的平均数都高于4，分值较高，且差异不大，数据结果显示：老年人对金融类网络应用服务的任务技术匹配度认同度是一致的。在初次和持续采纳金融类网络应用服务过程中，大多数老年人认为金融类网络应用服务提供的一些功能是可以满足他们的日常需求的，可以满足他们在移动购物、支付及获取金融理财帮助方面的需求。

（8）情境因素

情境因素的题项及因素的平均数都高于 4，分值较高，且差异不大，数据结果显示：老年人对金融类网络应用服务情境因素的认同度是一致的。在初次和持续采纳金融类网络应用服务过程中，大多数老年人使用金融类网络应用服务可以获得比传统金融服务更多的选择、更好的帮助、更加便利的操作等。

（9）持续使用意愿

持续使用意愿的题项及因素的平均数都高于 4，分值较高，且差异不大，数据结果显示：老年人对金融类网络应用服务的持续使用意愿认同度基本是一致的。在初次使用和持续采纳金融类网络应用服务过程中，大多数老年人都认为他们会继续使用并会向朋友推荐金融类网络应用服务。

## 6.4.3 人口统计学变量对各因子的影响分析

采用 T 检验或者单因子方差分析的方法来探讨外部变量对老年人持续使用金融类网络应用服务模型中各因子的影响程度是否具有显著差异。单因子方差分析时，显著水平若达 0.05，则进一步以 Scheffe's 法进行多重事后检验。

### 6.4.3.1 不同性别与各变量的 T 检验

性别为两元变量，因此用 T 检验的方法来检验不同性别的老年人持续使用金融类网络应用服务的意愿是否有显著差异。如表 6-30。

T 检验的分析结果显示，除了感知风险变量，性别对期望确认等其他变量都具有显著差异。从平均数可以看出，除了感知风险变量，女性在其他各变量的平均值皆高于男性。这种结果显示，相对老年男性而言，老年女性的活跃程度更强些，对持续使用金融类网络应用服务影响变量的认同度更高，而老年男性对金融类网络应用服务的信任度更高。

表 6-30　不同性别与各变量的 T 检验

| 变量 | 性别 | | | | |
| --- | --- | --- | --- | --- | --- |
| | 男（N=86），女（N=100） | | | | |
| | 男（平均数） | 女（平均数） | T 值 | P 值 | 显著性 |
| 感知有用性（PU） | 3.1633 | 3.6983 | −5.669 | 0.000 | 显著差异 |
| 感知易用性（PE） | 3.5121 | 4.125 | −7.501 | 0.000 | 显著差异 |
| 期望确认（CON） | 3.5276 | 4.105 | −7.226 | 0.000 | 显著差异 |
| 任务技术匹配度（TTF） | 4.021 | 3.917 | −3.609 | 0.000 | 不显著 |
| 感知风险（PR） | 3.5276 | 3.9783 | −5.223 | 0.000 | 显著差异 |
| 用户满意度（SAT） | 4.0083 | 4.345 | −4.149 | 0.000 | 显著差异 |
| 情境因素（SIT） | 3.8455 | 4.3717 | −6.534 | 0.000 | 显著差异 |
| 社会影响（SI） | 3.5044 | 3.7117 | −3.007 | 0.003 | 显著差异 |
| 持续使用意愿（CI） | 3.8765 | 4.2983 | −5.059 | 0.000 | 显著差异 |

### 6.4.3.2　年龄对各变量的方差分析

用单因子变异量来分析年龄对各变量是否存在差异（如表 6-31）。数据结果显示，年龄对各变量都具有显著差异。Scheffe 事后检验结果显示：

55—65 岁的老年人群对于期望确认、满意度、任务技术匹配度、感知风险、社会影响、感知易用性及感知有用性的认同程度显著高于 65—70 岁和 70 岁以上的老年人群，且 65—70 岁老年人群对这些变量的认同度也高于 70 岁以上的老年人群。从认同的平均数来看，年龄越小的老年人越认为金融类网络应用服务是比较容易使用的，而且更容易受到身边人和周围环境的影响，而且他们对金融类网络服务的满意度、情景因素和感知有用性等都有较高的认可。

表 6-31 年龄对变量的方差分析

| 变量 | 年龄 | | | | | |
|---|---|---|---|---|---|---|
| | 1.55—65（N=66），2.65—70（N=94），3.70 以上（N=26） | | | | | |
| | 55—65 岁（平均数） | 65—70 岁（平均数） | 70 岁以上（平均数） | F 值 | 显著性（双尾）P 值 | Scheffe 检定 |
| 感知有用性（PU） | 3.6921 | 3.3822 | 3.0876 | 8.726 | 0.070 显著差异 | 1>2 1>3 |
| 感知易用性（PE） | 4.1668 | 3.8077 | 3.1388 | 33.731 | 0.000 显著差异 | 1>2 1>3 2>3 |
| 期望确认（CON） | 4.0831 | 3.9054 | 3.3273 | 22.412 | 0.000 显著差异 | 1>2 1>3 2>3 |
| 任务技术匹配度（TTF） | 4.1163 | 3.7864 | 3.3183 | 19.825 | 0.000 显著差异 | 1>2 1>3 2>3 |
| 感知风险（PR） | 3.9951 | 3.7793 | 3.1645 | 19.814 | 0.000 显著差异 | 1>3 2>3 |
| 用户满意度（SAT） | 4.4395 | 4.1552 | 3.6773 | 21.602 | 0.000 显著差异 | 1>2 1>3 2>3 |
| 情境因素（SIT） | 4.3688 | 4.1268 | 3.5235 | 23.152 | 0.000 显著差异 | 1>2 1>3 2>3 |
| 社会影响（SI） | 3.8335 | 3.5949 | 3.1388 | 25.223 | 0.000 显著差异 | 1>2 1>3 2>3 |
| 持续使用意愿（CI） | 4.0355 | 4.0134 | 4.5747 | 9.643 | 0.000 显著差异 | 1>3 2>3 |

### 6.4.3.3 受教育程度对各变量的方差分析

用单因子方差分析来探讨受教育程度在各变量上是否存在差异（如表6-32）。数据结果显示：

期望确认（F=4.458，p=0.002）和感知风险（F=5.802，p=0.000）的数据结果显示受教育程度在期望确认和感知风险方面有显著差异。Scheffe事后检验显示，具有大中专以上学历的老年人对于期望确认和功能价值的认同程度显著高于具有初高中学历的老年人。

感知易用性（F=4.954，p=0.000）的数据结果表明受教育程度在感知易用性方面有显著差异。Scheffe事后检验显示，对于感知易用性的认同程度随学历提高而不断提高，受教育程度越高的老年人越认为金融类网络应用服务是容易使用的。

数据结果表明受教育程度在满意度、任务技术匹配度、情景因素、社会影响、感知有用性和持续使用意愿方面不具有显著差异。

**表6-32 受教育程度对变量的方差分析**

| 变量 | 受教育程度 | | | | | |
|---|---|---|---|---|---|---|
| | 1. 研究生（N=62），2. 大中专（N=104），3. 初高中（N=20） | | | | | |
| | 研究生（平均数） | 大中专（平均数） | 初高中（平均数） | F值 | 显著性（双尾）P值 | Scheff |
| 期望确认（CON） | 3.312 | 3.4295 | 3.8347 | 4.458 | 0.002 显著 | 1>3 2>3 |
| 情境因素（SIT） | 3.688 | 3.8911 | 3.9013 | 2.156 | 0.427 不显著 | |
| 感知有用性（PU） | 3.859 | 3.355 | 3.621 | 3.687 | 0.509 不显著 | |
| 感知风险（PR） | 3.624 | 3.9488 | 3.768 | 5.802 | 0.000 显著 | 1>3 2>3 |
| 任务技术匹配度（TTF） | 3.645 | 3.8077 | 3.8013 | 1.347 | 0.172 不显著 | |
| 用户满意度（SAT） | 4.076 | 4.2372 | 4.1347 | 1.666 | 0.312 不显著 | |

续表 6-32

| 变量 | 受教育程度 | | | | | |
|------|------|------|------|------|------|------|
| | 1. 研究生（N=62），2. 大中专（N=104），3. 初高中（N=20） | | | | | |
| | 研究生（平均数） | 大中专（平均数） | 初高中（平均数） | F 值 | 显著性（双尾）P 值 | Scheff |
| 感知易用性（PE） | 3.947 | 4.2308 | 4.0013 | 4.954 | 0.000 显著 | 1>3 2>3 |
| 社会影响（SI） | 3.645 | 3.5193 | 3.868 | 5.132 | 0.092 不显著 | |
| 持续使用意愿（CI） | 4.033 | 4.109 | 4.1013 | 0.269 | 0.825 不显著 | |

### 6.4.3.4　职业经历对各变量的方差分析

用单因子方差分析来探讨工作经历对各变量是否存在差异（如表6-33）。结果显示：

期望确认（F=5.558，p=0.000）的数据结果显示，不同的职业经历在期望确认方面有显著差异。Scheffe事后检验显示，个体从业者对金融类网络应用服务的期望确认程度比机关事业单位和企业单位工作经历的老年人更高。

除期望确认外，职业经历在其他各变量方面都没有显著差异性。

表 6-33　职业经历对各变量的方差分析

| 变量 | 职业经历 | | | | | |
|------|------|------|------|------|------|------|
| | 1. 机关事业单位（N=90），2. 企业单位（N=80），3. 个体从业（N=16） | | | | | |
| | 机关事业单位（平均数） | 企业单位（平均数） | 个人从业（平均数） | F 值 | 显著性（双尾）P 值 | Scheffe 检定 |
| 期望确认（CON） | 3.422 | 3.3767 | 3.985 | 5.558 | 0.000 显著性 | 3>1 3>2 |
| 满意度（SAT） | 3.8887 | 3.81 | 3.735 | 0.558 | 0.565 不显著 | |

续表 6-33

| 变量 | 职业经历 | | | | | |
| --- | --- | --- | --- | --- | --- | --- |
| | 1. 机关事业单位（N=90），2. 企业单位（N=80），3. 个体从业（N=16） | | | | | |
| | 机关事业单位（平均数） | 企业单位（平均数） | 个人从业（平均数） | F 值 | 显著性（双尾）P 值 | Scheffe 检定 |
| 任务技术匹配度（TTF） | 3.8958 | 3.85 | 3.582 | 2.556 | 0.241 不显著 | |
| 感知风险（PR） | 3.785 | 3.935 | 3.6517 | 2.087 | 0.125 不显著 | |
| 情景因素（SIT） | 3.8072 | 3.735 | 3.735 | 0.296 | 0.733 不显著 | |
| 社会影响（SI） | 4.1035 | 4.2517 | 4.36 | 2.316 | 0.100 不显著 | |
| 感知易用性（PE） | 4.1109 | 4.1517 | 4.11 | 0.091 | 0.900 不显著 | |
| 感知有用性（PU） | 3.6369 | 3.5933 | 3.61 | 0.161 | 0.838 不显著 | |
| 持续使用意愿（CI） | 4.1406 | 4.1267 | 3.735 | 3.067 | 0.048 不显著 | |

### 6.4.3.5 居住状态对各变量的方差分析

用单因子方差分析来探讨居住状态对各变量是否存在差异（如表 6-34）。数据结果显示：

居住状态在期望确认（F=8.061，p=0.000）、满意度（F=10.691，p=0.000）、感知易用性（F=3.802，p=0.003）、情景因素（F=3.917，p=0.02）、社会影响（F=5.765，p=0.000）和感知有用性（F=8.527，p=0.000）方面有显著差异。Scheffe 事后检验显示，家庭同住和夫妻同住在期望确认、满意度、感知易用性、情景因素、社会影响和感知有用性方面的认同度比独居老年人高。

居住状态对于任务技术匹配度、感知风险和持续使用意愿方面没有显著差异。

表6-34 居住状态对各变量的方差分析

| 变量 | 居住状态 | | | | | |
|---|---|---|---|---|---|---|
| | 1. 家庭同住（N=76），2. 夫妻同住（N=90），3. 独居（N=20） | | | | | |
| | 家庭同住（平均数） | 夫妻同住（平均数） | 独居（平均数） | F 值 | 显著性（双尾）P 值 | Scheffe 检定 |
| 期望确认（CF） | 3.4943 | 3.5087 | 2.868 | 8.061 | 0.000 显著 | 1>3 2>3 |
| 满意度（ST） | 3.968 | 3.8273 | 3.268 | 10.691 | 0.000 显著 | 1>3 2>3 |
| 任务技术匹配度（TTF） | 3.787 | 3.7602 | 3.67 | 2.844 | 0.721 不显著 | |
| 感知风险（PR） | 3.9241 | 3.7902 | 3.568 | 2.915 | 0.0970 不显著 | |
| 情景因素（SIT） | 3.8627 | 3.731 | 3.4347 | 3.917 | 0.002 显著 | 1>3 |
| 社会影响（SI） | 4.2926 | 4.1458 | 3.8347 | 5.765 | 0.000 显著 | 1>3 |
| 感知易用性（PE） | 4.161 | 4.1458 | 3.768 | 3.802 | 0.003 显著 | 1>3 2>3 |
| 感知有用性（PU） | 3.6259 | 3.6717 | 3.168 | 8.527 | 0.000 显著 | 1>3 2>3 |
| 持续使用意愿（CI） | 4.082 | 4.0717 | 4.1347 | 0.05 | 0.092 不显著 | |

### 6.4.3.6 生活形态对各变量的方差分析

用单因子方差分析来探讨生活形态对各变量是否存在差异（如表6-35）。数据结果显示：

生活形态在满意度（F=13.425，p=0.000）、感知风险（F=18.946，p=0.000）、情景因素（F=48.241，p=0.000）、社会影响（F=11.493，p=0.000）、感知易用性（F=18.663，p=0.000）和持续使用意愿（F=35.649，p=0.000）方面有显著差异。Scheffe事后检验显示，家庭居住型和积极活跃型老年人在满意度、功能价值、社会价值、情感价值、感知易用性和持续使用意愿方面的认同度明显高于孤立保守型老年人，同时积极活跃型老年人对这些变量的认同度也显著高于家庭居住型老年人。

在期望确认（F=3.408，p=0.000）方面，积极活跃型老年人的认同度显著高于孤立保守型老年人。在感知有用性（F=7.456，p=0.000）方面，家庭居住型和积极活跃型老年人的认同度显著高于孤立保守型老年人。

不同生活形态在任务技术匹配度（F=19.032，p=0.349）方面没有显著差异。

表 6-35 生活形态对各变量的方差分析

| 变量 | 生活形态 | | | | | |
|---|---|---|---|---|---|---|
| | 1. 家庭居住型（N=88），2. 积极活跃型（N=62），3. 孤立保守型（N=32） | | | | | |
| | 家庭居住型（平均数） | 积极活跃型（平均数） | 孤立保守型（平均数） | F 值 | 显著性（双尾）P 值 | Scheffe 检定 |
| 期望确认（CF） | 3.2632 | 3.5915 | 3.445 | 3.408 | 0.000 显著 | 2>1 |
| 满意度（ST） | 3.7405 | 4.1066 | 3.3408 | 13.425 | 0.000 显著 | 1>3 2>3 2>1 |
| 任务技术匹配度（TTF） | 3.9205 | 3.9266 | 3.4831 | 19.032 | 0.349 不显著 | |
| 感知风险（PR） | 3.7102 | 4.1066 | 3.4033 | 18.946 | 0.000 显著 | 1>3 2>3 2>1 |
| 情景因素（SIT） | 3.5814 | 4.2076 | 3.1533 | 48.241 | 0.000 显著 | 1>3 2>3 2>1 |
| 社会影响（SI） | 4.1344 | 4.349 | 3.7783 | 11.493 | 0.000 显著 | 1>3 2>3 2>1 |
| 感知易用性（PE） | 4.0586 | 4.349 | 3.6325 | 18.663 | 0.000 显著 | 1>3 2>3 2>1 |
| 感知有用性（PU） | 3.6117 | 3.6925 | 3.2367 | 7.456 | 0.000 显著 | 1>3 2>3 |
| 持续使用意愿（CI） | 4.0435 | 4.4197 | 3.3825 | 35.649 | 0.000 显著 | 1>3 2>3 2>1 |

## 6.5 模型结果验证分析

在保证问卷具有一定信度和效度的前提下，本文利用 AMOS22.0 数据进行实证分析，检验本文构建的老年人用户金融类网络应用服务持续使用意愿影响因素模型的配适度，并通过利用 AMOS22.0 的路径分析功能所提出的9 个影响因素之间的关系进行分析，对本文提出的 14 个研究假设进行检验。本文建立的结构方程初始模型如图 6-2 所示。

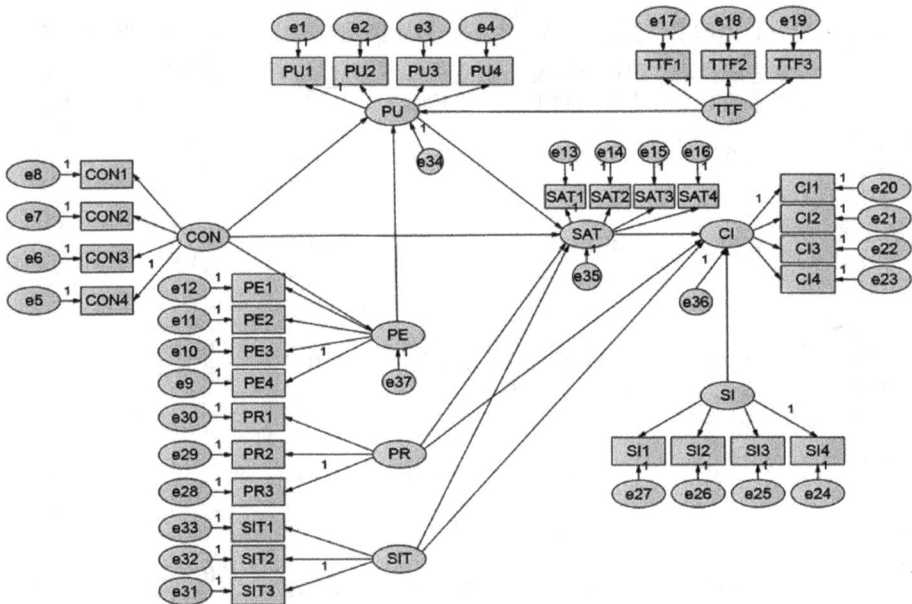

图 6-2　老年人用户金融类网络应用服务持续使用意愿影响因素结构方程模型

### 6.5.1　模型适配度分析

模型的适配度指标用来说明数据与所构建模型的拟合程度。本文通过 AMOS22.0 对模型的适配度进行分析，所参考的指标有 RMSEA（近似残差均方和平方根）、CMIN/DF（卡方与自由度的比值）、GFI（拟合优度指标）、AGFI（调整自由度的拟合优度指标）、CFI（本特勒的比较拟合系数）、NFI（规范拟合系数）、IFI（增值拟合系数）等。主要指标及参考标准参照学者吴明隆（2010）的研究，如表 6-36 所示。

表 6-36　模型适配度指标及其参考范围

| 统计检验量 | | 适配标准 | |
| --- | --- | --- | --- |
| | | 可接受范围 | 最佳范围 |
| 绝对适配度指数 | CMIN/DF | <5 | <3 |
| | GFI | [0.7，0.9） | >0.9 |
| | AGFI | [0.7，0.9） | >0.9 |
| | RMSEA | <0.10 | <0.08 |
| | CFI | [0.7，0.9） | >0.9 |
| 增值适配度指数 | NFI | [0.7，0.9） | >0.9 |
| | IFI | [0.7，0.9） | >0.9 |
| | RFI | [0.7，0.9） | >0.9 |

通过 AMOS22.0 的运行结果，本文构建的老年人用户金融类网络应用服务持续使用意愿影响因素模型与调查数据的拟合程度结果如表 6-37 所示。

表 6-37　老年人用户金融类网络应用服务持续使用意愿影响因素模型数据拟合指数

| 统计检验量 | | 适配标准 | |
| --- | --- | --- | --- |
| | | 模型值 | 适配程度 |
| 绝对适配度指数 | CMIN/DF | 3.541 | 可接受 |
| | GFI | 0.766 | 可接受 |
| | AGFI | 0.726 | 可接受 |
| | RMSEA | 0.106 | 可接受 |
| | CFI | 0.823 | 可接受 |
| 增值适配度指数 | NFI | 0.768 | 可接受 |
| | IFI | 0.825 | 可接受 |
| | RFI | 0.745 | 可接受 |

由表 6-37 可知，模型的拟合度指标均在可接受范围内，但尚未达到最佳的模型拟合度，因此需要对模型进行进一步的修正。根据 AMOS22.0 内的修正指标，本文将模型修正如图 6-3 所示。

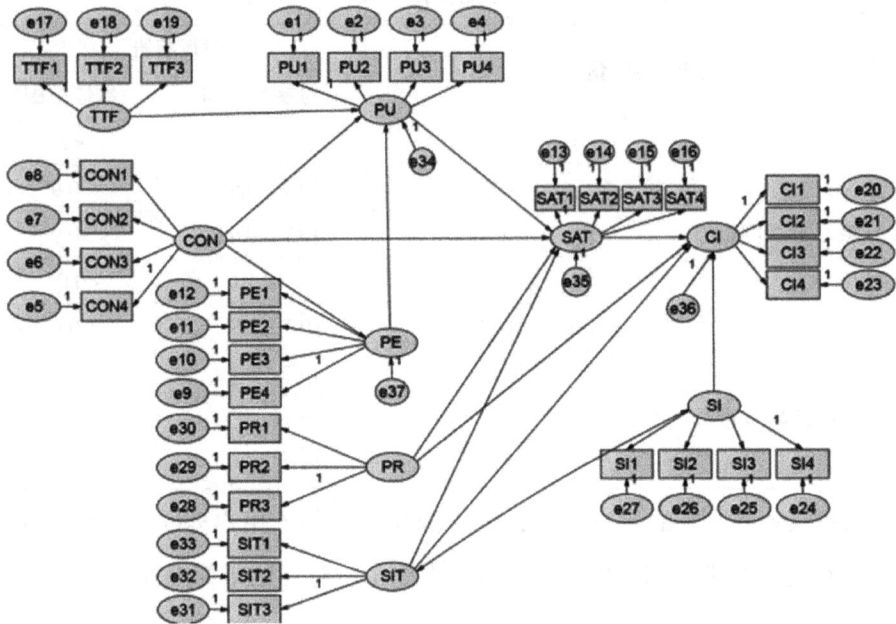

图 6-3  修正后的影响因素结构方程模型

通过 AMOS22.0 的运行结果，修正后的金融类网络应用服务用户持续使用意愿影响因素模型与调查数据的拟合程度结果与原模型的拟合度指标对比如表 6-38 所示。

表 6-38  修正模型与原模型的拟合度指标对比

| 统计检验量 | CMIN/DF | GFI | AGFI | RMSEA | CFI | NFI | IFI | RFI |
|---|---|---|---|---|---|---|---|---|
| 原模型 | 3.541 | 0.766 | 0.726 | 0.106 | 0.823 | 0.768 | 0.825 | 0.745 |
| 修正模型 | 2.828 | 0.82 | 0.788 | 0.785 | 0.878 | 0.818 | 0.879 | 0.799 |
| 适配程度 | 最佳 | 可接受 | 可接受 | 最佳 | 可接受 | 可接受 | 可接受 | 可接受 |

由表 6-38 可知修正模型的适配度指标相比于原模型具有更高程度的拟合指标，且部分指标已达最佳状态，说明修正后的模型与数据的匹配程度更高。

## 6.5.2 模型路径分析

路径分析适用于检验各影响因素之间因果相关关系的强弱程度，有利于理清影响因素间的关系。根据已修正的模型进一步利用 AMOS22.0 做模型的路径分析，分析结果如表 6-39 所示。

表 6-39　修正模型的路径分析结果

| | | | 参数估计值 | 标准化参数估计值 | 标准误差 | 临界比值 | 显著性 |
|---|---|---|---|---|---|---|---|
| PE | ← | CON | 0.958 | 0.791 | 0.107 | 10.267 | 0.000 |
| PU | ← | CON | 0.084 | 0.097 | 0.11 | 0.734 | 0.827 |
| PU | ← | PE | 0.433 | 0.622 | 0.093 | 5.38 | 0.000 |
| PU | ← | TTF | 0.443 | 0.524 | 0.095 | 5.378 | 0.000 |
| SAT | ← | CON | 0.292 | 0.335 | 0.098 | 3.336 | 0.000 |
| SAT | ← | PU | 0.372 | 0.361 | 0.097 | 4.392 | 0.000 |
| SAT | ← | PR | 0.056 | 0.095 | 0.039 | 1.713 | 0.427 |
| SAT | ← | SIT | 0.565 | 0.657 | 0.088 | 7.525 | 0.000 |
| CI | ← | SAT | 0.41 | 0.503 | 0.086 | 5.568 | 0.000 |
| CI | ← | SI | 0.472 | 0.543 | 0.091 | 2.234 | 0.005 |
| CI | ← | PR | −0.012 | −0.05 | 0.032 | −1.564 | 0.321 |
| CI | ← | SIT | −0.992 | −1.436 | 0.655 | −1.557 | 0.227 |

由表 6-39 可知修正模型共包含 12 条路径，其中除了期望确认→感知有用性、感知风险→用户满意度、感知风险→持续使用意愿、情境因素→持续使用意愿 4 条路径的检验结果不显著外，其余的 8 条路径的显著水平均显著。根据修正模型的路径分析结果，本文绘制了修正模型的路径分析图 6-4，其中实线代表路径显著，虚线则代表路径效果不显著。

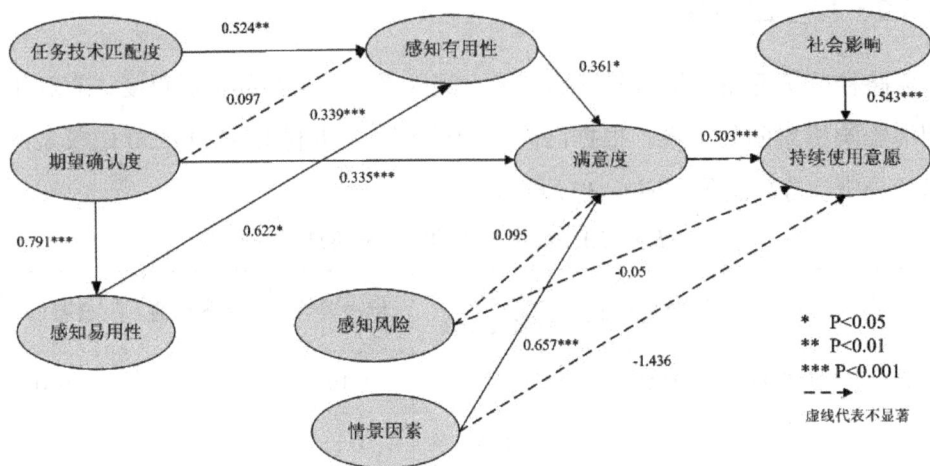

图 6-4　修正模型的路径分析图

## 6.5.3　模型假设检验

根据修正模型的路径分析结果可知，本文共提出 12 条假设，其中有 4 条假设的路径检验不显著，具体的假设检验结果如表 6-40 所示。

表 6-40　研究假设检验结果

| 研究假设 | 影响因素关系 | 标准化路径系数 | 显著性 | 是否成立 |
|---|---|---|---|---|
| 假设 1 | SAT → CI | 0.503 | 显著 | 成立 |
| 假设 2 | PU → SAT | 0.361 | 显著 | 成立 |
| 假设 3 | CON → PU | 0.097 | 不显著 | 不成立 |
| 假设 4 | CON → SAT | 0.335 | 显著 | 成立 |
| 假设 5 | CON → PE | 0.791 | 显著 | 成立 |
| 假设 6 | PE → PU | 0.622 | 显著 | 成立 |
| 假设 7 | PR → SAT | 0.095 | 不显著 | 不成立 |
| 假设 8 | PR → CI | −0.05 | 不显著 | 不成立 |
| 假设 9 | SIT → SAT | 0.657 | 显著 | 成立 |
| 假设 10 | SIT → CI | −1.436 | 不显著 | 不成立 |
| 假设 11 | TTF → PU | 0.524 | 显著 | 成立 |
| 假设 12 | SI → CI | 0.543 | 显著 | 成立 |

由表 6-40 可知，老年人用户金融类网络应用服务产品的期望确认对感知有用性具有积极影响的假设不成立，假设不成立的原因是目前大多数金融类网络应用服务产品的功能较多，比如微信平台中的金融类网络应用服务功能有很多，但老年人用户可能只使用其中的支付或理财功能，那么在众多的功能跳转过程中，可能会对老年人用户不是很友好，老年人用户会在选择功能菜单过程中迷失方向，因此老年人用户在使用金融类网络应用服务产品前的预期与使用后所获得的实际绩效并不能提高用户对该产品有用性的感知。此外，路径分析结果还显示感知风险对用户满意度具有负向影响及对用户持续使用意愿具有负向影响的假设不成立。究其原因，目前大多数的金融类网络平台都通过强密码或人脸识别等更加有效的认证方式加强了自身网络安全防护，且对于大数据隐私保护的问题，国家和机构也越来越重视。因此，老年人用户在使用金融类网络应用服务的过程中，感知风险对老年人用户满意度及持续使用意愿的影响并不明显。最后，路径分析的结果还显示情境因素对于老年人用户的持续使用意愿的影响作用不成立，究其原因，是老年人用户使用金融类网络应用服务的消费场景并不复杂，老年人用户所能使用消费金融产品的场景有限，他们大多是使用移动支付和理财，因此，老年人用户对于金融类网络应用服务的使用情境感知并不明显，进而导致情境因素对老年人用户金融类网络应用服务持续使用意愿的影响较弱。

## 6.6 效应分析

效应分析用于描述影响因素间的影响作用程度的强弱，可分为总效用、直接影响和间接影响。直接影响指的是一个因素的变化直接导致另一个因素的变化，间接影响指的是一个因素通过影响中介变量对另一个变量产生影响，直接影响和间接影响的总和即为总效用。通过 AMOS22.0 的运行结果可以清晰地了解各变量间的直接影响、间接影响和总效用，便于深入了解各影响因素间的关系。各变量的总效用如表 6-41 所示。

表 6-41　各变量的标准化总效用

| 变量 | SIT | PR | SI | TTF | CON | PE | PU | SAT | CI |
|------|-----|----|----|----|-----|-----|-----|-----|-----|
| PE | 0 | 0 | 0 | 0 | 0.704 | 0 | 0 | 0 | 0 |
| PU | 0 | 0 | 0 | 0.538 | 0.561 | 0.622 | 0 | 0 | 0 |
| SAT | 0.671 | 0.075 | 0 | 0.236 | 0.503 | 0.215 | 0.367 | 0 | 0 |
| CI | −0.092 | −0.062 | 0.575 | 0.07 | 0.295 | 0.282 | 0.185 | 0.329 | 0 |

由表 6-41 可知，影响老年人金融类网络应用服务的持续使用意愿总效用最大的因素是社会影响，总效用值为 0.575，其次是用户的满意度，其值为 0.329。说明社会影响因素及用户的满意度对于用户持续使用金融类网络应用服务产品具有更为重要的影响。

## 6.6.1　直接影响因素分析

各变量的直接影响效用如表 6-42 所示。

表 6-42　各变量的标准化直接影响效用值

| 变量 | SIT | PR | SI | TTF | CON | PE | PU | SAT | CI |
|------|-----|----|----|----|-----|-----|-----|-----|-----|
| PE | 0 | 0 | 0 | 0 | 0.682 | 0 | 0 | 0 | 0 |
| PU | 0 | 0 | 0 | 0.514 | 0.102 | 0.593 | 0 | 0 | 0 |
| SAT | 0.587 | 0.103 | 0 | 0 | 0.435 | 0 | 0.402 | 0 | 0 |
| CI | −1.347 | −0.047 | 0.549 | 0 | 0 | 0 | 0 | 0.508 | 0 |

由表 6-42 可知，影响用户感知有用性的直接变量为任务技术匹配度和感知易用性，其直接效果影响值分别为 0.514 和 0.102，情境因素对用户满意度的直接影响效果为 0.587，期望确认度和感知有用性对用户满意度的直接影响效果分别为 0.435 和 0.402，社会影响和用户满意度对持续使用意愿的直接影响效果分别为 0.549 和 0.508，由此可知社会影响因素对用户的持续使用意愿的直接影响程度最大。

## 6.6.2 间接影响因素分析

各变量的间接影响效用如表 6-43 所示。

表 6-43　各变量的标准化间接影响效用值

| 变量 | SIT | PR | SI | TTF | CON | PE | PU | SAT | CI |
|---|---|---|---|---|---|---|---|---|---|
| PE | 0 | 0 | 0 | 0 | 0 | 0 | 0 | 0 | 0 |
| PU | 0 | 0 | 0 | 0 | 0.502 | 0 | 0 | 0 | 0 |
| SAT | 0 | 0 | 0 | 0.265 | 0.203 | 0.192 | 0 | 0 | 0 |
| CI | 0.511 | 0.039 | 0 | 0.086 | 0.25 | 0.102 | 0.546 | 0 | 0 |

由表 6-43 可知，任务技术匹配度对用户满意度的间接影响效果为 0.265，感知有用性、期望确认及情境因素对用户持续使用意愿的间接影响分别为 0.546、0.25 为 0.511，其中感知有用性对持续使用意愿的间接影响程度最大，因此需要进一步分析中介变量在其中的影响。

## 6.6.3 中介变量分析

中介变量的检验是为了验证两个因素间存在的间接影响关系是否通过中间变量来实现。传统的中介效应检验方法是由 Sobel 提出的，通过计算简单的 Z 统计量来验证中介效应，它假设中介效应的样本分布是正态的，但在实际应用中，中介效应的样本分布并非正态。随后 Baron 和 Kenny 提出了中介回归法，但中介回归法对于中介效应的检验并非将中介效应量化进行检验，具有一定的缺陷。因此，本文采用 Mac Kinnon 提出的信赖区间法（即 bootstr Apping）进行中介效应的检验。根据信赖区间法的判断标准，若该路径在 Bias-corrected 和 Percentiel 检定中的信赖区间均不包含 0，则说明该路径存在中介效果；在此基础上若直接效果的信赖区间包含 0，则说明直接效果不存在，为完全中介效果；若直接效果的信赖区间不包含 0，则说明直接效果存在，为部分中介效果。利用 AMOS22.0 中的 bootstrap 方法得到中介变量检验及中介变量检验结果如表 6-44 和表 6-45 所示。

表 6-44　中介变量检验

| 变量 | 估计值 | bootstrApping | | | |
|---|---|---|---|---|---|
| | | Bias-corrected | | Percentiel | |
| | | 95% CI | | 95% CI | |
| | | Lower | Upper | Lower | Upper |
| TTF→SAT（总效果） | 0.171 | 0.047 | 0.397 | 0.047 | 0.395 |
| TTF→SAT（间接效果） | 0.171 | 0.047 | 0.397 | 0.047 | 0.395 |
| TTF→SAT（直接效果） | 0 | 0 | 0 | 0 | 0 |
| CON→CI（总效果） | 0.193 | 0.078 | 0.337 | 0.072 | 0.33 |
| CON→CI（间接效果） | 0.193 | 0.078 | 0.337 | 0.072 | 0.33 |
| CON→CI（直接效果） | 0 | 0 | 0 | 0 | 0 |
| PU→CI（总效果） | 0.159 | 0.047 | 0.36 | 0.046 | 0.358 |
| PU→CI（间接效果） | 0.159 | 0.047 | 0.36 | 0.046 | 0.358 |
| PU→CI（直接效果） | 0 | 0 | 0 | 0 | 0 |

表 6-45　中介变量检验结果

| 路径 | 是否存在中介效果 | 中介类别 |
|---|---|---|
| TTF→SAT | 是 | 完全中介 |
| CON→CI | 是 | 完全中介 |
| PU→CI | 是 | 完全中介 |

通过中介变量分析表 6-44 和表 6-45 可知任务技术匹配度与用户满意度之间存在完全中介关系，即感知有用性为任务技术匹配度与用户满意度的完全中介变量；期望确认与持续使用意愿间也存在完全中介效用，即期望确认完全通过影响用户满意度进而对持续使用意愿产生影响，此外用户的感知有用性也通过用户满意度的完全中介作用对用户的持续使用意愿产生影响。

## 6.7　实践建议

用户的初始采纳只是信息系统成功的第一步，用户对于信息系统的持续使用才是信息系统成功的关键。本文以老年人用户金融类网络应用服务产品的持续使用意愿为研究视角，通过构建老年人用户金融类网络应用服务持续使用意愿影响因素模型，设计调查问卷，对回收的问卷数据进行整理和分析得出了相应的结论，并提出了以下几个管理建议，希望帮助老年人用户金融类网络应用服务产品的提供商进行管理上的改进和策略上的调整，为用户提供更为优质的服务。

（1）完善产品功能，提升服务水平，不断增强用户的满意度。老年人用户满意度对老年人用户持续使用金融类网络应用服务产品的意愿具有显著的正向影响，因此，金融类网络应用服务提供商需从产品的功能出发，根据老年人用户的消费需求为老年人用户提供个性化的功能，用以满足不同经济能力和消费能力的老年人用户群。在完善产品功能的同时提升自身的服务水平，让老年人用户在使用产品的过程中遇到困难时能够及时获得必要的帮助，在使用产品的过程中获得轻松愉悦的体验。

（2）加强品牌推广，树立口碑效应，不断强化消费观念。社会影响对老年人用户金融类网络应用服务的持续使用意愿具有正向影响，说明老年人用户的消费选择及持续使用意愿受到周边亲友及品牌广告的影响。因此，金融类网络应用服务提供商需加强广告投入，向消费者输入超前消费的消费理念，促使消费者改变传统的消费观念，同时不断加强自身服务建设，改善客服功能，承担社会责任。通过营造品牌效应和口碑效应加强社会影响，增强用户的信任感。

（3）加快布局消费场景，拓宽消费渠道。情境因素、感知有用性、期望确认。通过用户满意度的完全中介作用，对老年人用户金融类网络应用服务的持续使用意愿产生影响。利用消费场景的布局，构建贷款和支付一体的消费渠道。在消费场景的布局方面选择线上和线下同时植入，依托电子商务平台的强大流量优势和线下的超市、便利店等消费频次高、流量大的生活场景拓宽市场。同时开发具有发展潜力的消费场景，例如公共交通、医疗、娱乐等，不断拓宽消费渠道，提升用户满意度。

（4）以大数据为依托，完善用户评级，降低信用风险。感知风险对老年人用户金融类网络应用服务的持续使用意愿的影响作用不显著，说明老年人用户对于金融类网络应用服务的安全性具有较高的信任度。因此，金融类网络应用服务的提供商需借助多样化的消费场景，利用老年人用户与场景的高依赖性获取更多用户数据，利用大数据分析技术精准测算用户的消费能力、还款能力和信用级别，为不同消费层次的用户提供符合其经济能力和消费能力的消费金融服务完善风险控制。

## 6.8 小结

本章通过利用 SPSS22.0 对调查问卷回收的数据进行了处理，通过对问卷的信度和效度检验验证了本文设计的问卷具有良好的信度和效度，在此基础上进一步分析了用户的基本信息，了解样本的整体分布情况，最后通过 AMOS22.0 对数据进行了实证分析，在保证本文构建的金融类网络应用服务用户持续使用意愿影响因素模型的配适度良好的前提下对模型的路径进行分析，并对本文提出的 12 条研究假设进行了验证，最后为了深入了解各影响因素间的关系，本文进一步做了效用分析及中介效用的检验，完成了数据的实证分析。

本文构建的金融类网络应用服务产品用户持续使用意愿影响因素模型共包含 9 个影响因素，通过 AMOS22.0 的实证分析，深入探讨了各影响因素的关系，通过数据验证，本文得出了以下几个研究结论：

（1）满意度对老年人用户金融类网络应用服务的持续使用意愿具有正向影响。通过结构方程模型的路径分析结果可知，用户满意度与老年人用户金融类网络应用服务的持续使用意愿的标准化路径系数为 0.488，且 p<0.001，说明老年人用户满意度对老年人用户金融类网络应用服务的持续使用意愿具有直接显著的正向影响。

（2）社会影响对老年人用户金融类网络应用服务的持续使用意愿具有正向影响。社会影响与老年人用户金融类网络应用服务的持续使用意愿的标准化路径系数为 0.528，且 p<0.001，说明社会影响这一因素对老年人用户持续使用金融类网络应用服务产品的意愿具有显著的正向影响，且其影响作用比老年人用户满意度对持续使用意愿的影响程度更大。

（3）情境因素通过老年人用户满意度的完全中介作用对老年人用户金融类网络应用服务的持续使用意愿产生影响。通过 AMOS22.0 的中介效应分析可知，情境因素对老年人用户金融类网络应用服务产品的持续使用意愿具有间接影响，通过中介效用分析，发现老年人用户的满意度在情境因素和老年人用户的持续使用意愿之间具有显著的完全中介的作用。

（4）老年人用户的感知有用性通过老年人用户满意度的完全中介作用对老年人用户金融类网络应用服务的持续使用意愿产生影响。感知有用性与用户满意度之间的标准化路径系数为 0.346，且 p<0.001，说明感知有用性对老年人用户的满意度具有正向的影响，通过进一步的效用分析和中介效用分析，发现老年人用户的感知有用性通过老年人用户满意度的完全中介作用对老年人用户金融类网络应用服务的持续使用意愿产生影响。

（5）期望确认通过老年人用户满意度的完全中介作用对老年人用户金融类网络应用服务的持续使用意愿产生影响。期望确认与老年人用户满意度间的标准化路径系数为 0.320，且 p<0.001，说明期望确认对老年人用户满意度具有显著的正向影响，通过中介效应的检验，证实了期望确认通过老年人用户满意度的完全中介作用对老年人用户金融类网络应用服务的持续使用意愿产生影响。

（6）感知风险对老年人用户金融类网络应用服务的持续使用意愿的影响作用不显著。感知风险与持续使用意愿之间的标准化路径系数为 0.080，没有通过显著性检验，究其原因，目前大多数的金融类网络平台都加强了自身网络安全防护，通过强密码或人脸识别等更加有效的认证方式进行认证。并且国家和机构也越来越重视大数据隐私保护的问题。因此，在老年人用户使用金融类网络应用服务的过程中，感知风险对老年人用户满意的及持续使用意愿的影响并不明显。

（7）期望确认对感知易用性具有显著的正向影响，感知易用性对感知有用性具有显著的正向影响。通过模型的路径分析可知期望确认与感知易用性的标准化路径系数为 0.776，感知易用性与感知有用性的标准化路径系数为 0.607，且均通过了显著性检验，说明期望确认对感知易用性具有显著的正向影响，感知易用性对感知有用性具有显著的正向影响。

# 7 分析及总结

## 7.1 研究的主要观点

（1）网络应用服务给老年人带来的好处

①降低老年人的孤独感及减轻老年人退休后在生活自理和社会融入方面的困惑。

②可以使得老年人更多地主动关注社会发展，可以和亲戚朋友或者兴趣相关人员通过网络应用服务保持沟通交流，寻找共同话题，从而缓解老人们的孤独情绪，增强他们对生活的热情。

③网络应用服务的许多功能可以使得老年人相对独立自主，老年人借助使用各种网络应用服务能够自我照顾或者自行解决生活中的许多问题。

④使用网络应用服务可以克服老年人在行走、出行方面的局限性，一定程度上扩展了老年人的社会生活，提高了他们的存在感和归属感。

（2）老年人使用网络应用服务的状况

①实证分析结果显示，虽然目前网络信息技术及各种网络应用服务的主要群体仍然是年轻人，但越来越多的老年人已经开始拥抱网络和网络应用服务，而且已经从网络应用服务的使用过程中受益。

②老年人更多的是通过智能手机来使用各种网络应用服务，使用频次较高的服务是移动支付和信息获取，主要的目的是日常生活所需、获取各种资讯及打发闲暇时间等，相对而言，评论类和游戏类的网络应用服务使用并不多。

③大多数老年人把使用网络应用服务作为日常生活自理、休闲娱乐与社会交互的工具，绝大多数老年人都是在亲戚朋友的帮助下，安装和使用常用

的网络应用服务，自己较少主动搜索和安装各种专门类的网络应用服务。

④相对于性别、受教育程度、工作经历等人口统计变量，年龄对老年人使用网络应用服务的影响最大，年龄与网络应用服务采纳和使用意愿成反向影响关系，年龄越大，使用意愿越弱。性别具有一定影响作用，女性在使用网络应用服务的某些功能上，活跃度要高于男性。

⑤老年人在初次采纳和持续使用网络应用服务过程中的某些环节上的行为还是有明显变化的，这些变化产生的主要原因是：随着老年人持续使用网络应用服务，他们对网络应用服务的了解程度不断加深，逐渐熟悉了网络应用服务的各项功能，在情感上也开始能够接受网络应用服务了。

（3）老年人使用网络应用服务的影响因素方面

①在对老年人使用网络应用服务的研究中发现，亲朋好友等社会影响对老年人初次采纳和持续使用网络应用服务的行为都有显著的正向影响。这是因为中国是家社会，老年人更喜欢群体生活。同时，感知信任对行为的影响作用不大。

②感知易用性对老年人使用网络应用服务行为不具有重要影响作用，这种结果与其他应用情境的研究结果有些出入，产生这种结果或许是因为对于老年人而言，大多数的技术都存在一定的难度，当他们在其他因素影响下采纳和使用网络应用服务后，是否容易使用就不是他们重点关注的了。

③网络应用服务的社会价值对老年人持续使用意愿的影响力最强。这种结果表明，老年人使用网络应用服务不仅仅是出于生活便利的目的，更多的可能是为了打发闲暇时间及融入社会生活。

（4）主要建议

①在宣传或政策上，国家和社会应该多鼓励年轻人支持和帮助父母亲采纳和持续使用网络应用服务。老年大学等社会培训机构可以开设相关网络信息课程，给予老年人更多的帮助。社区在为老服务的时候也可以针对性地鼓励老年人多使用网络应用服务，例如可以构建本社区老年人服务平台或交流群。

②直接教育老年人使用网络应用服务，还不如督促子女们引导和帮助老年人使用网络应用服务。事实上，即便有些人曾经接触或经常性使用网络和信息技术，但当他们迈入老年人行列时，面对日新月异的创新型技术和服务，他们依然是手足无措，仍然会希望获得帮助。

③政府相关部门可以有针对性地搭建一些面向老年人的系统，发布政策信息，提供医疗、生活服务咨询等服务，鼓励老年人多使用这些系统进行日常生活的管理和自我照顾。

④对于商家而言，在现有的网络应用服务平台或功能模块上，开发更多适应老年人生理和心理特征的网络应用服务。比如，将各种网络应用服务与物联网、智能穿戴、定位系统结合。

⑤面向老年人的网络应用服务无论是在系统界面、操作流程上，还是在功能规划上，都应该与普通的系统有所区别。面向老年人的网络应用服务无须使用过于复杂的系统，不宜集成过多的功能，系统界面宜简单明了，操作不宜太复杂，链接不宜太多。

## 7.2  特色之处

文章的主要特色和贡献之处在于：在老年人网络应用服务初次采纳和持续使用模型的基础上，结合老年人群的生理和心理特征及信息需求，构建了老年人资讯类、金融类及购物类网络应用服务使用模型。从大量的影响因素中发现关键的影响变量，研究各种关键因素对老年人群使用主要网络应用服务意向的影响机理及其作用程度。

实证分析的数据和结果对于政府更好地利用网络应用服务平台进行老龄社会治理，以及商家改进面向老年人的网络应用服务平台都有良好的借鉴作用。

## 7.3  不足之处

本文分析了社会化网络环境下老年人群的信息需求及行为特征，通过大量文献分析，在经典的信息技术采纳模型基础上构建老年人网络应用服务初次采纳及持续使用模型，并采用实证研究的方法，通过深入访谈和问卷调查，分析和探讨老年人网络应用服务初次采纳和持续使用的行为特征及其影响因素。研究有一定的理论和实践意义，但也存在着一些局限性：

（1）样本数据的局限性问题

随着移动互联网技术及网络应用服务的不断发展，越来越多的老年人成了新技术的使用者，不仅仅是在发达的大城市，在二、三线的中小城市甚至是乡村居住地老年人都开始接触和使用互联网新技术和服务。尽管本文收集的样本数量从统计学意义上来看，满足了统计分析的要求。但我国人多地广，更大的样本容量和更广的地域覆盖，必然能对研究结果的精确度有更大的提升，本文样本对象基本上来自中国的东部地区的一、二线城市，尽管在数据收集的时候，我们做了一些针对性的选择，比如，尽可能收集不同教育背景、家庭状况和工作经历的老年人，但这些样本数据的局限性都可能会导致研究结果出现偏差。

（2）模型变量问题

本文是参考了经典技术采纳模型，在综合考虑老年人的生理和心理特征的基础上，构建的老年人初次采纳和持续使用网络应用服务模型。但针对老年人的技术采纳研究相对较少，特别是针对老年人采纳和持续使用网络信息技术的研究更少。老年人作为一个特殊的群体，他们的行为特征、信息需求、心理和生理的状况都跟其他群体有显著的不同。用户初次采纳和持续使用信息技术的影响因素有很多，不同的应用情景中，它们的影响力也不尽相同。因此，本文构建的老年人网络应用服务初次采纳和持续使用模型中的影响因素可能还不全面，比如人口统计变量中只考虑了样本的性别、年龄、学历等，没有考虑收入等因素。影响因素中，有些文献中较常出现的影响变量也没有加入问卷，比如情绪、使用习惯等。适当增加不同的影响因子，选择更合适的采纳模型是我们接下来进一步完善老年人网络应用服务采纳研究的重要工作。

# 参考文献

[1] Ji Y G, Choi J, Lee J Y, et al.Older Adults in an Aging Society and Social Computing：A Research Agenda[J].InternationalJournal of Humancomputer Interaction，2010, 26（10—12）: 1122—1146.

[2] Braun M T.Obstacles to social networking website use among older adults[J]. Computers in Human Behavior，2013, 29（3）: 673—680.

[3] Lenhart A.Adults and social network websites[J].Pew Internet & American Life Project，2009.

[4] Wagner N, Hassanein K, Head M.Computer use by older adults：A multi-disciplinary review[J].Computers in Human Behavior，2010, 26（5）: 870—882.

[5] Zhang, F., Kaufman, D.Social and emotional impacts of Internet use on older adults[J]. European Scientific Journal，2015, 11（17）: 1—15.

[6] Allison H., Findlay. Understanding social networking use for social connectedness among rural older adults[J]. Healthy Aging Research，2017, 6（12）: 1—6.

[7] Chan EangTeng, Tang MuiJoo. Analyzing the Usage of Social Media：A Study on Elderly in Malaysia[J]. International Journal of Humanities and Social Sciences, 2017, 11（3）

[8] 田雪原.人口老龄化与养老保险体制创新 [J]. 人口学刊, 2014（1）: 5—15.

[9]Taylor S , Todd P .Assessing IT usage：the role of prior experience.[J].MIS Quarterly, 1995, 19（4）: 561—570.

[10] 左美云，刘勍勍. 老年人信息需求模型的构建与应用 [J]. 管理评论，2009，21（10）：89—101.

[11] 刘满成，左美云. 基于需求层次理论的中美为老服务网站对比分析. 现代图书情报技术，2011，10（25）：63—67.

[12]Chakraborty R ，Vishik C ，Rao R H .Privacy preserving actions of older adults on social media：Exploring the behavior of opting out of information sharing[J]. Decision Support Systems，2013，55（4）.

[13]Cornejo R，Favela J，Tentori M. Ambient Displays for Integrating Older Adults into Social Networking Sites[J]. Collaboration and Technology，2010，62（57）：101—132.

[14] 郑志刚，陆杰华. 面向老年人的社会化网络服务平台研究 [J]. 计算机工程与科学，2012，34（5）：31—34.

[15] 刘人境. 综合类 SNS 社交网络个人用户持续使用行为的影响因素研究 [J]. 知识管理论坛，2013，66（5）：25—37.

[16]2016 年中国社交应用用户行为研究报告 [R/OL]. 中国互联网络统计中心，2017-12-27.Web：https://www.cnnic.cn/n4/2022/0401/c123-1119.html .

[17] 第 41 次《中国互联网络发展状况统计报告》[J]. 党政干部参考，2018（6）：1.

[18]BhattacherjeeA.understanding information systems continuance：an expectation- confirmation model[J]. MIS Quarterly，2001，25（3）：351-370.

[19]Boyd.D.M，Ellison.N.B.Social Network Sites：Definition，History，and Scholarship[J].Journal of Computer-Mediated Communication，2008，（13）：210-230.

[20] 社会化网络服务定义 [OL].Web：https：//baike.baidu.com/item/%E7%A4%BE%E4%BC%9A%E5%8C%96%E7%BD%91%E7%BB%9C%E6%9C%8D%E5%8A%A1/10699892?fr=aladdin .

[21]Chin W W，Marcoulides G .The Partial Least Squares Approach to

Structural Equation Modeling[J].Advances in Hospitality and Leisure，1998，8（2）：295.

[22]Ryan B .Acceptance and diffusion of hybrid corn seed in two Iowa communities[J].Research Bulletin，1950，372：663—705.

[23]Rogers E M.Diffusion of innovations{J]. Journal of Continuing Education in the Health Professions，1997，17（1）：62—64.

[24]Ajzen，I.. The theory of planned behavior[J]. Organizational Behavior and Human Decision Processes，1991，50（2）：179—211.

[25]Davis F D .Perceived usefulness perceived ease of use，and acceptance of information technology[J].Mis Quarterly，1989，13（3）：340—391.

[26] 孙建军，成颖，柯青 .TAM 模型研究进展：模型演化 [J]. 情报科学，2007，（8）：1121—1127.

[27] 刘炜 . 基于 TTF 和 UTAT 模型的老年人用户社会化网络服务采纳行为研究 [J]. 情报科学，2016，34（02）：115—119.

[28] 刘炜 . 基于扩展 TTF 和 UTAUT 模型的老年人用户社会化网络服务采纳行为研究 [J]. 软科学，2015，29（03）：120—124.

[29]Liu W.A Hybrid Model for Explaining Older Adults' Continuance Intention Toward SNSs[J].International Journal of Smart Home，2015，9（1）：93—102.

[30]Liu W.Explaining and Predicting Older Adult' Continuance Intention toward SNSs：An Extension of the Expectation‐Confirmation Model[J].Lecture Notes on Information Theory，2014，2（3）：43—47.

[31]Venkatesh，V.，Morris，M. G.，Davis，G. B.，& Davis，F. D. User Acceptance of Information Technology[J]. Toward a unified view. MIS Quarterly，2003，27（3）：425—478.

[32]Zhou T.An empirical examination of continuance intention of mobile payment service[J].Decision Support Systems，2013，（54）：1085—1091.

[33] 刘鲁川，孙凯，王菲，等 . 移动搜索用户持续使用行为实证研究 [J].

中国图书馆学报，2011，37（6）：50—57.

[34]Oliver R.L.A Cognitive Model of the Antecedents and Consequences of Satisfaction Decisions[J].Journal of Marketing Research，1980，17（4）：460—469.

[35]Lee M，Turban E.A Trust model for consumer internet shopping[J]. International Journal of Electronic Commerce，2001，6（1）：75—91.

[36]Lean O K，Zailani S，Ramayah T，et al. Factors influencing intention to use e-government services among citizens in Malaysia[J]. International Journal of Information Management，2009，29（6）：458—475.

[37]Limayem M，Hirt S G.. Force of habit and is usage：Theory and initial validation[J]. Journal of the Association for Information Systems，2003，4（1）：65—95.

[38]Shaw，Manwani.Post-Acceptance of Electronic Medical Records：Evidence from a longitudinal Field Study[C]//International Conference on Information Systems.2011：1—19.

[39]Barnes S J ，Boehringer M .Modeling use continuance behavior in microblogging services：The case of Twitter[J].Journal of Computer Information Systems，2011，51（4）：57—78.

[40]Yoojung Kim，Dongyoung Sohn，Sejung Marina Choi.Cultural difference in motivations for using social network sites：A comparative study of American and Korean college students[J].Computers in Human Behavior，2011，27（1）：365—372.

[41]Hu T，Kettinger W J.Why People Continue to Use Social Networking Services：Developing a Comprehensive Model[C]//Proceedings of the International Conference on Information Systems，ICIS 2008，Paris，France，December 14—17，DBLP，2008.

[42]Kotler，Philip.Marketing management /-11th ed[M].Pearson Education Asia：Singapore，2003，236.

[43]Blackwell R D, Miniard P W, Engel J F.Consumer behavior[M].Chicago, MI: The Dryden Press, 1993.

[44]Valarie, A, Zeithaml.Consumer Perceptions of Price, Quality, and Value: A Means-End Model and Synthesis of Evidence[J].Journal of Marketing, 1988, 52（3）: 12—40.

[45]Oliver R .Value as excellence in the consumption experience[M]. 1999.

[46]Gale, B. T..Manage Customer Valued[M], New York: Free Press, 1994.

[47]Robert, B, Woodruff.Customer value: The next source for competitive advantage[J].Journal of the Academy of Marketing Science, 1997, 25（2）: 139—153.

[48]Woodruff, R. B. & Gardial, S.F.Know Your Customer: New Approaches to Understanding Customer Value and Satisfaction[J].mccarthy, BlackwellBusiness, 1996.

[49]顾客价值理论 [OL].Web: http: //wiki.mbalib.com/wiki/%E9%A1%BE% E5%AE%A2%E4%BB%B7%E5%80%BC .

[50]Sinha I .VALUEMAP: An integrated approach toward the spatial modeling of perceived customer value.Journal of Marketing Research, 1998, 35（2）: 236—249.

[51]Grewal D, Monroe, K.B, Krishnan.R .The Effects of Price-Comparison Advertising on Buyers'Perceptionsof Acquisition Value, Transaction Value, and Behavioral Intentions[J].The Journal of Marketing, 1998, 62（1）: 46—59.

[52]Morgan, R. M., Hunt, S. D.. The commitment-trust theory of relationship marketing[J]. Journal of Marketing, 1994, 58（1）: 20—38.

[53]Chaudhuri, A., & Holbrook, M. B. .The Chain of Effects from Brand Trust and Brand Affect to Brand Performance: The Role of Brand Loyalty[J].Journal of Marketing, 2001, 65（2）: 81—93.

[54]Sabol, B., Singh, J., & Sir deshmukh, D..Consumer Trust, Value, and

Loyalty in Relational Exchanges[J].Journal of Marketing, 2002, 66（1）: 15—37.

[55]Dinev, T., Hu, Q., & Yayla, A.. Is there an online advertisers' dilemma? A study of click fraud in thepay-per-click model[J].International Journal of ElectronicCommerce, 2008, 13（2）: 29—59.

[56]Singh, J., & Sir deshmukh, D.. Agency and trust mechanisms in consumer satisfaction and loyalty judgments[J]. Journal of the Academy of Marketing Science, 2000, 28（1）: 150—167.

[57]Murphy, G. B., & Blessinger, A. A.（2003）. Perceptions of no-name recognition business to consumer e-commerce trustworthiness: The effectiveness of potential influence tactics. Journal of High Technology Management Research, 14（1）: 71—92.

[58]姜向群, 刘妮娜. 老年人长期照料模式选择的影响因素研究[J]. 人口学刊, 2014, 36（01）: 16—23.

[59]Battle and Associates, M.. Evaluation of Information and Referral Services for the Elderly[M]. Washington, DC: Government Printing Office, 1977.

[60]Moore A D, Young S.Clarifying the Blurred Image: Estimating the Inter-Rater Reliability of Performance Assessments[J]. ERIC Document Reproduction Service, 1985.

[61]Bandura, A.. Self-Efficacy Mechanism in HumanAgency[J]. American Psychologist, 1982, 37（2）: 122—147.

[62]Bandura, A. and Jourden, F.J..Self-Regulatory Mechanisms Governing the Impact of Social Comparison on Complex Decision Making[J]. Journal of Personality and Social Psychology, 1991, 60（6）: 941—951.

[63]Taylor, S., and Todd, P. A. Assessing IT Usage: The Role of Prior Experience[J]. MIS Quarterly, 1995.19（2）: 561—570.

[64]Venkatesh, V., and Davis, F. D.A Theoretical Extension of the Technology Acceptance Model: Four Longitudinal Field Studies[J]. Management Science,

2000，45（2）：186—204.

[65]Kim，G. S.，Park，S.B.，& Oh，J.. An examination of factors influencing consumer adoption of short message service（SMS）[J]. Psychology & Marketing，2008，25（8）：769—786.

[66]Churchill Jr，G.. A paradigm for developing better constructs[J]. Journal of Marketing Research，1979，64—73.

[67]Fornell，C.，Bookstein，F. L. Two structural equation models：Lisrel and plsapplied to consumer exit-voice theory[J]. Journal of Marketing Research，1982，19（4）：440—452.

[68]Nunnally，J.，Bernstein，I.. Psychometric theory[M]. New York：McGraw-Hill，1994.

[69] 吴明隆. SPSS 统计应用实务：问卷分析与应用统计 [M]. 重庆：重庆出版社，2010.

[70]Hair J F，Black B，Babin B J，et al.Multivariate Data Analysis[M]. 机械工业出版社，2011.

[71]Davis F D.，Bagozzi R P.，Warshaw P R.. Extrinsic and intrinsic motivation to use computer in the workplace[J].Journal of Applied Social Psychology，1992，22（14）：1109—1130.

[72]Falk，R.F.，Miller，N.B..A primer for soft modeling [M]. Akron，Ohio：The University of Akron Press，1992.

[73]Campbell，S.W. and T.C. Russo. The Social Construction of Mobile Telephony：An Application of the Social Influence Model to Perceptions and Uses of Mobile Phones within Personal CommunicationNetworks[J]，Communication Monographs，2003，70（4）：317—334.

[74] 刘震宇，陈超辉. 手机银行持续使用影响因素整合模型研究：基于 ECM 和 TAM 的视角 [J]. 现代管理科学，2014（9）：63—65.

[75]Parasuraman and Grewa. The Impact of Technology on the Quality-Value-

Loyalty Chain: A Research Agenda[J]. Journal of the Academy of Marketing Science, 2000, 28（1）, 168—174.

[76] 王琳. 影响中国、韩国和美国的老年人接受信息科技的因素 [D]. 清华大学，2010.

[77]Lionberger，Herbert F. . Adoption of new ideas and practices[M]. Ames: Iowa State University Press，1960.

[78]Byoungsoo Kim. An empirical investigation of mobile data service continuance: Incorporating the theory of planned behavior into the expectation-confirmation model[J]. Expert Systems with Applications，2010,（37）: 7033—7039.

## 附录

# 老年人网络应用服务持续使用意愿及行为
# 研究问卷调查表

编号：

尊敬的女士 / 先生：

您好！

非常感谢您在百忙之中抽出时间填写老年人网络应用服务持续使用意愿及行为研究问卷调查表！老年人网络应用服务是指帮助老年人完成各种线下相关活动的基于移动互联网络的专门性应用服务。包括了资讯类、购物类、金融类等生活服务及商务活动方面的网络应用服务。本次问卷调查是国家社会科学基金项目《老年人社会化网络服务初次采纳及持续使用行为研究》的后续研究，也是该研究的重要数据来源，旨在了解老年人使用主要网络应用服务的影响因素，了解如何才能让老年人长久持续地使用各类网络应用服务。本问卷纯属学术研究目的，所有信息不会用于任何商业用途，请您放心客观地回答。

您的参与对于我们的研究非常重要，万分感谢您的支持！

江西财经大学信息管理学院信息资源管理研究所
刘炜　博士，副教授

通信地址：江西省南昌市江西财经大学信息管理学院
邮政编码：330013
电话：130********
EMAIL：lw****@126.com

问卷说明：

1. 本调查问卷共分三部分，第一部分是有关您的基本情况，第二部分涉及您初次采纳网络应用服务的情况，第三部分是您初次采纳三类网络应用服务的态度。

2. 请您在适当的字母或数字上用"√"选择一个最符合您在一般情形下最直接的想法、感觉或行为的选项。如果您做的是电子版，请将相应字母或数字的颜色改成红色即可。

## 第一部分　个人背景资料

1. 您的性别：（　　）

A. 男　　B. 女

2. 您的年龄：（　　）

A. 55—65 岁　　B. 65—70 岁　　C. 70 岁以上

3. 您曾经的职业：（　　）

A. 机关事业单位　　B. 企业单位　　C. 个体从业者

4. 您的学历层次：（　　）

A. 高中及以下　　B. 大中专毕业　　C. 研究生以上

5. 您现在居住情况：（　　）

A. 家庭同住　　B. 夫妻同住　　C. 独居

6. 您属于哪种生活形态：（　　）

A. 家庭居住型　　B. 积极活跃型　　C. 孤立保守型

## 第二部分　网络应用服务的使用情况

7-1. 您使用资讯类网络应用服务大概多久？（　　）

A. 1—2 年　　B. 2—3 年　　C. 3 年以上

7-2. 您使用资讯类网络应用服务时主要用什么工具：（　　）

A. 智能手机　　B. 平板　　C. 电脑

7-3. 您使用下列资讯类网络应用服务的频次？

今日头条、抖音等专业资讯提供平台的频次：（　　）

A. 经常　　B. 偶尔　　C. 从不

微信等社交 App 推送的频次：（　　）

A. 经常　　B. 偶尔　　C. 从不

博客、评论类网络服务（如新浪微博等）的频次：（　　）

A. 经常　　B. 偶尔　　C. 从不

其他 App 推送资讯的频次：（　　）

A. 经常　　B. 偶尔　　C. 从不

7-4. 您使用资讯类网络应用服务时做以下事情的频次？

观看时事政治新闻等资讯的频次：（　　）

A. 经常　　B. 偶尔　　C. 从不

日常生活及社会类资讯的频次：（　　）

A. 经常　　B. 偶尔　　C. 从不

医疗健康资讯的频次：（　　）

A. 经常　　B. 偶尔　　C. 从不

投资理财等经济资讯的频次：（　　）

A. 经常　　B. 偶尔　　C. 从不

8-1. 您使用购物类网络应用服务大概多久？（　　）

A. 1—2 年　　B. 2—3 年　　C. 3 年以上

8-2. 您使用购物类网络应用服务时主要用什么工具：（　　）

A. 智能手机　　B. 平板　　C. 电脑

8-3. 您使用下列购物类网络应用服务的频次？

淘宝的频次：（　　）

A. 经常　　B. 偶尔　　C. 从不

京东的频次：（　　　）

A. 经常　　　B. 偶尔　　　C. 从不

拼多多的频次：（　　　）

A. 经常　　　B. 偶尔　　　C. 从不

抖音等其他平台的频次：（　　　）

A. 经常　　　B. 偶尔　　　C. 从不

8-4. 您使用购物类网络应用服务时主要购买以下哪些物品，频次为？

家居用品的频次：（　　　）

A. 经常　　　B. 偶尔　　　C. 从不

食品等的频次：（　　　）

A. 经常　　　B. 偶尔　　　C. 从不

个人生活用品的频次：（　　　）

A. 经常　　　B. 偶尔　　　C. 从不

其他的频次：（　　　）

A. 经常　　　B. 偶尔　　　C. 从不

9-1. 您使用金融类网络应用服务大概多久？

A. 1—2 年　　　B. 2—3 年　　　C. 3 年以上

9-2. 您使用金融类网络应用服务时主要用什么工具：（　　　）

A. 智能手机　　　B. 平板　　　C. 电脑

9-3. 您使用下列金融类网络应用服务平台的频次？

微信平台的频次：（　　　）

A. 经常　　　B. 偶尔　　　C. 从不

支付宝平台的频次：（　　　）

A. 经常　　　B. 偶尔　　　C. 从不

银行类 App 的频次：（　　　）

A. 经常　　　B. 偶尔　　　C. 从不

其他 App 的频次：（　　　）

A. 经常    B. 偶尔    C. 从不

9-4. 您使用金融类网络应用服务时经常做哪些事情，频次为？

支付的频次：（    ）

A. 经常    B. 偶尔    C. 从不

理财的频次：（    ）

A. 经常    B. 偶尔    C. 从不

查看财务信息的频次：（    ）

A. 经常    B. 偶尔    C. 从不

炒股的频次：（    ）

A. 经常    B. 偶尔    C. 从不


# 第三部分　研究问卷


## 一、资讯类网络应用服务持续使用意向影响因素

选择标准：分值 1—5 表示您对题项中所描述的内容和观点与您实际情况的认同程度，请您在适合的地方打"√"。"1"为完全不同意；"2"为不同意；"3"为中立；"4"为同意；"5"为完全同意。

| 编号 | 问题 | 完全不同意 | | | | 完全同意 |
|---|---|---|---|---|---|---|
| 一 | 内容质量 | | | | | |
| 1 | 资讯平台丰富的资源能够匹配我的信息需求 | 1 | 2 | 3 | 4 | 5 |
| 2 | 优质的视频音频等信息能够匹配我的需求 | 1 | 2 | 3 | 4 | 5 |
| 3 | 信息种类的多样性及丰富性有助于我更有效地获取信息 | 1 | 2 | 3 | 4 | 5 |
| 二 | 感知互动 | | | | | |
| 1 | 在使用资讯类网络应用服务中，我可以与其他人有效沟通 | 1 | 2 | 3 | 4 | 5 |
| 2 | 在使用资讯类网络应用服务中，我可以与他人展开及时讨论 | 1 | 2 | 3 | 4 | 5 |
| 3 | 使用资讯类网络应用服务时，管理人员能及时反馈我的问题 | 1 | 2 | 3 | 4 | 5 |
| 三 | 内在动机 | | | | | |
| 1 | 我使用资讯类网络应用服务获取信息是因为兴趣 | 1 | 2 | 3 | 4 | 5 |
| 2 | 我使用资讯类网络应用服务获取信息是因为喜欢 | 1 | 2 | 3 | 4 | 5 |

选择标准：分值 1—5 表示您对题项中所描述的内容和观点与您实际情况的认同程度，请您在适合的地方打"√"。"1"为完全不同意；"2"为不同意；"3"为中立；"4"为同意；"5"为完全同意。

| 编号 | 问题 | 完全不同意完全同意 | | | | |
|---|---|---|---|---|---|---|
| 四 | 期望确认 | | | | | |
| 1 | 资讯类网络应用服务体验后的感受超出使用前的预期 | 1 | 2 | 3 | 4 | 5 |
| 2 | 资讯类网络应用服务水平超出使用前的预期 | 1 | 2 | 3 | 4 | 5 |
| 3 | 资讯类网络应用服务使用效果匹配或超出个人预期 | 1 | 2 | 3 | 4 | 5 |
| 五 | 感知易用 | | | | | |
| 1 | 使用资讯类网络应用服务获取信息对我而言很简单 | 1 | 2 | 3 | 4 | 5 |
| 2 | 熟练使用资讯类网络应用服务操作对我来说很简单 | 1 | 2 | 3 | 4 | 5 |
| 3 | 总的来说，资讯类网络应用服务很简单 | 1 | 2 | 3 | 4 | 5 |
| 六 | 感知有用 | | | | | |
| 1 | 使用资讯类网络应用服务后，自我充实感获得提升 | 1 | 2 | 3 | 4 | 5 |
| 2 | 通过资讯类网络应用服务可以获取更多信息 | 1 | 2 | 3 | 4 | 5 |
| 3 | 总体而言，资讯类网络应用服务对我是有用的 | 1 | 2 | 3 | 4 | 5 |
| 七 | 满意度 | | | | | |
| 1 | 使用资讯类网络应用服务获取信息的选择是明智的 | 1 | 2 | 3 | 4 | 5 |
| 2 | 使用资讯类网络应用服务获取信息的过程是有趣的 | 1 | 2 | 3 | 4 | 5 |
| 3 | 总而言之，个人满意所使用的资讯类网络应用服务 | 1 | 2 | 3 | 4 | 5 |
| 八 | 持续使用意愿 | | | | | |
| 1 | 继续经常使用资讯类网络应用服务获取信息符合我的意向 | 1 | 2 | 3 | 4 | 5 |
| 2 | 将来我会更多使用该资讯类网络应用服务获取更多信息 | 1 | 2 | 3 | 4 | 5 |
| 3 | 我愿意把所使用资讯类网络应用服务介绍给其他人 | 1 | 2 | 3 | 4 | 5 |

## 二、购物类网络应用服务持续使用意向影响因素

选择标准: 分值1—5表示您对题项中所描述的内容和观点与您实际情况的认同程度,请您在适合的地方打"√"。"1"为完全不同意;"2"为不同意;"3"为中立;"4"为同意;"5"为完全同意。

| 编号 | 问题 | 完全不同意完全同意 | | | | |
|---|---|---|---|---|---|---|
| 一 | 感知有用性 | | | | | |
| 1 | 使用购物类网络应用服务能够快速完成交易,提高购物效率 | 1 | 2 | 3 | 4 | 5 |
| 2 | 使用购物类网络应用服务可以随时随地搜寻商品信息,与卖家沟通,有效降低交易成本 | 1 | 2 | 3 | 4 | 5 |
| 3 | 总体来说,我认为购物类网络应用服务是很有用的 | 1 | 2 | 3 | 4 | 5 |
| 二 | 任务技术匹配度 | | | | | |
| 1 | 在完成购买商品时,购物类网络应用服务的功能是足够的 | 1 | 2 | 3 | 4 | 5 |
| 2 | 在完成购买商品时,购物类网络应用服务的功能是合适的 | 1 | 2 | 3 | 4 | 5 |
| 3 | 总体来说,购物类网络应用服务的功能很好地满足了购买的需要 | 1 | 2 | 3 | 4 | 5 |
| 三 | 期望确认度 | | | | | |
| 1 | 购物类网络应用服务的体验比我预想的要好 | 1 | 2 | 3 | 4 | 5 |
| 2 | 购物类网络应用服务的服务水平比我预想的高 | 1 | 2 | 3 | 4 | 5 |
| 3 | 总体来说,我对购物类网络应用服务的期望在使用过程中得到满足 | 1 | 2 | 3 | 4 | 5 |
| 四 | 感知娱乐性 | | | | | |
| 1 | 我很享受购物类网络应用服务的过程,注意力集中 | 1 | 2 | 3 | 4 | 5 |
| 2 | 我认为购物类网络应用服务能够给我的生活增添乐趣 | 1 | 2 | 3 | 4 | 5 |
| 3 | 总体来说,购物类网络应用服务的体验是愉悦的 | 1 | 2 | 3 | 4 | 5 |
| 五 | 感知风险 | | | | | |
| 1 | 我担心购物类网络应用服务过程中的个人隐私遭泄露 | 1 | 2 | 3 | 4 | 5 |
| 2 | 我担心使用购物类网络应用服务会产生不明的经济损失(如乱扣费、乱跑流量、资金账户被盗) | 1 | 2 | 3 | 4 | 5 |
| 3 | 我担心购物类网络应用服务存在潜在风险 | 1 | 2 | 3 | 4 | 5 |
| 4 | 购物类网络应用服务所涉及的隐私安全是可以接受的 | 1 | 2 | 3 | 4 | 5 |

选择标准：分值1—5表示您对题项中所描述的内容和观点与您实际情况的认同程度，请您在适合的地方打"√"。"1"为完全不同意；"2"为不同意；"3"为中立；"4"为同意；"5"为完全同意。

| 编号 | 问题 | 完全不同意 | | | | 完全同意 |
|---|---|---|---|---|---|---|
| 六 | 感知价值 | | | | | |
| 1 | 购物类网络应用服务平台的服务带来的益处大于我的预期 | 1 | 2 | 3 | 4 | 5 |
| 2 | 相对于所需承担的风险，我觉得使用购物类网络应用服务是值得的 | 1 | 2 | 3 | 4 | 5 |
| 3 | 总体来说，购物类网络应用服务对我来说有价值的 | 1 | 2 | 3 | 4 | 5 |
| 七 | 满意度 | | | | | |
| 1 | 使用购物类网络应用服务后，我感觉很麻烦 | 1 | 2 | 3 | 4 | 5 |
| 2 | 我对使用购物类网络应用服务感到很满意 | 1 | 2 | 3 | 4 | 5 |
| 3 | 我认为使用购物类网络应用服务是个很正确的决定 | 1 | 2 | 3 | 4 | 5 |
| 4 | 购物类网络应用服务基本能够满足我的购物需求 | 1 | 2 | 3 | 4 | 5 |
| 八 | 持续使用意愿 | | | | | |
| 1 | 以后我会继续使用购物类网络应用服务 | 1 | 2 | 3 | 4 | 5 |
| 2 | 以后我还会经常使用购物类网络应用服务 | 1 | 2 | 3 | 4 | 5 |
| 3 | 我会推荐亲朋好友使用购物类网络应用服务。 | 1 | 2 | 3 | 4 | 5 |

### 三、金融类网络应用服务持续使用意向影响因素

选择标准：分值1—5表示您对题项中所描述的内容和观点与您实际情况的认同程度，请您在适合的地方打"√"。"1"为完全不同意；"2"为不同意；"3"为中立；"4"为同意；"5"为完全同意。

| 编号 | 问题 | | | | | |
|---|---|---|---|---|---|---|
| 一 | 情景因素 | | | | | |
| 1 | 我日常购买的产品都支持使用微信支付等金融类网络应用服务进行结算 | 1 | 2 | 3 | 4 | 5 |
| 2 | 使用金融类网络应用服务进行理财等能够获得更多的选择 | 1 | 2 | 3 | 4 | 5 |
| 3 | 使用金融类网络应用服务给我的日常生活带来了很大的便利，让人愉悦 | 1 | 2 | 3 | 4 | 5 |
| 4 | 金融类网络应用服务的后台工作人员能够及时为我提供必要的帮助 | 1 | 2 | 3 | 4 | 5 |

选择标准：分值1—5表示您对题项中所描述的内容和观点与您实际情况的认同程度，请您在适合的地方打"√"。"1"为完全不同意；"2"为不同意；"3"为中立；"4"为同意；"5"为完全同意。

| 编号 | 问题 | | | | | |
|---|---|---|---|---|---|---|
| 二 | 感知风险 | | | | | |
| 1 | 使用金融类网络应用服务时，我担心我的个人信息被泄露 | 1 | 2 | 3 | 4 | 5 |
| 2 | 使用金融类网络应用服务时，我担心操作失误 | 1 | 2 | 3 | 4 | 5 |
| 3 | 总体来说，我认为使用金融类网络应用服务存在风险 | 1 | 2 | 3 | 4 | 5 |
| 三 | 任务技术匹配度 | | | | | |
| 1 | 对于我的需求来说，金融类网络应用服务的功能是足够的 | 1 | 2 | 3 | 4 | 5 |
| 2 | 对于我的需求来说，金融类网络应用服务的功能是合适的 | 1 | 2 | 3 | 4 | 5 |
| 3 | 总体来说，金融类网络应用服务的功能能够满足我的需要 | 1 | 2 | 3 | 4 | 5 |
| 4 | 对于我的需求来说，金融类网络应用服务的功能是足够的 | 1 | 2 | 3 | 4 | 5 |
| 四 | 期望确认 | | | | | |
| 1 | 使用金融类网络应用服务的体验比我预期的要好 | 1 | 2 | 3 | 4 | 5 |
| 2 | 金融类网络应用服务的功能作用比我预期的要好 | 1 | 2 | 3 | 4 | 5 |
| 3 | 金融类网络应用服务供应商的服务水平比我预期的要好 | 1 | 2 | 3 | 4 | 5 |
| 4 | 总体来说，我对金融类网络应用服务的期望基本上能在使用过程中得到满足 | 1 | 2 | 3 | 4 | 5 |
| 五 | 感知易用 | | | | | |
| 1 | 使用金融类网络应用服务能够快速完成交易，节省时间 | 1 | 2 | 3 | 4 | 5 |
| 2 | 使用金融类网络应用服务能够便捷地进行转账和发放红包 | 1 | 2 | 3 | 4 | 5 |
| 3 | 使用金融类网络应用服务产品能够便捷地进行金融理财 | 1 | 2 | 3 | 4 | 5 |
| 4 | 总而言之，金融类网络应用服务产品对我来说是有用的 | 1 | 2 | 3 | 4 | 5 |

选择标准: 分值1—5表示您对题项中所描述的内容和观点与您实际情况的认同程度, 请您在适合的地方打"√"。"1"为完全不同意；"2"为不同意；"3"为中立；"4"为同意；"5"为完全同意。

| 编号 | 问题 | | | | | |
|---|---|---|---|---|---|---|
| 六 | 感知有用 | | | | | |
| 1 | 使用金融类网络应用服务能够快速完成交易，节省时间 | 1 | 2 | 3 | 4 | 5 |
| 2 | 使用金融类网络应用服务产品能够便捷地进行转账和发放红包 | 1 | 2 | 3 | 4 | 5 |
| 3 | 使用金融类网络应用服务产品能够便捷地进行金融理财 | 1 | 2 | 3 | 4 | 5 |
| 4 | 总而言之，金融类网络应用服务产品对我来说是有用的 | 1 | 2 | 3 | 4 | 5 |
| 七 | 满意度 | | | | | |
| 1 | 我认为使用金融类网络应用服务的决策是明智的 | 1 | 2 | 3 | 4 | 5 |
| 2 | 我认为使用金融类网络应用服务的过程是愉快的 | 1 | 2 | 3 | 4 | 5 |
| 3 | 金融类网络应用服务基本能够满足我的消费需求 | 1 | 2 | 3 | 4 | 5 |
| 4 | 总体来说，我对金融类网络应用服务的体验感到满意 | 1 | 2 | 3 | 4 | 5 |
| 八 | 社会影响 | | | | | |
| 1 | 我身边的亲戚、朋友和同学都认为我应该继续使用金融类网络应用服务 | 1 | 2 | 3 | 4 | 5 |
| 2 | 使用金融类网络应用服务产品能够让我适应社会现状，得到周围人的认可 | 1 | 2 | 3 | 4 | 5 |
| 3 | 金融类网络应用服务的广告宣传促使我持续使用该产品 | 1 | 2 | 3 | 4 | 5 |
| 九 | 持续使用意愿 | | | | | |
| 1 | 未来我会继续使用金融类网络应用服务 | 1 | 2 | 3 | 4 | 5 |
| 2 | 在同等支付或理财需求下，我会优先选择金融类网络应用服务而不是传统的柜台业务 | 1 | 2 | 3 | 4 | 5 |
| 3 | 我会不断尝试金融类网络应用服务的新功能 | 1 | 2 | 3 | 4 | 5 |
| 4 | 我愿意向身边朋友推荐使用金融类网络应用服务 | 1 | 2 | 3 | 4 | 5 |

　　如果填写问卷耽误了您宝贵的时间，我深表歉意。再次感谢您的热心参与和积极合作！如果您对我们的研究结果感兴趣，可以留下您的 Email 或通信地址，以便我们将本文最终的结论反馈给您。

# 部分英文人名对照表（按英文首字母排列）

| 英文名 | 中文名 | 英文名 | 中文名 |
|---|---|---|---|
| Ackerman | 阿克曼 | Larsen | 拉森 |
| Ajzen | 阿杰恩 | Lean | 里昂 |
| Albert Bandura | 阿尔伯特·班杜拉 | Lenhart | 伦哈特 |
| Anderson | 安德森 | Likert | 李科特 |
| Associate | 阿什赛特 | Limaye | 利马耶 |
| Barnes | 巴恩斯 | Lionberger | 莱恩伯格 |
| Baron | 巴伦 | Lucas | 卢卡斯 |
| Battle | 拜特 | Mac Kinnon | 麦金农 |
| Bauer | 鲍尔 | Manwani | 曼瓦尼 |
| Belk | 贝尔克 | Melone | 麦隆 |
| Bentham | 边沁 | Ming-Chi Lee | 李明志 |
| Blackwell | 布莱克威尔 | Miniard | 密尼亚德 |
| Blessinger | 布莱辛格 | Moon | 穆 |
| Bhattacherjee | 巴塔克里 | Morgan | 摩根 |
| Boehringer | 伯林格 | Morris | 莫里斯 |
| Braun | 伯劳恩 | Murphy | 墨菲 |
| Byoungsoo Kim | 金炳秀 | Nunnally | 努纳利 |
| Chaudhuri | 乔杜里 | Oliver | 奥利弗 |
| Chin | 秦 | Ongeri | 欧格利 |
| Csikszentmihalyi | 辛科森特米埃里伊 | Parketal | 帕克 |
| Davis | 戴维斯 | Parthasarathy | 帕塔萨拉蒂 |
| Deci | 德西 | Preacher | 普里彻 |
| De Vellis | 德维利斯 | Premkumar | 普雷姆库马尔 |
| Dey | 戴伊 | Rogers | 罗杰斯 |
| Dishaw | 迪塞萨 | Ryan | 瑞恩 |
| Engel | 恩格尔 | Ryanand Gross | 瑞安德·格罗斯 |
| Fishbein | 费希平 | Saboletal | 萨博勒塔尔 |
| Gagne | 加涅 | Shaw | 肖 |
| Hair | 海尔 | Singh | 辛格 |
| Hassanein | 哈桑内 | Sirdesh mukh | 锡尔代什·穆克 |
| Hayes | 海斯 | Smith | 史密斯 |
| Head | 赫德 | Strong | 斯特朗 |
| Hirschman | 赫希曼 | Sullivan | 沙利文 |
| Holbrook | 霍尔勃鲁克 | Tao Zhou | 周涛 |
| Hu | 胡 | Taylor | 泰勒 |
| Kenny | 肯尼 | Venkatesh | 文凯蒂什 |
| Kettinger | 柯提阁 | Wagner | 瓦格纳 |
| Kim | 金 | William Lazer | 威廉·拉泽 |
| Kline | 克莱 | Woodruff | 伍德拉夫 |
| Kollat | 科拉特 | Yang | 杨 |
| Kolter | 科特勒 | Zeithaml | 蔡特哈姆尔 |
| Koufaris | 库法里斯 | Zhao | 赵 |
| Larcker | 拉克 | | |

# 部分英文科技名词对照表
## （按英文首字母排列）

| 英文名 | 中文名 |
|---|---|
| ANOVA | 单因子方差分析 |
| Bias–Corrected | 偏差修正 |
| Bootstrap Method | 信赖区间法 |
| CITC | 总体相关系数 |
| CMID | 卡方值 |
| CMID/df | 卡方自由度比值 |
| ECM | 信息技术持续使用模型 – 期望确认模型 |
| ECM–ISC | 信息系统持续使用模型 |
| ECM–IT | 信息技术持续使用模型 |
| ECT | 期望确认理论 |
| EDT | 期望不确认模型 |
| FT | 感知娱乐性 |
| FT（Flow Theory） | 沉浸理论 |
| GFI | 良适性适配指标 / 本特勒的比较拟合系数 |
| IDT | 创新扩散理论 |
| KMO | KMO 检验统计量 |
| Mean | 均值 |
| Pew Research | 皮尤研究 |
| Scheffe's method | 雪费法 |
| SCT | 社会认知理论 |
| SDT | 自我决定理论 |
| SEM | 结构方程模型 |
| Sobel | 索贝尔 |
| Std. | 标准差 |
| TAM | 科技接受模型 |
| TPB | 计划行为理论 |
| TRA | 理性行为理论 |
| TTF | 任务技术匹配度模型 |
| UTAUT | 整合技术接受模型 |
| VAM | 价值接受模型 |
| Web | 万维网 |